두 얼굴의
법원

두 얼굴의 법원

사법농단, 그 진실을 추적하다

권석천 지음

창비

프롤로그

판사들은 왜 좌절해야 했나

자유 평등 정의

서울 서초동 대법원 청사 현관 장식벽에 새겨진 단어들입니다. 지금, 판사들은 이 단어들 앞에 서 있습니다. 당신은 진정 자유와 평등과 정의를 위해 살았는가? 대답하지 않는 자, 영원히 이 물음에 붙들려 있어야 합니다. 아무리 고통스럽더라도 대답하지 않으면 한 발짝도 꼼짝할 수 없습니다.

2017년 2월 16일, 그날이 없었다면 판사들은 이 곤혹스러운 물음 앞에 서지 않아도 됐을지 모릅니다. '사법농단'이라는 말 자체가 만들어지지 않았을 가능성이 큽니다. '판사님들의 속마음'에 시민들이 충격받는 일도 없었을 테고요. 2017년 2월 16일 이탄희 판사가 사직서를 내지 않았다면.

대법원장, 대법관, 법원행정처 간부, 법원장, 판사들. 그들 하나하나가 우수했고 명석했으며 성실했고 선량해 보였습니다. 그런 사람들이 한꺼번에 무너졌습니다. 오죽하면 이런 개탄이 나왔을까요. "양승태 전 대법원장이 법원의 엘리트들을 뭉텅 데리고 갔다."

그 똑똑한 '양승태 코트'*의 판사들은 왜 이토록 처참하게 실패했을까요? 이번 사법행정권 남용 사건이 남긴 최대의 미스터리입니다. 그들의 실패는 단순히 수사와 판결, 징계의 대상이 된 데 그치지 않습니다. 그들 자신이 가장 원하지 않는 모습으로, 원하지 않는 장소에 서 있습니다. 재판에서 유죄가 선고되든 무죄가 선고되든, 그들이 해서는 안 될 일을 했다는 사실은 달라지지 않습니다.

그리고 실패는 한 번에 그치지 않았습니다. 의혹의 진상을 규명하는 과정에서 김명수 코트의 판사들도 실패했습니다. 대법원이 여러 차례 진상조사를 벌였지만 의지 부족, 역량 부족의 자기 한계에 부딪히고 말았습니다. 자체 해결을 하지 못해 검찰 손에 맡겨야 했습니다.

이 두 번의 실패 뒤에는 무엇이 있을까요? 이탄희는 왜 두 번 사표를 내야 했을까요? 저는 그뒤에 두 얼굴의 법원이 있다고 말하려고 합니다. 하나는 국민 앞에서 '자유·평등·정의'라는 공적 가치를 이야기하는 법원이지요. 다른 하나는 대법원장을 받들고 사법부를 지켜야 한다는 조직논리로 움직이는 현실의 법원입니다.

법원만의 문제가 아닙니다. 한국사회를 살아가는 당신과 제가 함께 겪고 있는 문제이기도 합니다. 공직사회가, 그리고 공적 가치를 지향하는 영역들이 모두 같은 함정에 빠져 있었습니다. 조직부터 살고 봐야 한다는 도그마 속에서 조직의 존재 이유를 배신해왔습니다. 세월호참사부터 각종 부정부패, 국정농단, 사법농단까지 모든 일들이 이 조직논

* '코트'(court)는 법원을 뜻한다. 미국에서는 연방 대법원장 이름에 코트를 붙여 시기를 구분한다. 가령 얼 워런(Earl Warren) 대법원장 재임 시기를 '워런 코트'(Warren court)라고 부른다. 적절한 우리말을 찾지 못해 '코트'를 쓰기로 한다.

리의 프리즘 안에 있습니다.

판사들의 좌절이 못내 안타까운 것은 그래서입니다. 대한민국 헌법이 법관의 독립을 보장한 이유는 뭘까요? '모두가 실패하지 않도록 법관들이 빛과 소금의 역할을 하라'는 것입니다. 그런데 법복 입은 그들마저 시민들의 기대를 저버렸음이 발각됐습니다. 다른 이들의 실패를 정리해줘야 할 그들이 더 크게 실패하고 말았습니다.

"그거 보라고. 세상은 원칙대로 돌아가는 게 아니야." 현실은 우리에게 이죽거리는 듯합니다. 저는 감히 이렇게 묻고 싶습니다. 모든 허위의 베일이 벗겨진 상황을 나쁘게만 볼 일일까. 새롭게 출발할 수 있는 계기가 되지 않을까. 마지막 골목까지 다다른 지금, 오히려 시작을 말할 수 있지 않을까.

이 책을 위해 판사 이탄희와 인터뷰를 해나가면서 확인한 것이 있습니다. 그가 겪은 경험은 그만의 것이 아니라 우리 사회의 중요한 자산이라는 사실입니다. 그는 처음 사직서를 냈던 2017년 2월 이후 자신을 덮쳐오는 폭풍 속에서 많은 것을 느끼고 생각할 수밖에 없었습니다. 그가 사람들과 만나고, 부딪히고, 대화한 지난 2년에 한국사회가 농축돼 있습니다.

한번 인터뷰가 끝날 때마다 이탄희는 지쳐 보였습니다. 자신이 원치 않던 상황 속에서 겪었던 일들을 다시 떠올려야 했으니까요. 그 과정을 통해 성숙하였으나 또한 많은 것을 잃어야 했습니다. 평생 깨고 싶지 않았던 판사의 꿈을 박탈당해야 했습니다. 하지만 그는 살아남았고, 더 강해졌습니다.

우리에게는 '사법농단'에 맞서 저항했던 이탄희가 있고, 한목소리로 진상규명을 외쳤던 전국의 판사들이 있습니다. 내밀한 압박에도 법관의 양심을 지킨 판사들이 있습니다. 정의와 원칙이 살아 숨 쉬는 세상을 위해 지금도 땀 흘리는 그들이 있기에, 저는 한국 사법에 거는 희망의 끈을 놓지 않으려고 합니다.

제가 이 책을 쓰겠다고 마음먹은 것은 이 중대한 상황을 또다시 무관심과 진영논리의 휴지통에 욱여넣고 싶지 않기 때문입니다. '서로의 과거'를 손가락질하는 대신 '우리의 현재'를 이야기하고, '모두의 미래'를 바꾸고 싶기 때문입니다. 관련자 몇몇의 처벌을 판단하는 형사법정의 좁은 틀에 '사법농단'의 모든 것을 맡길 수는 없기 때문입니다.

이 책을 읽는 여러분께서 관심을 가질 때 법원의 변화가 시작됩니다. 법원이 달라지면 그 변화는 사회 곳곳으로 퍼져나갑니다. '자유·평등·정의'가 대법원 장식벽에 머무르지 않고 현실 속에 약동할 때 여러분과 저의 일상은 바뀔 수 있습니다.

이제 서막을 올렸을 뿐입니다. 재판은 이어질 것이고, 증거와 증언은 계속 나올 것이고, 다양한 측면에서 저마다의 평가가 내려질 것입니다. 이 순간에도 본질을 흐리려는 시도는 끊이지 않고 있습니다. 권력에 선악이 없듯 진실에도 선악이 없습니다. 맞서지 않으면 진실은 지켜지지 않습니다.

조금은 다른 세상에 살고 싶다는 바람으로 이 책을 세상에 내보냅니다. 부디 함께 고민하고, 토론하고, 행동하고, 대안을 찾아갔으면 좋겠습니다.

차례

일러두기

이 책에서 '사법농단' 사건 전개와 직접 관련이 있는 사법행정 공식 라인에 있었거나 검찰 수사나 재판 과정에서 이름이 보도된 인물은 실명으로 표기했고, 그렇지 않은 인물은 영문 이니셜 또는 익명으로 표기했다.

1

판사 이란희는 왜 사표를 냈나

2017년 2월 대한민국 법원은 블랙홀 속으로 들어갔다. 시작은 한 젊은 판사가 던진 사표였다. 그 사표 한 장이 관료사법의 지축을 뒤흔들고 '사법농단'의 베일을 벗겼다. 법원 자체 조사가 거듭될수록 의혹의 몸집은 커져만 갔다. 결국 법관*들은 법정이 아닌 검찰청 조사실에 앉아야 했다. 전직 법원행정처 차장이 구속되고 얼마 후 전직 대법원장이 구속됐다.

어떤 이는 터질 수밖에 없었던 일이라고 말하고, 어떤 이는 피할 수 있었던 일이라고 말한다. 누구는 관료사법이 곪아서 터진 일이라고 하고, 누구는 진보 성향 판사들이 일으킨 반란이라고 한다. 한쪽에서는 지금부터 시작이라고 하고, 다른 한쪽에서는 이제 마무리해야 할 때라고 한다. 양쪽 다 물러설 기미가 없다. 갈등은 증폭되고 변주된다.

그 한복판에 '사법권 독립'**이 있다. 헌법은 말한다. 재판은 그 어떠

* 법관은 대법원장과 대법관, 판사를 모두 포괄하는 개념이다.

** 사법권 독립의 두 기둥은 '법원의 독립'과 '법관의 독립'이다. 두 가치는 같은 길을 걷지만 갈림길에 서기도 한다. 외부로부터 독립해야 하지만 내부로부터도 독립해야 한다. 대법원장도 재판에 관한 한 판사에게 지시나 명령을 할 수 없다. 지시나 명령을 하면 그 자체로 헌법 위반이다. 판사의 판단을 구속할 수 있는 것은 헌법과 법률, 그리고 스스로의 양심뿐이다.

한 영향도 받아서는 안 된다고. 권력(정치세력)과 돈(재벌)과 펜(언론)과 확성기(압력단체)를 쥔 이들만 발언권을 갖는 법정이라면 재판의 공정함은 들어설 자리가 없다. '법 앞에 평등'[1]을 지키기 위해 판사는 독립하여 양심에 따라 재판해야 한다.[2]

재판의 독립, 법관의 독립은 왜 중요한가? 판사는 그냥 재판만 잘 하면 되는 것 아닌가?

생각해보라. 당신이 법정 피고인석에 앉아 있다. 당신은 누구를 해치지도, 무엇을 훔치지도 않았다. 당신에게 앙심을 품은 사람이 증거를 조작했다. 수사기관에서 당신을 무섭게 다그치고 몰아붙여 자백을 받아냈다. 그렇게 법정에 앉게 됐을 때 당신은 무엇을 할 수 있는가.

당신은 자신을 방어하려고 할 것이다. 알리바이를 대고, 수사기관에서 어떻게 조사받았는지 이야기하려고 할 것이다. 마음은 불안하다. 3~4주에 한 번씩, 기껏해야 5분, 10분 정도 법정에 앉는 것 말고는 판사 얼굴을 볼 기회가 없다. 지난달 재판에서 당신 말에 귀 기울이던 판사가 오늘 재판에서는 왠지 냉정해 보인다. 이러다 유죄 판결이 나오는 건 아닐까?

그런데 괜한 걱정이 아니었다. 판사가 누군가로부터 전화를 받고 당신 사건을 다르게 보기 시작했다면 어떻게 해야 할까. 누군가 판사에게 "그 사람은 정말 나쁜 사람"이라고 했다면, 그래서 판사가 당신에게 편견을 갖게 됐다면 어떻게 해야 할까.

당신이 피고인이 아니라 피해자라고 해도 다르지 않다. 당신을 폭행하거나 추행했던 범인이 재판에 넘겨졌다. 당신은 그 범인이 강력하게 처벌받기를 원한다. 그런데 어딘가에서 판사실로 전화를 건다.

"판사님, 우리 법원을 위한 일인데 가능하면 선처해주시면 좋겠네요. 하하, 그래요? 언제 저녁이나 하시죠."

"결론을 바꿔달라는 말씀은 아니고요. 절차적인 편의 정도만 부탁드려도 될지요. 선고기일을 미뤄주시고, 재판을 한두 번 더 열 수 있겠습니까?"

벌금형일 수도 있고, 집행유예일 수도 있다. 판사는 양심에 따라 재판했다고, 자신이 고민 끝에 내린 결론이라고 말한다. 절대 부당한 영향은 없었다고 주장한다. 당신은 어떻게 하겠는가. 고개를 끄덕이고 수긍하겠는가. 하긴 뭐, 다른 대안도 없다. 대한민국에 법원은 하나뿐이다. 다시 선택해 재판받을 수 있는 제2의 법원은 없다.

재판에 당신의 운명을 걸어야 할 때 당신의 정치적 입장이 보수냐, 진보냐에 따라 그 불안감이 달라지겠는가. 누군가 당신 모르게 재판에 개입한다면 보수라고 해서 안심할 수 있고, 진보라고 해서 덜 불안할 수 있는가.

판사가 한쪽 말만 듣고, 다른 쪽 말은 듣지 않는다면 '다른 쪽'에 선 사람은 쥐도 새도 모르게 당하게 된다. 한쪽은 마음 놓고 재판받고, 다른 쪽은 마음 졸이며 재판받으라는 것은 '법 앞에 평등'이 아니다. 이것은 이념이나 진영을 넘어서는 문제다.

이 사회에 존재하는 수많은 직업들 가운데 직업 이름이 헌법에 등장하는 경우는 많지 않다. 더욱이 헌법이 직무의 완전한 독립을 보장한 직업은 법관 하나뿐이다. 헌법이 법관의 독립을 유독 강조한 것은 그들이 잘나서가 아니다. 재판 독립을 지킴으로써 '인간으로서의 존엄과 가치'를 보장하는 마지막 보루가 되라는 명령이다.

법원에서 판사회의가 열릴 때, 판사들이 성명을 발표할 때, 평범한 샐러리맨들은 부러움을 토로한다. 샐러리맨들은 한날 한시도 양심에 따라 독립하여 살지 못한다. 위에서 내려온 지시가 자신의 생각과 다를 때도 입 다물고 복종해야 한다. 헌법의 어떤 조항도 그들의 독립을 보장해주지 않는다.

판사들은 자신의 '독립'을 소중히 여겨야 한다. '독립할 수 있음'을 무엇을 위해, 어떻게 쓸지 고민해야 한다. 그것은 권리이자 의무이고, 축복이자 고통이다.

스스로 권력이 된 사법부

법원의 독립이 곧 사법권 독립이라는 착시의 원인은 대법원장 중심의 법원 시스템이다.* 많은 판사들은 눈앞에 보이는 대법원장 한 사람을 '독립된 사법부의 상징'으로 여긴다. 대법원장을 사법부인 양 혼동한다.

법원을 움직여온 것은 '법관의 재판상 독립'이라는 공적 가치가 아

* 법원조직법 제9조 1항은 '대법원장은 사법행정사무를 총괄하며, 사법행정사무에 관하여 관계 공무원을 지휘·감독한다'고 규정하고 있다.

니라 '대법원장 중심의 사법부를 위하여'라는 조직논리였다. 그 조직논리 아래 재판에 입김을 넣으려 했고, 판사들을 통제하려고 했다. 법원행정처는* 대법원장을 우두머리로 떠받드는 가부장적 시스템의 핵심장치로 기능했다. 그 결과가 바로 '제왕적 대법원장'이다.

그 제왕을 지근거리에서 모시는 법원행정처 판사들에게 인사 혜택이 집중됐다. 그들을 이끄는 법원행정처장은 차기 대법원장 후보 물망에 올랐고, 차장은 '대법관 제청 0순위'로 불렸다. 심의관들은 사법연수원 동기 중 선두로 주목받았다.

헌법이 예기치 못한 상황이었다. 군부독재시대, 정권의 시녀 역할을 했던 사법부가 스스로 권력이 되어버렸다. 외부의 통제가 사라지자 내부의 오만과 독선이 재판의 공정성이라는 공적 가치를 위협했다. 그것이 양승태 코트가 걸어온 길이었다.

대한민국 헌법과 법체계는 법관의 재판상 독립과 3심제를 규정하고 있다. 우리는 법관들이 독립해 고민해서 판단하면 올바른 결론에 다다를 것임을 믿어야 한다. 혹여 그 결론에 잘못이 있더라도 1심, 2심, 3심을 거치며 잘못이 바로잡힐 것임을 신뢰해야 한다.

양승태 코트에는 그러한 헌법 시스템에 대한 신뢰가 없었다. 판사들에 대한 믿음도 없었다. 판사들을 경험 없고 판단력 부족한, 불안한 존

---

* 법원조직법 제19조 1항은 '사법행정사무를 관장하기 위하여 대법원에 법원행정처를 둔다'고 규정하고 있다. 법원행정처는 대법원장이 사법행정을 총괄할 수 있도록 보좌하는 기구다. 법원행정처를 둔 이유는 법원 조직이 운영되려면 행정 인력과 예산이 필요하기 때문이다. 또 행정부에 맞서 사법정책에 대한 법원의 입장을 대변하는 역할을 한다. 판사들이 법원행정처 차장과 실·국장, 심의관으로 근무한다.

재로 여겼다. 그래서 그들을 학생들처럼 가르치려 했다.

양승태 대법원장은 보수 성향의 이른바 '정통 법관'이었다. 그는 유신시대인 1975년 서울민사지방법원 판사로 법원에 첫발을 내디뎠다. 엘리트 법관의 모임인 민사판례연구회 회원으로 사법연수원 동기(2회) 중 선두를 지켰다. 서울고등법원(서울고법) 부장판사, 서울지방법원 북부지원장, 부산지방법원장 등을 거쳤다.

양 대법원장의 경력 중 특히 두 가지가 주목받았다. 하나는 서울지방법원(서울지법) 파산수석부장이다. 외환위기 후 국제통화기금(IMF)의 요구로 신설된 파산부의 초대 수석부장을 맡았다. 그는 당시 총 자산 규모 30조 원에 달하는 기업들을 관리하면서 국가 경제와 기업의 중요성을 실감했다.

다른 하나는 '관료사법의 정점'으로 불리는 법원행정처 차장이다. 대법원장과 법원행정처장을 보좌하며 행정처 조직을 실질적으로 진두지휘하는 자리다. 행정처 송무국장과 사법정책연구실장 등을 거친 그는 사법행정의 달인이었다. 대법관 임명 제청이 눈앞으로 다가왔다.

그런데 차장이 된 지 7개월 만에 낙마하고 말았다. 2003년 8월 대법관 제청 논란 속에 4차 사법파동*이 터진 것이다. 양승태 차장은 자신이 모든 책임을 지겠다며 사의를 밝혔다. 당시 최종영 대법원장은 그를 만

* 2003년 8월 판사들이 기수와 서열에 따른 대법관 임명 제청에 반대하며 연판장에 서명한 사건을 말한다. 박시환 서울지법 부장판사가 대법관 인선 관행에 항의하며 사표를 내면서 시작됐다. 이 사법파동을 계기로 노무현정부와 최종영 코트는 사법개혁에 시동을 걸었다. 같은 달 전효숙 서울고법 부장판사가 여성 최초로 헌법재판관에 임명됐고, 2004년 8월에는 김영란 대전고법 부장판사가 여성 최초로 대법관에 임명됐다.

류하고 특허법원장으로 보냈다가 2005년 2월 대법관으로 임명 제청했다. 양승태로서는 특허법원장으로 와신상담한 것이 법원과 판사들에 대한 생각을 굳히게 된 계기였을 것이다.

양승태는 2011년 9월 대법원장에 올랐다. 강력한 카리스마로 법원을 장악하고 자신의 관점을 관철하려 했다. 등산 애호가인 그는 스스로를 자유인이라고 믿었다. 법원을 사랑하는 원로의 마지막 마음을 후배 판사들에게 전하고 싶어했다. 판사들과의 간담회가 있을 때마다 목소리를 높였다.

대법원장이 절박할수록 판사들이 받는 압박감은 심해졌다. 법원행정처가 대법원장의 뜻을 재판과 인사에 반영하려 하면서 비극은 시작됐다. 불신은 불신을 낳았고, 시스템을 무너뜨렸다.

뇌관으로 떠오른 공동학술대회

양승태 코트의 눈에 가장 불온하게 비친 집단은 국제인권법연구회였다. 법원 내 전문분야연구회인 국제인권법연구회는 2011년 8월 설립됐다.* 이용훈 대법원장 임기가 끝나기 직전이었다.

* 국제인권법연구회는 설립허가 신청서에서 주요 연구 대상으로 ①국제인권법조약 연구 ②북한 인권문제 및 탈북자 인권문제 ③세계화에 따른 외국인 노동자의 인권 ④국제결혼과 결혼이주여성의 인권 ⑤기타 사회적 이슈가 되어 법원의 재판으로 해결될 문제에 대한 깊이있는 연구 등을 제시했다.

국제인권법연구회는 2009년 신영철 대법관 '재판 관여' 사태를 거치며 태동했다. 신영철 사태 당시 전국 법원별로 판사회의가 열렸다. 하지만 신 대법관이 대법원장 경고를 받는 선에서 허탈하게 마무리됐다. "신 대법관이 사퇴하면 대법원장 사직서도 함께 가져오라." 이명박정부의 으름장이 먹혔다.* 판사들은 좌절감 속에 새로운 출구를 모색했다.

신영철 사태를 거치면서 이래선 안 되겠다 생각했어요. 몇몇 판사들이 스터디 모임을 만들어서 법관의 재판상 독립 문제를 공부하기 시작했죠. 이들이 국제인권법연구회를 만드는 데 적극 참여했어요. 하지만 다양한 생각을 가진 판사들이 가입했기 때문에 꼭 그런 문제의식을 공유하던 판사들이 중심이라고 말할 순 없습니다. 인권법 분야를 택한 것은 확산성이 있는데다 인권에 대한 판사들의 관심과도 맞았기 때문이에요. 인권법 전문가인 김태천 대구지법 부장판사를 모시고 인권법 공부를 하면서 조금씩 지평을 넓혀갔습니다. 회장을 고등부장**으로 해야 하는데, 누구를 모실까 의견을 모으다 김명수 당시 서울고법 부장을 모시게 된 거예요. 김명수 부장 같은 우리법연구회 출신들도 있었지만 다수의 회원들은 그런 인식 자체가 없었습니다. (국제인권법연구회 회원)

---

* 이후 신 대법관은 6년 임기를 마치고 퇴임하면서 언론과 인터뷰를 갖고 "다시 그때로 돌아간다 해도 똑같이 할 수밖에 없다"고 말했다.(「"신속 처리 '촛불재판', 지금도 소신엔 변함 없어"」, 조선일보 2015.2.3)

** 법원 내부에선 고등법원 부장판사를 '고등부장'이라고 부른다. 고등법원 부장판사는 차관급으로 관용차가 나오는 등 지방법원 부장판사와는 확실하게 차이가 난다.

'유엔 국제인권법 매뉴얼'* 한국어판 번역을 계기로 국제인권법연구회 회원수가 급증했다. 회원 99명이 참여해 1100여 면에 이르는 책을 번역해냈다. 회원에게 책을 주기로 하면서 연구회에 가입하는 판사가 줄을 이었다. 연구회 안에 관심 분야별 소모임에 이어 지역별 모임을 만들며 회원수가 500명 가까이로 늘어났다. 여성 판사 대부분이 가입한 젠더법연구회를 빼면 최대 규모의 연구회로 떠올랐다.

법원행정처는 이 국제인권법연구회를 우리법연구회의 후신으로 보고 있었다.** 양승태 대법원장은 우리법연구회와 악연이 있다. 그가 법원행정처 차장으로 겪었던 4차 사법파동을 주도했던 이들이 우리법연구회 회원들이었다.***

양승태 대법원장이 국제인권법연구회를 어떻게 생각했는지는 제가 뭐라고 말하긴 어렵고요. 양 대법원장은 판사들에게 정치적 색깔이 덧씌워지는 건 안 된다는 소신이 강했습니다. 그런 점에서 우리법연구회에 부정적이었고, 국제인권법연구회도 제2의 우리법연구회처럼 되는

* 2002년 9월 유엔인권최고대표사무소(UNOHCHR)와 국제변호사협회(IBA)가 함께 법률가를 위해 만든 국제인권 기준 종합 매뉴얼이다. 공식 제목은 '국제인권법과 사법 — 법률가(법관, 검사, 변호사)를 위한 인권편람(Human Rights in the Administration of Justice: A Manual on Human Rights for Judges, Prosecutors and Lawyers)'이다.

** 국제인권법연구회에 우리법연구회 출신들이 일부 있는 것은 사실이지만 그의 후신으로 보는 데는 무리가 있다. 우리법연구회는 활동을 계속하고 있었다. 멀쩡히 살아 있는데 사망신고와 상속을 말한 셈이다.

*** 4차 사법파동을 촉발시킨 박시환 부장판사는 우리법연구회 회장을 지냈고, 당시 연판장 서명을 주도한 이용구 판사 등도 우리법연구회 소속이었다.

건 막아야 한다고 믿었던 것 같아요. 게다가 핵심 회원들 중에 사법행정에 반기를 든 판사가 많았어요. 김기영 부장은 2009년 신영철 사태 때 반발했던 서울중앙지법 단독판사 중 한 명이고, 김형연 부장도 그때 코트넷* 게시판에 글을 띄웠고… 그러다 국제인권법연구회가 상고법원 도입에 반대하고 나서니까 대체 여긴 뭐 하는 집단이냐, 이렇게 판단한 게 아닌가 싶습니다. (전 법원행정처 간부)

2015년 7월 국제인권법연구회 안에 '인권 보장을 위한 사법제도 소모임'(인사모)이라는 연구 소모임이 결성됐다. 인사모는 같은 해 8월 상고법원 도입에 대한 끝장 토론회를 여는 등 양승태 코트의 사법정책에 반대 입장을 나타냈다. 법원행정처의 경계 수위가 높아졌다.

법원행정처의 날카로운 시선을 국제인권법연구회 쪽에서도 느끼고 있었다. 2015~16년 연구회 회장이던 이규진 대법원 양형위원회 상임위원**이 법원행정처 분위기를 전해주었다. 이 상임위원은 연구회 운영위원 등에게 경계선을 넘지 말라고 경고하곤 했다. 법원행정처 소속 판사 상당수도 연구회 회원이었다.

회장이었던 이규진 양형실장이 당시 '행정처에서 가만히 있지 않을

---

* 법원 내부통신망. 판사들은 코트넷에 주요 이슈에 관한 의견을 올리고 댓글을 달며 의사소통한다.

** 공식 명칭은 대법원 양형위원회 상임위원이지만 법원 안에서는 주로 '양형실장'이라고 불렸다.

것'이라고 경고했던 건 사실입니다. 저희도 이 실장이 모종의 역할을 하고 있을 거라고 생각했어요. 하지만 나중에 밝혀진 것처럼 동향 보고에 문건까지 만들고, 행정처 실장회의에 참석하면서 국제인권법 대응책을 만들고 있을 줄은 몰랐어요. 완전히 우리 편은 아니다, 그 정도 느낌만 있었던 거죠. 이상 조짐은 계속해서 있었습니다. 인사모에서 열심히 활동하던 한 핵심 회원이 갑자기 탈퇴해버린다든지… 행정처 출신들은 행정처에 찍히면 안 된다는 걸 알거든요. (국제인권법연구회 회원)

2017년 법원에는 난기류가 형성되고 있었다. 6년 임기의 대법원장이 교체되는 해였다. 정치 상황도 안개에 싸여 있었다. 2016년 말부터 '최순실 국정농단' 수사와 촛불집회가 이어졌다. 국회에서 대통령 탄핵소추안이 가결되면서 박근혜 대통령의 직무가 정지되었다. 탄핵심판이 없었다면 2017년 9월 임기가 시작되는 다음 대법원장은 박 대통령이 임명하게 돼 있었다.

시시각각 상황이 달라지고 있었다. 야당이 정권을 잡을 것이라는 관측이 우세해졌다. 보수 성향의 전직 대법관 일색이던 새 대법원장 후보들도 점점 다른 얼굴로 바뀌어갔다. 정치권력의 공백은 사법부에도 미증유의 시공간을 만들어내고 있었다.

이때 뇌관으로 등장한 행사가 있었다. 국제인권법연구회 인사모가 준비하던 공동학술대회였다. 인사모는 연세대 법학전문대학원과 함께 학술대회를 준비하고 있었다. 주제는 '법관 인사제도의 모색—법관 독립 강화의 관점에서'. 법관 인사제도와 법관 독립 모두 양승태 코트가 민감하게 반응할 주제였다.

그 주제는 언젠가 해야 한다고 생각해오던 거였어요. 인사모가 2015년 만들어져 연구활동을 계속해오던 상황이었는데 그런 학술행사를 할 시기가 무르익었다고 본 거죠. 소모임이 매년 돌아가며 학술행사를 주관했는데 2017년엔 인사모가 하게 된 겁니다. 물론 대법원장 교체기라는 점이 주제 선정과 관련 없다고 할 순 없지만, 탄핵 얘기가 나오기 이전에 결정된 것이라 특별한 정치적 의미는 없었습니다. 판사들이 그렇게 정치적이진 않습니다. 그렇게 뜻밖의 상황으로 전개되리라곤 예상도 못했어요. (지방법원 부장판사)

폭풍 전야에 기획총무 맡은 이탄희 판사

이탄희 수원지법 안양지원 판사가 국제인권법연구회 기획총무가 된 것은 폭풍 전야 같던 2016년 12월이었다. '기획팀장'으로도 불리는 기획총무는 연구회 예산·일정 관리, 행사 집행 등을 총괄하는 자리였다. 2017년 연구회 간사를 맡게 된 김형연 광주지법 순천지원 부장판사가 이탄희에게 기획총무 자리를 맡아달라고 했다.

국제인권법연구회는 회장이 상징적 역할을 맡고, 실제론 간사가 주도하는 구조입니다. 김형연 부장은 강단있는 스타일이에요. 2009년 신영철 대법관 '재판 관여' 사태 때 코트넷에 신 대법관 용퇴를 주장하는 글을 올리면서 요주의 대상이 됐죠. 이탄희 판사는 결이 달라요. 연수원 동기 중 선두 그룹인데다 미국 하버드 대학에서 형사법을 공부했고, 모범생 스타일이에요. 워낙 평판이 좋았어요. 후배 판사들 사이에서 리더십이 있고, 주변 판사들에게도 인기가 좋았죠. (국제인권법연구회 회원)

이탄희 판사는 대학 재학 중 사법시험에 합격한 뒤 특전사 법무관을 거쳐 2008년 판사로 임관했다. 차분하게 자기관리를 잘하면서도 적극적인 자세로 일했다. 특별히 돌출적인 언행을 한 적도 없었다.

무엇보다 형사재판 잘하는 판사로 정평이 나 있었다. 법정에서 나온 증거와 진술을 가지고 재판하는 '공판중심주의' 원칙에 심취해 있었다. 다른 판사들은 형사재판 1~2년 하면 대개 다른 데로 보내달라고 했지만 이탄희는 자원해서 형사재판을 계속했다. 광주지법 형사단독판사로 근무할 때는 법정 구조를 공판중심주의에 맞게 바꿔보기도 했다. 대한변호사협회 선정 우수 법관으로 세 차례 뽑혔다. 미국 유학을 가서도 형사재판을 공부했다.

이탄희가 1년간의 유학을 마치고 재판부로 복귀한 것은 2015년 9월이었다. 다시 돌아온 법원은 많은 것이 달라져 있었다. 2012년 서기호 판사 재임용 탈락 후 경직돼가던 분위기가 더 심해져 있었다. 후배 판사 몇몇이 회식 자리에서 말했다.

"이제는 재판만 열심히 한다고 되는 시대가 아니에요. 술자리에 늦게까지 있어야 하고, 체육대회*도 나가야 해요. 그래서 기획법관이 돼야 법원행정처 심의관도 되고, 고등부장 되고, 대법관도 될 수 있죠."

이탄희는 판사들의 변화에 마음이 쓰였다. 가만히 있으면 안 되겠다는 생각이 들었다. 미국에서 보고 재판에서 느낀 것을 글로 써서 코트넷의 연구회 커뮤니티에 올리고, 판사들과 이야기도 했다. 상대적으로 젊은 판사들이 많은 국제인권법연구회 활동도 열심히 했다.

기획총무로서 이탄희에게 맡겨진 첫 임무는 공동학술대회였다. 그때까지만 해도 이탄희는 이 행사가 문제되리라고는 생각하지 못했다. 오히려 그런 행사가 시의적절하다고 여겼다.

미국 유학 시절 많은 걸 느끼고 배웠어요. '나는 공적 기관이다'(I am the office). 나이 지긋한 연방법원 판사가 자신이 헌법기관임을 강조하는 걸 보면서 크게 감명받았어요. 법관은 조직논리나 인간관계에 따라 움직여선 안 된다, 철저히 공적 가치를 위해 직무를 수행해야 한다는 거죠. 그때부터 어떤 직업의 직무가 무엇인지, 그 직무가 지향하는 공적 가치가 무엇인지를 생각하기 시작했어요. 귀국한 뒤 법원과 재판을 새로운 눈으로 보게 되면서 우리나라에서 법원이 운영되는 방식이 다른 나라와

---

* 양승태 코트에선 2년에 한 번씩 '한마음 체육대회'가 열렸다. 각 법원을 대표해서 온 전국 법원의 법관과 직원들이 모이는 자리였다. 관중석을 모두 채운 뒤 행사가 시작되면 양승태 대법원장이 등장해 한 바퀴 돌았다. 판사와 직원들은 '카드섹션'을 했다. 어떤 남성 판사는 웨이터 복장을, 여성 판사는 만화 코스프레를 했다. 대법원장을 목말 태우고 다니면서 "양승태"를 연호하기도 했다. 양 대법원장이 퇴임한 2017년 9월 22일 전국공무원노조 법원본부는 성명을 내고 "대법원장은 한마음 체육대회 등 국민과는 아무런 관련도 없는 비상식적 소통행사를 개최하면서 '나를 섬기라'며 직원을 압박했다"고 말했다.

너무 다르다는 걸 일상적으로 느꼈고, 그런 것들이 계속 쌓였어요. 그런 주제로 주변 판사들하고 자주 대화했고, 공감하는 사람들도 많이 있었어요. 그래서 이걸 공론화할 필요가 있겠다, 다들 속으론 생각하고 있는데 겉으로는 이야기를 안 하는 상황, 지금 그런 상황이구나. (이탄희)

공동학술대회 행사의 의미는 무엇이었을까. 이탄희는 법원조직과 행정부 조직의 차별점이 없다는 데 문제의식을 가지고 있었다. 법원은 행정부와 분명히 다른 헌법적인 역할을 하는 곳이고, 설계부터 다르게 돼 있는데 실제 운영은 일반 관료조직과 같았다.

누가 사건을 얼마나 많이, 얼마나 빨리 처리하는지를 통계 내서 판사를 평가했다. 후진적 재판 방식을 열심히 하는 판사들이 좋은 평가를 받는 근무평정 시스템이 유지되고 있었다. 공판중심주의는 현실에 적용되지 않았다. 대법원장이나 법원행정처가 법원 운영이나 판사들 직무에 대해 잘못된 철학을 가지고 있다고 이탄희는 생각했다.

유학을 마치고 법원에 복귀한 직후에는 법원행정처와 국제인권법연구회를 가리지 않고 같은 문제의식을 이야기했다. 처음엔 행정처 심의관들도 공감을 표시했다. 재판 방식을 바꾸는 데 역할을 하라는 얘기를 듣고 형사심의관을 희망한 적도 있었다. 하지만 고위 법관들과 젊은 판사들의 생각이 다름을 곧 체감하기 시작했다.

당시 공동학술대회 준비팀에서 전국 판사들을 대상으로 실시하는 설문조사가 주목받고 있었다.* 김영훈 부장판사가 조사 결과 발표를 맡았다. 이탄희는 설문조사 문항 만드는 작업에 참여했다. 그는 다른 나라에서는 시행하는데 한국에만 없는 제도들을 부각시켰다. 법원장 호선제 같은 사법행정 관련 사안이 주요 문항으로 들어갔다.

"평판사들 의견을 전달하는 게 중요하지 않을까요?" 이탄희는 설문조사 대상에서 고등부장 이상급은 빼자고 했다. 발표자인 김영훈 부장은 모든 법관을 대상으로 하기로 결정했다. '대법원장이든, 대법관이든, 평판사든 다 같은 법관 아니냐'는 원칙론이었다.

고등부장, 법원장은 물론이고 대법관들과 양승태 대법원장에게도 이메일이 발송됐다. 이메일을 연 양 대법원장은 어떤 표정을 지었을까. 법원행정처로서는 신경이 곤두설 수밖에 없었다. 법원 주변에서는 밤늦게 행정처 회의가 소집됐다는 소문이 돌았다. 공동학술대회 행사를 향해 보이지 않는 손이 움직이기 시작했다.

"나하고 여기, 여기는 죽을 수도 있습니다"

2017년 1월 둘째 주였다. 이탄희에게 첫 신호음이 울렸다. 국제인권법연구회 간사 김형연 부장의 전화였다. 김형연은 새로 연구회 회장이 된 이진만 서울행정법원 수석부장의 뜻을 전했다.

"이 판사, 주말에 공동학술대회 문제로 운영위원회를 열어야겠어. 이

* 설문조사는 법관 독립성 보장, 대법관 선출 방식, 고등부장 승진제도, 법원장 권한, 판사회의·전보인사 주기, 전관예우 등 6개 주제 31개 문항으로 구성됐다.

진만 부장께서 요청하셨어."

"2017년 행사 아이템 공모기간 중인데요. 지금 꼭 운영위원회를 열어야 할까요?"

김형연은 "아무래도 열어야 할 것 같다"고 했다. 연구회 운영위원회는 대개 카카오톡(카톡) 단체 대화방 등 온라인으로 했다. 오프라인 운영위원회를 여는 것은 이례적인 일이었다.

'1월 15일(일요일) 저녁 긴급 운영위원회를 엽니다.'

김형연은 코트넷 국제인권법연구회 커뮤니티에 공지를 게시했다. 그 직후였다. 이진만 부장이 이탄희에게 전화를 걸어왔다. 이진만은 성격이 원만한데다 후배들 의견에 귀를 기울이는 스타일이었다. 젊은 판사들 사이에서 평이 좋았다.

"이 판사, 내 의견보다 이 판사님 같은 젊은 판사들 의견이 중요해요. 우린 얼마 뒤면 나가지만 이 판사님은 나보다 법원에 더 오래 있을 거 아니에요?"*

"부장님, 그러시면 후배들 의견을 수렴해서 갈까요?"

"아, 그렇게는 안 해도 됩니다."

이탄희는 이진만이 '젊은 판사들 의견'을 얘기해서 느낌이 좋았다. 다만 의견 수렴까지 안 해도 된다는 한마디가 마음에 남았다.

긴급 운영위원회가 열리는 일요일 아침이었다. 이탄희에게 또 한 통

* 판사들은 가까워지기 전까지 직급과 관계없이 서로를 존중하는 의미로 존댓말을 쓰는 경우가 많다. 가까운 사이인 경우에도 다른 판사들과 함께 있는 자리에서는 존댓말을 쓰곤 한다.

의 전화가 걸려왔다. 고등법원 판사 L이었다. 이탄희와 가깝게 지내던 선배 판사였다. 싹싹한 성격에 생각도 자유로운 편이었다. 법원행정처 근무 경험도 있었다.

"이 판사, 이진만 부장님하고 통화했는데 행정처에서 엄청 쪼나봐. 공동학술대회를 안 하길 원하셔. 어쩔 수 없이 하게 되면 올 9월 이후에 양 대법원장 임기 끝나고 했으면 하는 것 같은데."

연구회 행사가 대법원장 임기와 무슨 상관일까. 이탄희는 의아한 생각이 들었지만 "알겠다"고만 했다. 그날 오후 운영위원회 장소와 가까운 교대역을 향해 지하철을 타고 가는 도중이었다. 연구회 회장인 이진만에게서 전화가 걸려왔다.

"이 판사, 이따가 운영위원회 때 옵니까? 우리 잘해봅시다."

이진만은 갑자기 목소리 톤을 낮춰서 말했다. 스파이 영화에서 지시를 내리는 목소리 같았다고 할까. 이탄희가 10년의 판사 생활 동안 처음 겪는 상황이었다. 등골이 서늘해졌다.

무슨 말씀이냐고 묻지도 못한 채 전화가 끊겼다. 이탄희는 고개를 갸웃거리며 자리에서 일어났다. 출입문 쪽에 섰을 때 다시 전화가 왔다. 대법원 재판연구관으로 있던 선배 판사였다.

"행정처 높은 분한테서 내게 전화가 왔어. 연구회에 전달하라는 취지인 것 같아. 공동학술대회를 대법원에서 예의 주시하고 있다고. 학술대회를 안 했으면 한다는 건데… 일단은 그 정도만 알고 있어."

도무지 알 수 없는 이야기의 연속이었다.

운영위원회가 열리는 장소는 서초동 서울고법 청사 아래쪽 삼호가

든 삼거리에 있는 호프집이었다. 예약한 방으로 들어갔다. 노래방처럼 빙 둘러앉을 수 있는 구조였다. 약속시간인 오후 8시가 되자 판사들이 속속 도착했다. 이진만, 김기영, 김형연, 이동연, 정계선, 이의진, 조정민, 홍예연… 연구회에서 집행부와 운영위원을 맡은 판사 10여 명이었다.

"연세대와 같이하는 행사 아닙니까. 날짜를 빨리 알려줘야 합니다. 3월에 하기로 했는데 그때 하지 말아야 할 이유가 있습니까?"

"공동학술대회는 공모를 통해 결정된 게 아닙니다. 절차가 잘못됐습니다."

참석자 한 명이 계속 절차를 문제 삼자 다른 참석자가 테이블을 두드리며 목소리를 높였다.

"이미 결정이 됐는데 이제 와서 대체 왜 이러시는 겁니까?"

"왜 말씀을 그렇게 합니까? 예의를 지켰으면 좋겠습니다."

논의가 이어지다 밤 11시쯤 각자 돌아가며 의견을 말하기로 했다. 앉은 순서에 따라 이탄희부터 입을 열었다.

"젊은 판사들 의견을 물어봤는데 관심들이 많습니다. 예정대로 했으면 좋겠습니다. 수요가 있는 행사니까 그대로 하시는 게 어떨지요? 사정상 좀 연기되더라도 4월이나 5월에는 했으면 좋겠습니다."

이탄희는 자신도 모르게 이진만 쪽을 보았다. 얼굴이 굳어 있었다. 판사들은 다른 사람 앞에서 낯빛이 달라지는 경우가 거의 없었다. 법정에서 감정을 숨겨야 하는 직업적 습관 때문이었다. 아, 잘해보자는 말이 그런 뜻이었구나. 이진만의 순간적인 표정 변화가 조금 전 통화의 의미를 말해주고 있었다.

다른 판사들도 예정대로 상반기에 공동학술대회를 하는 쪽으로 이야기했다. 결국 공동학술대회를 하되 시기만 6월로 조정하기로 잠정 결정했다. 일정 확정은 행사 아이템 공모가 끝나는 1월 19일에 하기로 했다. 이진만은 "공동학술대회를 하는 거냐"라고 재차 확인했다.

"정말 하는 겁니까? 이렇게 되면 내가 뭐라고 이야기를 합니까? 내가 표결에서 졌다고 말할 순 없지 않습니까?"

이진만은 "만약 하게 되면 나하고 여기, 여기는 죽을 수도 있다"라며 김형연과 이동연을 가리켰다. 김형연은 연구회 간사였고, 이동연은 공동학술대회를 준비해왔던 인사모 회장이었다.

순간 참석자들이 동작을 멈췄다. 마치 TV 리모컨의 스톱 버튼을 누른 것 같았다. 이진만에게 지목된 두 사람은 겸연쩍은 표정을 지었다. "왜 그런 말을 하시느냐"는 항의도, "무슨 뜻으로 하시는 말씀이냐"는 물음도 없었다. 잠시 후 참석자들은 "죽을 수도 있다"는 말을 듣지 않은 것처럼 다시 대화를 이어갔다.

이탄희에겐 그런 판사들의 모습이 익숙하면서도 낯설게 다가왔다. 일종의 엄숙주의라고 할까. 판사들은 이상하다고 느끼면서도 먼저 말하려 하지 않는다. 자신을 노출시키는 것을 최대한 피하는 것이다. 이탄희도 다르지 않았다. 이진만이 "잘해봅시다"라고 했을 때 "무엇을 잘해보자는 말씀이냐"라고 물어보지 않았다. 이게 무슨 뜻이지, 하고 스스로 해석하려고 노력했다.

당시 같은 자리에 있던 한 참석자는 이렇게 말했다.

이탄희 판사 같은 사람이야 그때까지 궂은 일 겪어보지 않은 모범생이니까 충격을 받을 수 있죠. 저희 같은 사람들은 10년 가까이 비공식적으로 이런저런 압박을 느끼며 살아온 터라 그 말이 무슨 뜻인지 바로 알아들었어요. 출세할 생각 하지 말라고? 잘못되면 책임지고 옷 벗고 나가라고? 그러면 되지, 뭐가 문제야? 이런 생각이었죠. 이진만 부장이 솔직하게 경고를 해준 건데 어떻게 보면 차라리 고마운 일이죠. (지방법원 부장판사)

모임은 멋쩍게 끝났다. "판사님, 요즘 어디 안 좋으세요?" 김형연이 논의 도중 화를 냈던 판사에게 싱겁게 농담을 던졌다.

이탄희는 판사들과 헤어진 뒤 재판연구관인 선배 판사에게 전화를 걸었다. 어떤 상황인지 알아야겠다는 생각이 들었다. "학술대회, 6월에 하기로 결정됐어요." 재판연구관은 "내게 전화를 한 사람은 이규진 양형실장"이라고 했다.

"이규진 실장, 대법원장과 독대하는 분이야. 만약 (공동학술대회를) 강행하면 이진만 회장에게 사퇴하라고 할 수도 있고 고등부장들 탈퇴시킬 수도 있어."

이탄희는 의아했다.

"그분들이 무슨 장기판의 돌도 아닌데 어떻게 사퇴시킨다는 거예요?"

"행정처에 실장회의라는 게 있는데 거기에서 논의를 했대."

놀라운 이야기였다. 연구회장 사퇴나 고등부장 탈퇴는 엄청난 권한이 있지 않은 이상 못하는 일 아닌가. 고위 법관들을 그렇게 움직일 수 있는 힘이 대체 어디서 나오는 것인가. 재판연구관은 전화를 끊으면서 말했다.

"이 실장이 (2월 정기인사에서) 심의관을 두 명씩 추천할 수 있는데 누굴 추천할까 묻길래 내가 이탄희, 송오섭 데려가라고 했어. 당신 같은 판사가 행정처에 많이 들어가야 하잖아."

"언론에 보도되지 않도록 해주세요"

다음 날 안양지원 판사실로 전화가 걸려왔다. 선배 판사 L이었다.

"이진만 부장님이 어제 운영위원회에서 충격을 받았어. 아침 일찍부터 전화를 하셨는데… 어른들이 원래 생각이 많으면 새벽잠이 없어져서 일어나자마자 전화를 하잖아."

그러고는 밑도 끝도 없이 말했다.

"이 판사, 인사모 회원 아니지? 앞으로도 회원 하지 마. 그냥 하고 싶은 활동 있으면 회원이 아닌 상태에서 그때그때 하고… 이 부장님 좋은 분이야. 이번에 행정법원 수석부장 하시면서 집회 허가 문제 해결하시는 것도 그렇고, 합리적인 분이야. 이분이 앞으로도 연구회에 도움이 많이 될 거야. 뭘 해도 이 부장님이 얘기를 하면 고등부장들 사이에서는 그냥 통해. 우리는 이 부장님하고 같이 가야 돼. 이 판사가 많이 도와드려."

"구체적으로 뭘 도와드리라는 말씀인지…"

"그냥 많이 도와드려."

며칠 뒤 연구회 팀장회의에서 공동학술대회를 다시 3월에 하는 방안이 나왔다. "인사모 쪽에서 3월에 하고 싶어한다"는 것이었다. 온라인 운영위에서 3월로 확정됐다. 이상하다고 여기고 있을 때쯤 L이 전화를 해왔다.

"이진만 부장님이 하도 걱정하셔서 내가 얘기했어. 6월에 하면 그때가 대법관 인사 논의할 타이밍이잖아. (대통령 탄핵이 3월에 되면) 5월 대선이고 총리 인선하면 대충 한 달 아니냐고. 그러면 공동학술대회에 국민들 관심이 더 커진다. 관심 없을 때 차라리 3월에 하는 게 낫다. 이동연 부장도 원래 3월에 하는 걸 원했으니까 거기에 얘기해서 3월로 돌아간 거야."

왠지 짠하다는 느낌이 들었다. 한편으론 자기 역할을 과장하는 습관이 있을 수 있겠다는 생각도 스쳤다. 굳이 묻지도 않았는데 자신이 뭔가 큰 역할을 했다고 말하고 있었다. 그 이유도 매우 세련되게 설명하고 있었다.

'판사들은 자기중심적으로 세상을 해석하는 경향이 심하다.'

이탄희가 법원에 들어온 뒤로 계속해서 느낀 점이었다. 어떤 의사결정을 한 사람에게 내가 영향을 미쳐서 그렇게 됐다고, 각기 다른 사람이 동시에 다른 이유로 그렇게 생각하는 상황이 벌어지곤 했다. 스스로의 기여도를 실제보다 크고 높게 보는 것이다. 좋은 쪽이든, 나쁜 쪽이든.

2월초 이규진 상임위원이 안양지원 판사실로 전화를 걸어왔다. 이탄희는 약간 놀랐다. 그와 개인적 친분이 없었다. 석 달 전인 2016년 12월

학술팀 부팀장 자격으로 전임 회장인 이규진의 퇴임 인터뷰를 한 것이 전부였다. 이규진은 깔끔한 외모에 말을 조리있게 잘하는 전형적인 판사 스타일이었다.

"이 판사님, 행사가 3월로 정해졌다면서요?"

"네. 그렇습니다. 실장님."

"이 판사님이 기획팀장이니까 행사 주관을 할 텐데, 철저하게 법원 내부 행사로 치러지도록 해주시고, 특히 언론에 보도되지 않도록 해주세요. 이 판사님이 연구회에서 발언권도 있고, 영향력도 있지 않습니까."

이규진은 한마디를 덧붙였다.

"이번에 내가 행정처 심의관으로 이탄희, 송오섭 두 분을 추천했어요. 특히 이 판사님은 내가 행정처 내부에도 그렇고 여러 사람들에게 물어봤는데 다들 좋게 이야기하더군요. 행정처에서 같이 일하게 될 수도 있습니다."

이탄희는 통화 막바지의 행정처 추천 얘기를 듣고 조금 짜증이 났다. 특별한 의미가 없는 사적인 부탁인 것처럼 신사적으로 이야기해놓고, 마지막에 자신이 추천했다고 일방적으로 대가관계를 만들고서는 전화를 끊어버렸다. 차라리 '내가 추천을 할 테니 이렇게 해달라'라고 하면 의사표시를 할 수 있는 시간이라도 주어지지 않나.

이규진의 요청을 실행에 옮길 생각도, 다른 사람에게 말할 생각도 없었다. 하지만 그렇게 대가관계를 만들면 마치 묵시적으로 가담하는 것이 될 수 있다. 이탄희는 자신이 1심 재판 주심*을 맡았던 곽노현 전 서울시교육감 사건**을 떠올렸다. 자발적으로 사퇴한 뒤 대가를 주면 대가 관계가 생기는 사후매수와 비슷한 구조 속에 들어가는 느낌이었다.

다른 사람들과도 이런 대화를 할까? 내가 다시 전화를 해서 항의했어야 하는 것인가? 내가 항의하지 않은 것에 대해 의미부여가 될 것인가? 불쾌하면서 창피한 느낌을 떨치기 힘들었다.

그런 상황 하나하나가 태풍이 다가오고 있는 조짐이었다. 연구회 모임에서 회장이 행사 일정을 놓고 "나하고 여기, 여기는 죽는다"라는 말을 한다. 대법원 간부가 일선 법원 판사에게 "학술대회를 법원 내부 행사로 치러지도록 해달라"라고 요청한다. 이탄희는 그런 말이나 요청을 스스럼없이 주고받는 상황을 이해할 수 없었다.

차츰 긴장감이 쌓여가는 과정이었다. 공동학술대회에 부정적인 대법원(법원행정처)의 입장이 분명해졌다. 행사를 취소하거나 연기시키려 했다. 법원행정처 움직임에 연구회 쪽에서도 신경을 곤두세우고 있었다. 그 태풍의 눈 안에 이탄희가 있었다.

---

* 여러 명(주로 세 명)의 판사가 모여서 재판을 하는 합의부에서는 순번에 따라 사건을 주도적으로 검토할 판사 한 명을 정하는데, 이 판사가 해당 사건의 '주심'이다. 세 명이 함께 논의해 결론을 낸 뒤 주심 판사가 판결문 초안을 작성한다.

** 2012년 1월 19일 서울중앙지법 형사합의27부는 후보자 매수 혐의로 기소된 곽노현 서울시교육감에게 벌금 3천만 원을 선고했다. 곽 교육감은 2010년 교육감 선거 후 박명기 서울교대 교수에게 후보 사퇴 대가로 2011년 2~4월 모두 6차례에 걸쳐 2억 원을 준 혐의 등으로 구속 기소됐다. 이 판결로 곽 교육감은 당선이 무효로 되는 형을 선고받음과 동시에 구속 상태에서 일시적으로 풀려나 교육감 업무를 볼 수 있게 됐다.

“상고법원을 도입하라” 사법부의 진격

2월 9일 오후였다. 11일 후인 같은 달 20일자로 시행되는 법원 정기 인사 발령이 코트넷 주요 공지사항으로 올라왔다. 임종헌 법원행정처 차장이 이탄희 판사실로 전화를 걸었다. 이탄희 자신은 미처 행정처 겸임 발령*을 알지 못한 상태였다.

“이 판사님. 인사 난 것 봤어요?”

“아직 못 봤습니다. 차장님.”

임 차장은 “아직 공지가 안 됐나? 지금 사무실 아니에요?” 하고 물었다. 잠시 후 직접 코트넷을 확인했는지 “어, 올라왔네” 하고 혼잣말을 했다. 그는 이탄희에게 말했다.

“내가 이 판사님의 판단력을 믿고 기획2심의관으로 인사를 냈어요. 기획2심의관이 어떤 자리인지 알죠?”

“네. 열심히 해보겠습니다.”

임종헌 차장과의 통화는 인상적이었다. 인사권자는 법원행정처 차장이 아니고 행정처장이나 대법원장인데 자신이 인사를 냈다고 강조했다. 행정처에 겸임 발령이 난 판사 모두에게 이렇게 전화를 하나? 하는 생각도 들었다. ‘판단력’이라는 말이 기억에 남았다.

---

* 판사를 법원행정처 실·국장이나 심의관으로 배치할 때 ‘겸임 발령’을 낸다. 소속은 일선 법원으로 두고 행정처 보직을 겸임하는 발령을 내는 것이다. ‘겸임해제 발령’을 하면 재판부로 복귀한다.

기분이 약간 얼떨떨했지만 곧 축하 전화가 쏟아졌다. 이탄희도 점점 의욕이 생겼다. 중요한 일을 하게 되는 기회일 수도 있다. 그즈음 겪은 일들에 대한 의구심을 애써 눌렀다.

당시 임종헌은 5년째 법원행정처에서 근무하고 있었다. 2012년 8월부터 2015년 8월까지 기획조정실장으로, 그후부터는 행정처 차장으로 일했다. 별명은 '마타하리'. 1차대전 때 활동했던 독일 스파이를 말하는 게 아니었다. 모든 일을 '도맡아 한다'는 뜻이었다.

임종헌은 일에 대한 끝없는 열정, 조직에 대한 충성심, 어떤 상황에서도 포기하지 않는 추진력을 지니고 있었다. 국회의원이든 기자든 외부 사람과 만나면 자신을 낮추는 겸손한 자세로 최선을 다했다. 법원행정처 판사들에겐 엄한 면모를 보이기도 했다.

양승태 대법원장은 상고법원 도입을 추진하면서 박병대 대법관과 임종헌을 전진 배치했다. 각각 법원행정처장과 기획조정실장(이후 행정처 차장)을 맡겼다. 박병대 처장의 경우 법원행정처에서 일한 기간을 모두 합치면 11년이었다. 기획담당관·송무국장·사법정책실장·기획조정실장을 거쳤다. 판단력과 조직 장악력이 돋보였다. 임종헌 역시 법원행정처에서 송무심의관·등기호적국장·사법등기국장으로 근무했다. 두 사람 모두 '사법행정의 에이스'였다.

양승태·박병대·임종헌 트리오는 상고법원 법안을 성공적으로 발주했다. 2014년 12월 의결 정족수를 넘는 여야 의원 168명이 상고법원 법안을 발의했다. 임종헌 등 법원행정처 판사들의 전방위 로비가 올린 개가였다.

양승태 코트가 상고법원 추진*에 법원의 모든 가용 자원을 총동원한 이유는 무엇일까. 상고심 개혁 자체가 나쁜 것은 아니다. 대법원에 한 해 4만 건**이 넘는 사건이 새로 접수된다. 대법원장과 법원행정처장을 제외한 대법관 12명이 대략 한 해 4천 건씩 사건을 처리하는 셈이다. 대법관들이 도저히 감당할 수 없는 규모다.

대법관 4명이 참여하는 소부에서 하나의 사건을 검토하는 시간이 "불과 10여 초를 넘지 못한다"***라는 전직 대법관의 증언이 나올 정도였다. 이처럼 사건이 쏟아지는 상황에서 고등법원과 대법원 사이에 상고법원을 두고 상고사건 대부분을 맡기는 것은 충분히 검토해볼 만한 방안이었다.

문제는 양승태 코트가 상고법원을 추진한 배경과 방식이다. 상고심 개혁의 필요성도 있었지만 '대법원장 치적 만들기' 성격이 강했다. 전임 이용훈 코트는 공판중심주의 정착과 함께 전자소송을 도입했고, 법조일

---

* 국회에 발의된 상고법원 법안에 따르면 상고사건 가운데 법령 해석의 통일에 관련된 사건, 공적 이익에 중대한 영향을 미치는 사건 등은 대법원이 직접 심판하고, 나머지 사건은 상고법원에서 심판하도록 했다. 또 상고법원 재판부의 의견이 일치하지 않거나 대법원 판례와 상반되는 경우 사건을 대법원으로 이송하도록 했다.

** 한 해 대법원에 접수되는 사건은 2015년 41,559건으로 4만 건을 넘기 시작해 2016년 43,311건, 2017년 46,033건이었다.

*** 박시환 전 대법관은 2016년 11월 학술지 『민주법학』 제62호에 논문 「대법원 상고사건 처리의 실제 모습과 문제점」을 게재했다. 박 대법관은 이 논문에서 "1건의 합의에 허용되는 시간은 기껏해야 1분 30초 정도를 넘지 못한다. (…) 합의할 사건의 내용을 전혀 모르는 상태에서 임하게 된 다른 대법관들이 머릿속으로 생각을 정리하는 동안 잠시 침묵이 흐를 수밖에 없는데, 주심 대법관은 잠시 기다리다 더이상 질문이나 의견 제시가 없으면 자신이 제시한 의견에 찬성한 것으로 보고 다음 사건의 설명에 들어가게 된다. 그런데 필자의 경험으로는 그 침묵 상태의 대기 시간이 불과 10여 초를 넘지 못한다"라고 회고했다.

원화에 시동을 걸었다. 남은 제도 개혁 과제는 상고심 개혁이 유일했다.

헌법재판소의 위상이 갈수록 높아지는 데 따른 위기감도 작용했다. 대법원장으로서는 자신의 임기 중 '최고 재판기관' 자리를 다투는 헌법재판소와의 경쟁에서 지는 일은 있을 수 없었다. 상고법원을 신설해 대법원을 사회의 중요한 가치를 제시하는 '정책법원'으로 자리매김하겠다는 구상이었다.*

하지만 상고법원은 얼마 가지 않아 암초에 부딪힌다. 청와대 민정수석실(우병우)에서 브레이크를 건데다 법원 내부에서도 반대 목소리가 튀어나왔다. 국회에선 "법원 내부에서조차 다른 의견이 많은데 입법이 될 수 있겠느냐"는 말이 나왔다.

이때부터였다. 법원행정처는 가속 페달을 밟기 시작했다. 청와대 마음을 돌리고, 국회의원들과 접촉하고, 판사들을 통제하려는 시도들이 이어졌다. 그 밑그림과 결과물이 무수한 '사법농단' 문건들이다. 법원행정처 심의관들은 지시에 따라 빈틈없는 상고법원 추진 전략을 짰고, 간부들은 전략에 따라 움직였다.

그 모든 노력에도 상고법원 법안은 물거품이 되고 만다. 2016년 5월 19대 국회 임기 만료와 함께 법안이 폐기됐다. '사법행정의 책임자로서 진심으로 송구하다는 말씀을 드립니다.' 고영한 당시 법원행정처장**이

---

* 상고법원이 세워질 경우 50~100명에 달하는 고위 법관 자리가 생긴다는 것도 사법행정의 관점에서는 긍정적이었다. 그들에 대한 인사권을 통해 대법원장의 장악력을 높이는 동시에 법원 내부적으로는 인사 적체를 해소할 수 있었다.

** 양승태 대법원장은 2016년 2월 고영한 대법관을 법원행정처장으로 임명했다. 박병대 처장은 재판 업무로 복귀했다.

코트넷을 통해 '상고법원 도입 무산'을 선언했다. 전국 법원의 담벼락마다 걸렸던 '상고법원' 플래카드들은 순식간에 사라졌다.

"인사권자에게 보은하라"

2017년 '시계(視界) 제로'의 국면으로 들어서고 있었다. 대법원장 교체기를 앞두고 상고법원 불발의 후유증과 법원 내부의 비판, 박근혜 대통령 탄핵심판이 겹쳤다. 2월 정기인사에서 임종헌 차장 등 행정처 라인이 교체될 것이라는 추측이 나오기도 했다.

> 임종헌 차장은 그때, 그러니까 2017년 2월 정기인사에서 법원행정처를 떠나야 했어요. 본인도 머리로는 떠나는 게 맞는다고 생각했을 거예요. 임 차장 앞에 행정처 차장에서 바로 대법관으로 간 분들이 많았기 때문에 임 차장 자신까지 그렇게 되긴 쉽지 않았죠. 2월에 법원장 나갔다가 5월에 대법관으로 임명 제청되면 되는데… 행정처를 떠났다가 혹시 안 시켜줄까봐 끝까지 남겠다고 했던 거 아닌가 싶어요. 임 차장이 그때 떠났으면 그 사단이 나지 않을 수 있었어요. 당시 행정처에서 이민걸 기조실장이 유일하게 '노(No)'를 할 수 있었는데 뒤로 빠져 있었어요. 부딪치기를 싫어하는 성격이라… 임 차장 같은 분하고 부딪치면 정말 피곤한 일이잖아요. (전 법원행정처 간부)

그때까지만 해도 이탄희는 자신의 앞날에 어떤 일이 닥칠지 알지 못하고 있었다. 전화, 문자, 카톡, 이메일… 곳곳에서 축하 메시지가 쇄도했다. 법원행정처 기획조정실 심의관 출신 판사들이 전화를 해왔다. 안면 정도 있었는데, 그전과는 확연하게 달라진 태도였다.

"인사권자에게 보은해라." "사법부의 중심에 들어가는 거다." "핵심적인 역할을 하게 됐다." "고민될 땐 기조실 출신 선배들과 상의하면 된다. 언제든 연락해라."

이탄희는 유독 '보은'(報恩)이라는 단어가 예민하게 다가왔다. "이 판사를 심의관으로 추천했다"라는 이규진 상임위원의 말이 떠올랐기 때문일까. 당시 법원 내부에는 이탄희가 행정처 발령을 받은 데 의구심을 품는 시각도 있었다.

> 양승태 대법원장, 임종헌 차장 모두 사람 보는 눈에 있어선 놀라운 사람들이에요. 요직에 선발하는 사람들 보면 출세욕도 강하고, 보수적이고, 무엇보다 정말 윗사람들 위해서 일 열심히 할 사람을 잘 골라서 뽑아 올렸죠. 무조건 고등부장은 돼야 하고, 대법관도 하고 싶은 사람들, 못하면 죽을 것 같은 사람들… 그 사람들 평가해주고, 칭찬해주고, 폭탄주 마시면서 머리라도 한번 부딪쳐주고 하는 거죠. 결과적으로 보면 이탄희 판사 경우는 정말 사람 잘못 보고 뽑은 거예요. 이탄희를 행정처에 발령낸 건 이탄희 개인의 능력도 있지만 국제인권법 대응용이라는 다른 목적까지 합쳐졌던 거 아닌가… (지방법원 부장판사)

좀더 큰 맥락에서 보면 양승태 대법원장, 임종헌 차장이 법원 내에서 장기간 권력을 누리면서 그만큼 교만해졌다고 할 수도 있죠. 임기초만 해도 저항하는 판사들이 있었지만 임기 후반에 와서는 판사들이 코트넷 게시판에 글 하나 쓰기도 무서워할 정도로 완전히 제압되었고, 대법관과 법원장, 고등부장도 관료적이거나 보수적인 분들 일색으로 정리되었거든요. 우리법연구회 판사들 몇 명을 행정처 심의관으로 써봤더니 저항도 못하고 오히려 더 유용한 측면까지 있었죠. 이탄희라고 별 수 있겠느냐… 그런 의심조차 안 했을지 몰라요. 권력이 교만해지면서 몰락에 가까워진 거죠. 그런 면에서는 역사의 필연성이 작용한 거라고 생각합니다. (고등법원 판사)

선발에 대한 갈망은 대부분의 판사들에게 있다. 해외연수부터 승진까지 모든 형태의 선발에 대해서다. 학창시절부터 법원에 들어오기까지 판사의 삶 자체가 인정받고 싶은 욕구의 연속이기 때문일까. 언제 어디서든 선발되기를 본능적으로 추구한다.

이런 선발에 대한 목마름은 판사들을 관리하는 데 유용하게 활용된다. 작은 신호만 줘도 빈틈을 메워가며 성실하게 따라온다. 행정처 심의관은 젊은 판사들에게 꿈의 보직이었다. '행정처 심의관 출신은 중도퇴직만 하지 않으면 100퍼센트 고등부장이 된다'라는 말이 나올 정도였다.

법원행정처에서 운영하는 태스크포스(TF) 제도도 판사들의 선발되고 싶은 마음을 이용한 것이었다. 양승태 대법원장 취임 후 행정처에 온갖 TF들이 만들어졌다.* 행정처는 물론이고 사법정책연구원, 사법연수원, 일선 법원 판사까지 선발해 TF를 만들었다. 연구·검토뿐 아니라 구체적인 실행까지 TF에서 할 때가 많았다.

이탄희가 차출됐던 TF만 3개였다. 선진형사법, 사법정보화, 해외연수제도. 제주지법에서 근무하던 2015년엔 출장 명령이 한 달에 2~3건씩 날아오기도 했다. 두 개의 멤버십이었다. 일선 판사로서의 멤버십과 행정처 업무에 참여하는 조직원으로서의 멤버십. 판사들은 TF 회의에 가면 회식자리에서 반드시 과음을 했다. 그러다보면 TF 팀장이나 심의관들에게서 행정처 돌아가는 뒷얘기가 나오곤 했다.

"요즘 상고법원 관련해 대법원장님 심기가 어떻다. 처장님 의중은 이런데 차장님은 어떻고… 누구누구는 좋은 평가를 받고 있는데 그 이유는…"

"법무부가 검찰 조직의 이해를 대변하면서 법원을 부당하게 공격하는데 그 공격에 맞서 사법부를 지키려면 강한 행정처가 필요하다. 그걸 판사님들이 이해해주셔야 한다."

판사들에게 TF 회의와 회식은 '법원행정처 마인드'를 학습하고, 행정처 선발에 대한 기대감을 높여가는 과정이었다. "재판에 대한 영감(靈感)을 많이 주는 이 판사 같은 사람이 행정처에 와서 일해야 한다." 이탄희도 그 자리에서 이런 말을 듣곤 했다. 어느날 뒤풀이에서 이탄희

* 2017년 12월 전국법관대표회의는 법원행정처 개혁과 관련해 TF 개수와 명단을 공개하라고 요구했으나 받아들여지지 않았다.

가 "출장 명령이 계속 내려오니까 법원장님 뵙기 민망하다"고 하자 TF 팀장이 웃으며 말했다.

"그거 일부러 보내는 거야. 어떤 판사에 대해 출장 명령이 많이 내려가면 그 판사가 행정처에서 주목하는 사람이란 걸 법원장이 알게 돼. 그래야 평정할 때 점수 잘 주고 관리를 해주거든. 나는 행정처에 우리 팀원들한테는 출장명령 열심히 내달라고 해. 그래야 그 사람들이 주목받을 수 있으니까."

"대법관이 되려면 말을 갈아타야 하는데"

인사가 난 2월 9일 당일 저녁 이탄희가 안양지원 구내식당으로 내려갔을 때 K 부장판사가 축하 전화를 걸어왔다.

"축하해! 이 판사. 임종헌 차장님 보좌해서 페이퍼워크를 많이 해야 하는 자리라던데."

K가 "기획조정심의관"이라고 말해서 이탄희는 '기획2심의관인데 정확히 모르시네?' 하고 생각했지만 토를 달진 않았다. K는 이탄희가 믿고 따르던 선배 판사였다. 이탄희는 K가 법정 중심의 재판을 하면서 열정적으로 일하는 모습에 마음 깊이 존경하게 됐다.

이런 일이 있었다. 법원에서 밤늦게 귀가 하는데 K가 차를 태워줬다. "○○○사건에 언론의 관심이 너무 많이 집중돼서 판결이 나오면 부장님께서 공격당하시지 않을까요?"

조수석에 앉은 이탄희가 걱정을 하자 K가 차창 앞을 바라보며 비장한 표정으로 말했다.

"뛰어드는 거지."

그 모습이 이탄희에게는 '믿을 수 있는 선배'라는 확신으로 다가왔다. 같은 직업적 소명을 공유하는 사람으로서의 동지의식이랄까.

K는 고등법원 부장판사로 한 텀(기간) 늦게 승진했다. 그때부터 조금 달라진 느낌이 들었다. 사석에서 "내가 그때 많이 배웠어"라고 말하기도 했다. 이탄희는 '많이 배웠다'는 K의 말이 과연 무슨 뜻일까, 가끔씩 생각해보곤 했다.

통화 후 저녁식사를 마치고 판사실로 돌아왔다. 공동학술대회 설문 문항 작성부터 했다. 법원행정처에 들어가면 작업을 하기 어려울 것 같았다. 그날 저녁 설문 문항을 마무리했다. 이메일에 링크를 달아 보내면 그 링크를 통해 구글 계정에서 설문에 응답하는 방식이었다.

다음 날(2월 10일) 오후 이탄희는 법원행정처에 전입 인사를 갔다. 이민걸 기획조정실장실에서 새로 발령받은 판사들과 함께 티타임을 했다. 뒤이어 차장실에 들어가 임종헌 차장에게 인사했다. 임 차장은 빙긋이 웃으며 말했다.

"이제 늦게까지 집에 못 가고 일할 텐데, 오 변호사가 좋아할지 모르겠네요?"

임종헌 차장은 이탄희와 한 법원에 있었던 경험은 없지만 이탄희의 아내 오지원 변호사가 판사로 있을 때 수원지법에서 함께 근무한 적이 있었다. 이탄희는 사법지원실에도 들어가 심의관들과 인사를 나눴다.

사법지원실은 널찍한 사무실을 10명 안팎의 심의관들이 쓰고 있었다. 대학 선배인 심의관 한 명이 이탄희를 자기 책상 앞 테이블로 데려가 앉으라고 했다. 그는 하고 싶은 말이 많은 듯했다.

"차장님은 심의관들 안 믿어. 다른 방법으로 체크해. 저번에 백남기 농민 조건부 부검 영장 발부된 것에 대해 네가 김민수 기획1심의관 부탁으로 조건부 영장의 법적 근거를 확인해준 것 있잖아. 사실은 내가 검토해서 보고했는데 차장님이 다시 따로 김민수 심의관에게 확인하라고 한 거야."

그러면서 임효량 기획2심의관*은 임 차장 지시에 적극적으로 움직이지 않는다고 했다. "우린 임효량 판사 대할 때 마음이 열려."

토요일인 같은 달 11일 이탄희는 대학 동기로 법원행정처 심의관 근무를 마친 C 판사 집을 찾아갔다. 행정처 생활에 관한 조언을 구하기 위해서였다. C도 "임 차장님은 공식 직제대로 일하지 않는다"라고 말했다.

"차장님은 행정처 건물에 5년을 계시는 분이야. 다른 심의관이 한 일을 다시 검토해보라고 시키면서 누가 검토했던 것인지 알려주지 않으셔. 기조실장님은 올해 유임되는 바람에 힘든 상황에 처했어. 차장님 의도대로 움직일 수밖에 없는 처지가 됐고…"

C는 팁처럼 한마디 해줬다. "임 차장님의 제일 큰 약점은 '이걸 하면 판사들이 크게 반발할 수 있다'고 하면 움찔한다는 거야."

---

* 당시 기획2심의관으로 발령받아 1년간 일하면 다음 1년은 기획1심의관으로 일하게 되어 있었다. 2017년 2월 인사로 이탄희가 기획2심의관으로 들어오면서 임효량은 기획1심의관 발령을 받았다.

이탄희는 다음 날(12일) 선배 판사 L과 저녁식사를 했다. 법원행정처로 발령받은 판사 2명도 함께였다. 이탄희는 가슴속에 차오르는 궁금증을 풀고 싶었다.

"임종헌 차장님께서 심의관에게 직접 일 시키면서 다른 심의관들에겐 비밀로 하라고 한다는데요. 행정처 업무방식이 원래 그런가요?"

L이 말했다.

"조직 내 수평적인 정보 교류를 차단하고 차장님이 모든 정보를 쥐면 조직을 완전하게 통제할 수가 있어. (사법연수원) 16기인 임종헌 차장을 이번에 행정처에서 안 내보낸 것은 자기 스스로 대법관 제청 받을 방법을 찾으라는 뜻이야. 이민걸 기조실장은 17기라 대법관 제청을 받을 기수도 아니고, 말을 갈아타야 하는데… 결국 실장은 발을 빼려고 하고 차장은 더 꽉 쥐려고 할 거야."

L은 평소 이탄희와 얘기하면서 조심스러워할 때가 많았다. 이탄희가 먼저 고민을 털어놓아서 그런 걸까. 그날은 설명을 막힘없이 잘해줬다. 세상은 이렇게 돌아가고 있었던 것인가. 놀랍기보다는 싫었다. 자신이 의문을 품었던 상황이 너무 자연스럽게, 너무 잘 설명된다는 것이.

"저는 임효량 판사를 도와줘야겠습니다."

식사가 끝날 무렵 이탄희가 이런 말을 한 것은 법원이 너무 엉망이라는 생각이 들었기 때문이었다. 임효량은 어쨌든 소극적으로라도 저항을 하고 있다고 생각했다. 업무에 있어서도 기획2심의관은 기획1심의관을 지원하는 자리였다.

이탄희로선 하루하루가 법원, 그리고 판사들의 새로운 단면을 발견해가는 과정이었다. 행정처 발령을 받으면서 생긴 변화였다. 심의관을 지낸 판사들이 공통적으로 한 말이 있었다. 조언이자 경고였다.

"무조건 비밀을 지켜라. 윗분에게서 들은 얘기는 옆 책상에 있는 판사한테도 절대 옮겨선 안 된다."

10년간 알고 지내던 판사들이, 20년 가까이 친하게 어울렸던 대학 동기와 선배들이 전혀 다른 얼굴로, 전혀 다른 이야기를 하고 있었다. 계속 경계심이 들었다. 내가 아는 법원이 이런 곳이었나? 법원이 이렇게 돌아가는 곳이었나? 당혹감은 실망감으로 바뀌어갔다.

파란의 시작, '중복가입 탈퇴' 공지

월요일인 2월 13일 코트넷에 '중복가입 연구회 탈퇴' 공지가 떴다. '중복가입된 전문분야연구회 탈퇴 등에 관한 안내 말씀.' 법원행정처장이나 차장이 아니라 행정처 전산정보관리국장 명의였다.

> 전문분야연구회 창설 초기부터 '전문분야연구회의 구성 및 지원에 관한 예규'에 근거하여 전문분야연구회의 중복가입을 허용하지 않고 있음에도 현재 전문분야연구회에 중복가입하신 분들이 상당수 존재합니다.
>
> 그러므로 대단히 번거로우시겠지만, 연구회에 복수로 가입되어 있으신 법관 여러분께서는 2017. 2. 20.까지 가장 관심있는 분야 하나를 선택하시고 나머지 연구회에서는 탈퇴하심으로써 중복가입 금지 규정을 준

수하여주시기를 부탁드립니다. (…)

2017. 2. 20. 이후에도 전문분야연구회에 중복가입되어 있을 경우에는 예규의 취지에 따라 가장 먼저 가입하셨던 연구회의 회원 자격을 유지하고 그뒤에 가입하신 연구회에서는 탈퇴하시는 것으로 전산상 처리할 계획이므로 양해하여주시기 바랍니다.*

이 조치로 가장 타격을 받는 연구회는 최근에 설립된 국제인권법연구회였다. 카톡, 카톡, 카톡… 국제인권법연구회 회원들이 들어가 있는 단체 카톡방에 쉴 새 없이 메시지가 이어졌다. 격앙된 반응이 대부분이었다. 드디어 공격이 시작된 것인가.

"우릴 겨냥한 조치다." "행정처가 어떻게 이럴 수 있느냐." "그렇다고 증거도 없는데 세게 나갔다가 낭패를 볼 수도 있다."

갑론을박이 거듭됐다. 법원행정처와 국제인권법연구회 사이에 일촉즉발의 전선이 형성되기 시작했다. 당시 행정처 내부에서도 이 조치를 내기까지 우여곡절이 있었다.

양승태 대법원장은 국제인권법연구회가 우리법연구회처럼 될까봐 우려했어요. 이건 내가 퇴임하기 전에 해놓고 가야겠다. 내가 조치를 하

---

* 15개 연구회 중 국제거래법연구회, 국제인권법연구회, 기업법연구회, 노동법연구회, 도산법연구회, 민사집행법연구회, 언론법연구회, 의료법연구회, 조세법연구회, 지적재산권법연구회, 환경법연구회 등은 '중복가입 불가'였다. 사법정보화연구회, 헌법연구회, 젠더법연구회, 형사법연구회, 그리고 개별 판사가 소속중인 전문재판부와 관련된 전문분야연구회는 예외였다.

對外秘

전문분야 연구회 개선방안

대한민국법원

국민과 소통하는 열린 법원

▣ **(중복가입 금지규정 形骸化 ⇨) ② 중복가입자 정리**

- [필요성] 원칙을 준수하는 법관만 여러 손해를 보고 있고, 편법적 중복가입의 혜택을 인권법연구회가 최대 향유하고 있음
- ① 법관들 상대 중복가입자 정리 명분 있고, ② 전산정보국장 선에서 실행 가능하며, ③ 인사모 해소를 위한 유효한 우회적 압박 카드이며, ④ 사전 준비의 부담 無 등의 여러 장점 있음
- 施行時 국제인권법(431⇨204), 노동법(295⇨196) 등이 가장 위축됨
- 중복가입자 정리과정에서 국제인권법으로 편중되는 부작용 방지 위해 고법부장급 탈퇴 등 다른 방안과 동시에 실시 필요

▣ **(형식적 평가 및 예산배정 ⇨) ③ 예산 증액 및 실질 평가 시스템 구축**

법원행정처 문건 「전문분야연구회 개선방안」(2016.4.7) 일부

고 가는 게 의무다, 이렇게 생각하신 게 아닌가 싶습니다. 그 무렵에 여러 방안이 나온 겁니다. 그런데 이건 뭐 때문에 안 되고, 저건 뭐 때문에 안 되고, 그렇게 얘기하거든요. 할 수 있는 게 뭐 있나 찾다가 '중복가입 해소'는 규정이 있으니까 되겠네요, 이걸 합시다, 한 거죠. 제가 들은 얘기로는 행정처에서 (문건에 기재된 계획들을) 다 하려고 했던 게 아니고 중복가입 해소 조치 하나만 하자는 거였다고 해요. 고영한 행정처장은 신중한 입장이었던 게 맞아요. 그래서 '중복가입 탈퇴' 공지 시기가 다소 늦춰졌다는 얘기도 있고, 공지되고 나서 고 처장이 아차, 했다는 얘기도 있어요. (전 법원행정처 간부)

문제의 '중복가입 해소' 조치는 상당기간 준비되어온 것이었다. 조치가 나오기 1년 전에 이미 「전문분야연구회 개선방안」 문건이 작성되어 보고됐다. '대외비' 마크가 찍혀 있는 이 문건은 중복가입자 정리 필요성을 강조하면서 그 핵심 타깃이 국제인권법연구회임을 명시했다. 특히 '인사모 해소를 위한 유효한 우회적 압박 카드'라고 강조했다.

당시 해당 문건은 양승태 대법원장에게도 보고된 정황이 드러났다. 임종헌 차장이 기획조정실 심의관에게 "대법원장께 보고드렸다"라고 말했다는 법정 진술이 나왔다.*

* 김민수 전 기획1심의관은 2019년 7월 19일 양승태 전 대법원장 등 16차 공판에 증인으로 출석해 해당 문건에 관해 진술했다. 그는 "당시 박상언 기획조정심의관이 '차장님이 대법원장님께 보고서를 보고드렸다고 말씀하셨다'고 이야기했다. 저만 들은 게 아니고 기조실 심의관 전원이 들었다"라고 말했다.

'중복가입 탈퇴' 공지가 나온 그날 저녁이었다. 이탄희는 가족 모임이 있었다. 막 식당에 앉았을 때 휴대전화 벨이 울렸다. 임효량 심의관이었다.

"회식 있는데 빨리 오세요."

"식사 마치고 바로 가겠습니다."

"감을 못 잡는군. 그런 게 어디 있어? 지금 실장님 계신데…"

회식 장소에 도착했다. 이미 식사를 마친 상태였다. 2차 자리로 옮겼다. 예술의전당 앞, 법조인들이 많이 가는 카페였다. 이민걸 기조실장과 임성근·윤준 서울고법 부장판사, 임효량 심의관 등이 있었다. "잘해보십시다." "열심히 하겠습니다." 참석자들은 러브샷을 여러 번 했다. 잡담이 오가던 중 임성근 부장이 자, 하면서 정색을 했다.

"기조실에서 결정을 하기 전까지는 여러 이야기가 있을 수 있는데 일단 결정하고 나면 실장님 중심으로 단결하는 겁니다."

2차 자리가 끝난 뒤 기획총괄심의관으로 발령이 난 최영락 부장판사 등과 3차를 갔다. 다들 긴장이 돼서 잠을 잘 이루지 못하거나 자다가 자주 깬다고 했다.

"우리가 새로 들어가는 거니까 힘을 합쳐서 잘해봅시다."

차장실, 실장실에 보고하러 들어가거나 나올 때 서로 귀띔을 해주기로 약속했다.

"판사 뒷조사 파일, 놀라지 말고…"

"이 판사. 내일 법원장 간담회 사전 답사를 가려고 하는데 같이 갑시다."

2월 14일 오후 임효량 심의관이 전화를 해왔다. 임효량은 대학 선배이자 사법연수원 동기였다. 조용하고 온순한 성격이었다. 이탄희는 "알겠다"고 했다.

그날 오후 4시 30분쯤 대법원에 도착했다. 이규진 양형위원회 상임위원 사무실로 갔다. 발령 인사를 하기 위해서였다. 사무실에 들어서자 이규진이 자리에서 일어나 테이블 쪽으로 오라고 손짓했다. 이규진이 책상머리 쪽에, 이탄희가 그 옆에 앉았다.

"이 판사님. 행정처에 잘 왔어요. 처장님께 보고드렸습니다. 이제부터는 국제인권법연구회나 인사모 행사에 직접 개입하지 않아도 되고, 그냥 이진만 회장에게 맡겨두면 된다고."

"처장님이요?"

반사적으로 되물었다. 그때까지 임종헌 차장 얘기만 들었지 처장 얘기가 나온 것은 처음이었다. 법원행정처장은 법원 내에서 갖는 무게감이 완전히 다르지 않나. 언론에 나지 않게 해달라는 게 개인적 부탁이 아닌 건가. 행정처장은 어디까지 아는 걸까. 머리카락이 쭈뼛 섰다.

"네. 처장님."

이규진은 짧게 답한 뒤 "이 판사도 기획팀장하고 인사모 활동을 할 수 있으면 계속하라"라고 했다.

"저는 인사모 회원이 아닌데요?"

이규진은 잠시 멈칫했다가 다시 웃음을 띠면서 말했다.

"행정처는 정보를 취합하는 소스가 엄청나게 넓어요. 예를 들면, 연구회 모임에서 누가 무슨 말을 했는지 그 내용도 다 알고 있지. 운영위원회도 그렇고. 이 판사님이 기조실 컴퓨터를 보면 비밀번호가 걸려 있는 파일들이 있을 거예요. 그 비밀번호를 이 판사님이 어차피 다 풀 거 아니에요? 그러면 거기에 판사들 뒷조사한 파일들이 나올 텐데, 그러더라도 놀라지 말고, 좋은 취지에서 한 거니까 너무 나쁘게 생각하지 말아요."

이탄희는 머릿속이 텅 빈 듯 멍해졌다가 자신의 인사에 생각이 미쳤다.

"실장님. 혹시 제가 행정처에 온 게…"

순간 이규진은 말허리를 자르고 손사래를 쳤다.

"뭐? 인권법연구회 때문이냐고? 아니야. 이 판사는 아니야. 솔직히 다른 판사는 인권법 때문에 왔어요. 근데 이 판사는 아니에요. 이 판사를 심의관으로 추천한 것은 내가 아니고 기조실장이에요. 나는 의견조회만 응답했어. 대신 동그라미를 2개 쳤지. 기조실장이 이 판사를 추천한 이유는 전에 TF 같은 걸 하면서 이 판사가 보여준 성실함 때문이에요."

대화 도중 사무실로 전화가 걸려왔다. 임종헌 차장이었다. 이규진이 전화를 받았다. "명령 규칙에 대한 위헌심사권" "재판소원" 같은 말들이 들렸다.

통화가 끝난 뒤 이규진은 이탄희에게 말했다.

"나는 앞으로는 연구회 관련된 일보다는 개헌 쪽 일을 더 많이 해야 해요."

그때, 이규진이 이탄희에게 여러 이야기를 한 이유는 뭘까. 행정처에 온 다음 컴퓨터를 확인하고 자신을 나쁘게 볼까봐 미리 얘기를 한 걸까. 아니면 더 확실하게 다잡으려고 한 걸까.

당초에 이탄희 판사는 사법지원실 형사심의관으로 가게 돼 있었다고 해요. 그런데 임종헌 차장이 김민수 기획1심의관을 좋아했어요. 일을, 페이퍼워크를 워낙 잘하니까. 쌈빡하게 보고서를 정리하면 임 차장 본인 머릿속도 정리가 되고 대법원장께 설명드리기도 좋거든요. 김민수 심의관이 그해 2월에 나가면 임효량 심의관 데리고 어떻게 일할까, 걱정인 거예요. 기획2심의관이 기획1심의관으로 올라가야 하니까, 그러면 김민수를 대체할 수 있는 사람을 기획2심의관으로 뽑자. 이탄희가 페이퍼워크를 잘하고, 일도 잘하고, 그런 얘길 듣고 기획2로 당긴 거죠. 그렇게 되니까 이번엔 이규진 실장 쪽에서 걱정인 거예요. 국제인권법연구회에 관해 정리해서 임종헌 차장에게 보낸 문건들이 다 기조실로 간 걸 알고 있거든요. 이탄희가 기조실에 가서 컴퓨터를 열어보면 창피하잖아요. 기조실 심의관에게 파일 정리 좀 해놓으라고 얘기는 해놨는데 그래도 안심이 안되는 거죠. 그래서 이탄희 판사 앉혀놓고 컴퓨터에서 뭐가 나와도 신경 쓰지 마라, 그 말을 하려고 했던 거 아닌가… (전 법원행정처 간부)

이탄희는 이규진의 말에 세게 뒤통수를 얻어맞은 기분이었다. 법원 행정처에서 일하게 됐다고 인사를 하러 간 것뿐인데 세상이 뒤집힐 비밀을 듣게 된 것 아닌가.

흐름 자체는 이규진 실장이 '처장님한테 다 보고했다'고 한 데서 제가 반응을 보이면서 대화가 시작된 거죠. 사실 인사하는 데 30분이 걸릴 자리가 아닌데… 제가 섬뜩해서 '처장님이요?' 하고 되물었어요. 처음에는 건조하게 '그래, 처장님' 이러시다가, 제가 '저 인사모 아닙니다' 이러니까 점점 긴장된 대화로 흘러갔죠. 이규진 실장 자신이 나를 추천했다고 해놓고, 추천한 게 아니고 동그라미를 쳤다고 말하는 건 또 무엇인가 의문이 들고… 판사가 거짓말 찾아내는 직업이잖아요. 그때부터 생각이 멈추지를 않았어요. 좋은 취지에서 뒷조사를 한다는 것이 도대체 무슨 뜻인가. 이런 게 사찰 아닌가. 알려지면 큰일인데 왜 내게 알려주지? 기조실 컴퓨터에 있는 것을 양형실장이 어떻게 알지? 그걸 내가 관리하게 된다는 뜻인가? 행정처장께 보고드렸다고 하는데, 처장은 어디까지 아는 것인가? 계속 생각이 이어지는데… 뒤로 갈수록 이규진 실장도 말을 계속 이어가지를 못하고 말을 하다가 중간에 좀 정적이 있다가 또 말을 하고 이런 식으로 대화가 진행됐어요. 그 일이 있기 전부터 문제의식은 계속 쌓여왔지만, 이제 중요한 건 제가 어떻게 하느냐,이잖아요. 기조실에 있는 뒷조사 파일을 내가 관리하게 된다는 건데 이제 내 일이 됐으니까 나는 어떻게 해야 하느냐? 그때부터 그 고민을 했던 거죠. (이탄희)

얼마나 시간이 흘렀을까. 이탄희의 머릿속은 멍했다. 자리에서 일어났다. 고개 숙여 인사하고 방을 나왔다. 아무 생각이 나지 않는데도 몸은 익숙한 패턴에 따라 기계적으로 움직이고 있었다.

대법원 건물을 나왔다. 정신없이 걷다보니 지하철 2호선 교대역 앞에 서 있었다. 대법원 청사 앞에 있는 서초역에서 지하철을 타고 다음 약속 장소인 강남역으로 갈 생각이었는데 서초역을 지나쳐버린 것이다.

교대역에서 지하철을 타고 강남역 부근 커피숍에서 선배 판사를 만났다. 그는 행정처 심의관을 마치고 일선 법원에서 근무한 지 1년이 지난 상태였다.

기조실 업무에 대한 조언을 구하려고 만난 것인데 대화에 집중이 되지 않았다. 선배는 기조실 업무를 정리한 바인더를 줬다. 마음은 갈피를 잡지 못한 채 입과 귀로만 대화가 오고갔다. 그러다 마음속에 있던 말이 불쑥 튀어나왔다.

"저는 윗분들께 예쁨 받고 싶은 욕심이 없습니다."

잘 보이기 위해 해서는 안 될 일까지 할 생각은 없다는 취지였다. 선배는 이탄희의 눈을 빤히 보면서 이야기했다.

"넌 아직 모르는구나? 살기 위해서 그러는 거야. 살기 위해서."

그는 '살기 위해서'라는 말을 두 번 반복했다. 농담이 아니었다. 진지한 표정이었다. 그의 말은 과장이 아니었다. 법원행정처 심의관들이 실제로 '살기 위해서' 일했다는 사실은 그들의 법정 진술을 통해 하나둘씩 드러나고 있다.

좋은 보직에 선발돼 온 판사들은 자기의 평판과 근무평정을 생명처럼 여기게 된다. 더는 인정받지 못하게 된다는 것은 마치 자신의 존재가 사라지는 것 같은 느낌을 받게 되는 것이다. 작은 인사 불이익도 굉장히 치명적인 것으로 받아들이는 판사도 적지 않았다.

법원행정처라는 특수한 조직에 길들여진 측면도 있을 것이다. 야근을 밥 먹듯이 하며 눈코 뜰 새 없이 바쁘게 일해야 하는 조직에서 살아남으려면 업무에 필요한 부분에만 집중해야 한다. 외부 사람은 물론 가족과도 사실상 단절될 수밖에 없었다. 그 결과 합리적인 판단이 불가능해진 것 아닐까.

분리 통치(divide and rule)의 체계 안에서 자신의 고민을 같은 조직 사람들에게도 터놓지 못하는 상황이 되면 어떤 부당한 일이 맡겨져도 해내야 할 것처럼 느껴지지 않을까. 낙오되지 않기 위해서 쫓아갈 수밖에 없는 상황 아닐까.*

선배는 법원행정처에서는 자기관리를 철저히 해야 한다고 조언했다. "법무부 손에 들어갔으면 어쩔 뻔했어?" 한 심의관이 술 마신 뒤 휴대전화를 분실해 기조실장이 몇 달간 금주령 내린 이야기를 했다. 그와 헤어진 다음 이탄희는 자기도 모르게 스마트폰 비밀번호를 변경하고

* 시진국 전 기획1심의관은 임종헌 전 차장 재판(2019.4.17. 11차 공판)에 증인으로 출석해 "심의관의 역할은 제일 말단이고 의사 결정을 하는 간부진의 지시에 따라 작업을 한다"라고 설명했다. 지시에 따를 수밖에 없는 이유는 무엇인가. 그는 검찰 조사에서 "임종헌 차장의 지시 방향에 부합하지 못하는 보고서를 작성한 심의관이 소위 찍혀서 생활에 어려움을 겪는 것을 많이 봤다"라고 진술했다. 재판에서는 "특수한 성격의 보고서 지시에 대해 부담스러워하는 측면들이 있었던 것 같다. 행정처 분위기가 경직돼 있고, 보고서 작성 지시를 제대로 이행하지 않으면 현실적으로 생활하는 데 어려운 부분도 발생할 수 있다"라고 했다.

있었다.

다음 행선지는 사당역이었다. 국제인권법연구회 판사 두 명에게 기획팀 업무를 인계해주기 위한 약속 자리였다. 대법원에 세워둔 차를 가지고 나오기 위해 서초역까지 지하철로 이동했다. 지하철 입구로 나오는데 기획조정실 심의관 환송 모임에 가는 김민수 임효량 조인영 심의관과 마주쳤다. 이탄희가 말했다.

"늦게까지 계실 거예요? 저는 연구회 후배들 만나러 갑니다."

사당역에서 판사들과 만나 식사를 했다. "이 판사님 얼굴이 너무 굳어 있네요. 무슨 걱정 있으세요?" 이탄희는 둘러댔다. "밤새워 일한다고 해서 긴장이 돼서 그런가?"

집에 들어온 후에도 생각이 멈추질 않았다. 이규진 얘기를 아내 오지원에게도 하면 안 될 것 같았다. 이탄희가 말을 잘 안 하니까 오지원이 화를 냈다. 다음 날 아침 법원장 간담회를 준비하러 지방 출장을 가야 했다. 일찍 일어나야 하는데 잠이 오지 않았다. 뒤척이다 겨우 잠이 들었다.

그는 이후로도 불면의 밤을 보내게 된다. 재판 열심히 하는 판사로 법관 생활에 만족감을 갖고 살아가던 그로선 상상도 못한 진실과 대면하게 됐다. 그래도 아직 추측의 단계였다. 설마 이규진의 말이 사실일까, 부정하고 싶은 마음도 가슴 한구석에 있었다. 그때까지는 어떻게든 부딪쳐서 버텨보자는 생각이었다.

"이 논리를 연구회 쪽에 얘기하세요"

3시간 정도 잤을까. 다음 날(2월 15일) 아침, 이탄희는 부스스한 얼굴로 일찍 집을 나섰다. 대법원에 도착해 임효량 심의관과 함께 승합차에 올랐다. 기사와 직원 두 명, 임효량, 이탄희까지 다섯 명이었다. 행선지는 변산 대명리조트였다.

승합차 뒷좌석에 임효량과 나란히 앉았다. 임효량이 태블릿PC를 보여주며 기획2심의관 업무에 관해 설명했다. 그러다 임종헌 차장 이야기가 나왔다.

"차장님이 비밀이라고 하면서 페이퍼워크를 시킨다. 독촉하거나 확인하는 전화도 온다. '지금 정신이 없어서 그렇다' '뭐 급한 다른 일이 있다. 죄송하다'는 식으로 둘러댄다. 그러면 차장님은 나를 무능한 사람 취급한다."

잠시 후 이탄희는 부재중 전화가 왔음을 확인했다. 이규진 상임위원이었다. 이규진에게 문자를 보냈다. '지금 답사 가는 차량에 여러 명이 있는데 전화를 드릴까요?' 답 문자가 왔다. '듣기만 하면 돼요.' 이규진에게 전화를 했다.

"말하지 말고 그냥 듣기만 하면 됩니다. 이진만 부장에게서 연락이 왔어요. 중복가입 탈퇴 조치 관련해서 국제인권법연구회 간사가 이 부장에게 세 가지 문제제기를 했답니다. 첫 번째, 젠더법연구회는 탈퇴 안 해도 되는데 국제인권법연구회는 왜 탈퇴해야 하느냐. 두 번째, 복

수 가입을 허용하고 예산은 n분의 1로 하면 되지 않느냐. 세 번째, 연구회를 하나 남길 때 왜 가장 처음 가입한 연구회여야 하느냐. 가장 최근에 가입한 연구회로 할 수도 있지 않느냐. 그래서 방금 김민수 판사하고 상의를 했는데…"

이규진은 갑자기 목소리 톤을 낮추며 말했다. 한 달 전 이진만 부장과 통화하던 때와 소름 돋을 만큼 같은 장면이었다. 그는 '~은 ~했음' '~은 ~임' 식으로 말했다. 서류를 보며 읽어주는 느낌이었다.

"첫 번째, 젠더법은… 예산은… 이 논리를 연구회 쪽에다 얘기를 하세요."

"제가요?"

이규진이 짧게 답했다.

"네. 이 판사님이 하세요."

고속도로를 달리는 차 안이라 말소리도 잘 들리지 않았다. 이탄희는 더 물어보지 못하고 전화를 끊었다.

이규진이 자신에게 그런 일을 시키는 게 너무 급작스러웠다. 아직 법원행정처에 들어가지도 않았는데 왜 자꾸 이상한 지시를 하는 건지, 직속상관이 되는 기조실장도 아닌데 왜 내게 지시를 하는 건지, 시키면 할 것이라고 생각을 하는 건지 의아했다.

이탄희는 일단 못하겠다는 생각을 했다. 먼저 떠오른 건 부당한 일을 할 수 없다는 생각이 아니었다. 이규진이 불러준 것을 자신이 이야기하면 동료 판사들이 믿을 것 같았다.

당시 이탄희가 들어가 있는 연구회원 카톡방은 4~5개였다. 그 카톡

방에 이건 이렇고 저건 저렇다고 올리면 상당한 영향을 미치지 않을까. 당시 자신에 대한 후배 판사들의 신뢰를 느끼고 있던 상황이었다.

"변협에서 우수 법관으로 뽑히고, 재판도 열심히 하고, 법원 내 평판도 좋고 그러니까 형 정도 되면 행정처도 무시 못하고 심의관 발령을 내는군요."

그렇게 신뢰를 받고 있는데 더더욱 사람들을 속이면 안 되겠다, 착오에 빠지게 하면 안 되겠다고 생각했다. 그런 행동이야말로 사람을 배신하는 것 아닌가. 차 안에 직원들이 있었다. 임효량과 상의하기 힘들었다. 변산 리조트에 도착하자마자 전화 한 통 하고 오겠다고 했다. 이규진에게 전화를 걸었다.

"실장님. 지금 답사 나와 있어서 어차피 여러 군데 얘기하기 어렵습니다. 이런 것을 시키시니 스트레스가 심합니다."

"아직 인사이동 과정이어서 그래요. 행정처로 들어오고 나면 스트레스 안 받을 거예요."

"중복가입한 판사를 탈퇴시키지 않고 정회원, 준회원으로 나누는 방안도 있지 않습니까?"

이규진은 "참고하겠다"고 하고 전화를 끊었다.

법원행정처에 들어가면 스트레스를 받지 않을 것이라는 말은 무슨 뜻일까. 이규진 자신 때문에 스트레스를 받게 된 것이고, 행정처에 들어가면 더 많은 일을 시킬 것이고, 갈등 상황에 더 깊숙히 들어가게 될 텐데 스트레스를 덜 받는다는 것은 말이 되지 않는다.

이규진은 다른 사람들이 이탄희와 같은 과정을 겪는 것을 지켜봐온 것일까. 행정처에 들어와 지시에 따라 움직이면서 행정처 조직에 적응해간다는 사실을 알게 된 것일까. 본인 스스로도 그런 상황을 겪었던 것일까.

일은 일이었다. 이탄희는 착잡한 마음이었지만 법원장 간담회 준비를 계속했다. 대법원장과 법원장들의 숙소 배치는 어떻게 할지, 호프집 홀의 대법원장이 앉을 테이블 위치와 높이는 어떤지, 블라인드는 제대로 작동하는지, 저녁식사 후 호프집에 갔다가 숙소로 돌아오는 동선은 어떻게 할지 점검했다. 대법원장이 숙소로 돌아와 방에서 법원장들과 가볍게 한잔할 공간이 나오는지까지도.

대법원장과 법원장들이 이용할 식당 음식을 사전 점검할 겸 저녁식사를 했다. 이탄희는 거의 수저를 뜨지 못했다. 이규진이 했던 말들이 계속 가슴을 짓눌렀다. 행정처 직원들이 "식사를 너무 못하시고 안색이 안 좋다"고 했다. "임 판사님이 이 판사님 너무 겁주신 것 아닙니까?" "그냥… 긴장돼서 그런 것 같습니다."

식당에서 나와 서울을 향해 고속도로를 달릴 때였다. 식당 주인이 다급한 목소리로 전화를 해왔다. 법원장 간담회 당일 저녁에 다른 예약이 잡혀 있다고 했다. 이탄희는 다시 식당으로 가자고 했다. "식당 사장에게 직접 얘기를 해봐야죠."

식당에 도착한 이탄희는 "이중 예약인데 왜 꼭 우리 쪽을 취소해야 하느냐"고 주인을 설득했다. 주인이 고개를 끄덕였다. 서울로 돌아오는 차 안에서 일행이 "수고했다"고 했다. 이상하게 이탄희의 마음은 더 착잡해졌다.

내가 이 상황에서도 이렇게 할 일을 하는구나, 하는 생각이 들면서 기분이 좋지 않았다. 지금 더 중요한 문제가 있는데, 그 문제에 대해 결정을 못했는데, 열심히 다른 일을 해서 상황을 해결하고 있었다.

이렇게 일이 닥치면 결국은 내가 가진 역량을 동원해서 일이 되는 방향으로 하겠구나, 나 자신이 주체가 돼서 결정하지 않으면 계속 이렇게 흘러가겠구나, 하는 생각이 들었다. 계속 유능한 사람이 되는 것, 그 모습이 객관화돼서 보였다. 갑자기 자기 자신이 상황의 노예처럼 느껴졌다. 한심하고 초라했다. 고민은 깊어졌다.

법원행정처로 복귀하는 차 안에서 임효량의 휴대전화 수신음이 울렸다. 전화를 받자마자 P 심의관(부장판사)의 목소리가 옆자리까지 들렸다. "임 판사, 난리 났어!"

P가 소리치자 임효량이 당황한 듯 급하게 휴대전화 볼륨 키를 눌러 소리를 줄였다. 그는 휴대전화를 이탄희에게서 멀리 창가 쪽으로 쥐고 귓속말하듯 나지막하게 말을 이어갔다.

"저는 처음부터 부정적이었어요." "이제 와서 제가 어떻게 수습을 해요." "예산 금반언…"

이날 오후 국제인권법연구회 회원들이 '중복가입 탈퇴' 조치에 강하게 반발하고 나섰기 때문이었다. 코트넷 게시판에 글 두 건이 올라왔다. 연구회 김형연 간사가 '법원행정처 공지는 국제인권법연구회의 활동을 견제하기 위한 조치로 의심된다'고 공개 항의했다. 뒤이어 '젊은 판사들이 보기에도 문제가 있다'는 취지의 글이 올라왔다. 판사들의 댓글이 빠른 속도로 달리고 있었다.

국제인권법연구회 쪽에선 이런 일이 있으리란 걸 잘 알고 있었어요. 이규진 실장이 주요 회원들에게 인사모 활동 계속하면 중복가입 규제 같은 불이익이 있을 거라고 계속 얘기했거든요. 당신들 자꾸 이러면 행정처에서 가만히 있지 않을 거다, 중복가입 회원들 해소할 거고, 해외연수도 안 보낼 거다, 정보 누설 차원이 아니고 그러지 말라고, 행정처 의지가 강하다고 경고한 거죠. 연구회 운영진이 위기감을 많이 느끼고 있었다고 해요. 그런데 진짜로 중복가입 해소 조치가 시행된 거예요. 그거부터 시작할 거라고 했는데 시작이 된 거구나, 정말 실행을 하는구나, 하고 김형연 부장이 코트넷에 글을 올리고 판사들이 댓글을 달고… 연구회 쪽이 빠르게 대응하고 나선 거죠. (전 법원행정처 간부)

결정적 한마디 "정책결정이 됐다"

임효량·이탄희 일행이 법원행정처에 돌아온 것은 밤 10시쯤이었다. 기획조정실 심의관 사무실엔 아무도 없었다. 임효량과 단 둘이 마주 앉았다. 이탄희는 더이상 참을 수 없었다. 보일 듯 말 듯 베일에 가려진 그림을 분명하게 보고 싶었다.

"아까 P 부장님과 통화하는 것 들었다. 나도 이규진 실장님에게 국제인권법연구회와 관련해서 들었다. 첫 단추가 중요하지 않냐. 서로 터놓고 얘기를 해보자."

기다렸다는 듯 임효량의 입에서 이야기가 터져나왔다. 그간 마음에 쌓인 것들이 폭발한 것 같았다.

"전문분야연구회 중복가입 탈퇴 조치는 국제인권법연구회를 겨냥한 거다. '중복가입 탈퇴' 공지가 나가기 전날 김민수 판사가 나에게 내일 이렇게 공지 나갈 거라고 하면서 내용을 보여줬다."

임효량은 서류 건네는 동작을 했다.

"내가 깜짝 놀라서 '이거 인권법연구회 타깃으로 한 거라는 거 판사들이 뻔히 알 텐데 판사들이 바보냐'고 하니까 김민수 판사가 '그 부분은 이미 정책결정이 됐다'고 했다. 나중에 들어보니 처장님은 주저하셨는데 차장님이 밀어붙였다 하더라. 이전에도 여러 건 있었다. 특히 작년의 예산 금반언(禁反言)* 문제가 알려지면 더 큰일이 난다. 팩트를 뒤집을 수가 없다. 그 부분은 나도 어디에 이야기를 하고 싶을 정도다. 너도 알게 되면 당장 이야기를 하고 싶어질 거라서 그냥 모르는 게 낫다. 블랙리스트 프레임에 들어가면 다 끝장이다."

이규진과의 대화 못지않게 충격적인 내용이었다. 허탈감도 들고, 비애감도 들었다. 어떤 이야기는 멍하니 듣고 있기만 했다.

결정적인 것은 '정책결정'이라는 단어였다. 그 말 하나로 대법원장

---

* '금반언'은 자신이 먼저 A라고 말해 상대방이 이를 믿고 있는 상태에서 A와 모순되는 주장을 해서는 안 된다는 원칙이다. 진상조사위원회 조사보고서에 따르면 2017년도 전문분야연구회 배정 예산은 1억 원에서 1억 5000만 원으로 증액됐다. 조사보고서는 '법원행정처는 예산 증액 근거로 연구회 회원 수가 연평균 17% 증가하였다는 것을 들었는데 '예산 배정의 공정성 확보'를 내세워 연구회 가입 법관 수를 감소시킨다는 것은 모순적인 조치로 보일 수 있다'라고 지적했다.

이 뒤에 있다는 걸 실감하게 됐다. '정책결정'은 행정처 내부에서 대법원장이 승인했다는 것과 동일한 뜻으로 쓰인다. 정책결정이 되기 전까지는 많은 토론을 하지만 일단 정책결정이 되고 나면 그다음부터는 더 이상 옳고 그름을 따지지 않는다. 정책결정된 것을 전제로 다음 이야기를 한다.

다음으로 충격적인 것은 법원행정처장이 주저하는데 임종헌 차장이 밀어붙였다는 대목이었다. 처장은 대법관이고 차장은 법원장급이다. 직속상관인 처장이 하기 싫어하는 일을 차장이 할 수는 없다. 그러면 그것은 대법원장의 의중이라는 얘기다.

임효량은 "이게 다 대법원장님의 인사권 문제"라고 했다.

"차장님이 기조실장 하다가 바로 차장으로 올라가셔서, 지금 기조실장님 건너뛰고 직접 일을 시키기도 한다. 비밀을 지키라고 한다. 너도 들어오면 첫 주에 분명히 차장님이 불러서 일 시키면서 떠볼 거다."

"언젠가 한번은 기조실장님이 열 받아서 기조실 심의관들 다 불러 모아 놓고 너희들 지금 차장님이 시켜서 하는 일 리스트를 다 가져와보라고 했다."

"나는 임종헌 차장이 시키는 일 중에 너무 하기 곤란한 것은 시간을 끈다. 전화가 오면 '다른 일이 있어서 못했습니다' 이런 식으로 이야기를 하는데, 임 차장은 나를 무능한 사람 취급하고 술자리 같은 데서 면박을 준다."

"지금까지 기획심의관들을 봐라. 너나 나나 기조실 올 사람이 아니다. 나는 박병대 대법관 배석이었다. 올해 대법원장 교체기에 내가 기획1심의관 되는 거다. 그걸 알게 된 내가 기분이 어땠겠나. 너도 연구회 같은 걸 고려해서 오게 됐을 거다."

말 한마디 한마디가 이탄희의 마음에 비수처럼 날아왔다. 이탄희는 아무 말도 못하고 그저 듣고 있을 수밖에 없었다. 가슴속에선 참담함부터 분노, 공허함, 외로움까지 세상의 모든 부정적인 감정들이 소용돌이 치고 있었다.

임효량에게 "이렇게 가면 안 된다"라고 한 것도, 그를 설득하려고 한 것도 아니었다. "터놓고 이야기했으면 좋겠다"라고 한 것뿐인데 임효량이 쉴 새 없이 쏟아내면서 캐내려고 노력할 필요가 없었다.

쏟아지는 정보들에 노출된 상태로, 더이상 피할 데가 없다, 모든 퍼즐이 다 맞춰진다, 이제 어떻게 해야 할까, 느낌표가 물음표로 바뀌었다. 그 시점부터는 이렇게 가면 안 되겠다는 생각을 본격적으로 하기 시작했다. 2월 14일이 충격이라면 2월 15일은 충격을 넘어 결정이었다.

이탄희가 임효량에게 말했다.

"법원이 정상적으로 돌아가려면 사법행정이 사법 위에 있으면 안 된다. 그건 본질적으로 잘못된 것이다."

임효량은 순간적으로 말이 없었다. 그러는 중에도 카톡 소리가 이어지고 있었다. 임종헌 차장이 기조실 심의관들과 술 마시고 있는데 임효량을 찾는다는 것이었다. '오시지 않아도 됩니다.' 다른 심의관들이 임효량에게 따로 카톡을 보냈다. 임효량이 카톡을 확인하며 말했다.

"작년에 너무 힘들었는데 의지할 데가 없었다. 마음이 통하는 심의관이 있었는데, 그도 성경 구절을 얘기하더라. '뱀같이 지혜롭고 비둘

기처럼 순결해야 된다'라고. 다 어쩔 수가 없다."

법원행정처 건물을 나왔다. 현기증이 났다. 순간 문자메시지 음이 울렸다. '어딥니까?' 김민수 심의관이었다. '집으로 가는 길입니다.' 답을 보내고 무거운 발걸음을 옮겨 지하철에 올랐다. 손잡이를 잡고 고개를 숙였다. 이제 물러설 곳은 없었다. 캄캄한 밤, 낭떠러지에 외롭게 서 있는 기분이었다.

그런 일들을 나한테 시킬 게 확실해졌어요. 이규진 실장이 단발적으로 시키는 게 아니라 법원행정처 기획조정실을 중심으로 법률을 벗어난 업무가 계속 이루어지고 있고, 판사들 뒷조사를 하고, 예산상의 불이익을 주고, 연구회를 와해시키고… 그전에는 이런 일 한 건 한 건이 분산되어서 다가왔다면 이젠 총체적으로 다가온 거죠. (행정처에) 들어가면 '이건 내가 못합니다' 하고 할 수 있는 수준이 아니라 총체적인 거라서 나 자신을 지켜야 되겠다는 생각이 강했어요. 제가 지금까지 판사로서 살아온 것, 흠도 많이 있었겠지만 최소한 지향점이라고 할 건 명확히 있었던 것이고, 미국 유학 갔다 와서 더더욱 그것에 확신이 생겼는데 행정처가 기초부터 잘못돼 있다는 느낌이 드는 상황에서 들어가면 안 되겠다, 나 자신을 지켜야 되겠다, 이게 핵심이었어요. 나 자신을 지킨다는 게 가치평가가 배제된 이야기가 아니라, 제가 살면서 지향해온 게 좋은 판사의 모습이라고 저는 믿었거든요. 지금까지의 모습이 망가지지 않으려면 나만 희생하면 된다. 내가 얻을 것, 행정처에 들어가서 출세를 하고, 높은 자리로 가고, 사람들한테 인정받고, 판사로서 외부 사람들한테 대접

받고, 이런 것들이 다 나의 이익이잖아요. 그것만 버리면 되는 거니까. 그렇게 생각했어요. (이탄희)

'유능하지 않겠다'는 것

좋은 판사로 남겠다. 이탄희는 자신이 사표를 내는 것이 좋은 판사로 남는 길이라는 판단을 굳혔다. 지금 그만두면 10년 동안 좋은 판사로서 생활해온 게 그대로 보존된다고 생각했다. 이탄희는 사직을 결심하고 다음 날 결행하기까지 다른 누구와도 상의하지 않았다. 그 이유는 무엇일까.

그날 제 모습을 제가 봤잖아요. 그 상황에서도 제가 그렇게 일하고 있었잖아요. 그럴 필요가 없었거든요. 모든 걸 포기하고 싶은 제 상황에서 식당 예약 같은 건 그냥 놔둬도 되거든요. 그런데 그걸 제가 해버리는 거잖아요. 그러니까 계속 이 상황으로 갈 거라는 생각이 드는 거지요. 나도 김민수 판사처럼 되겠구나, 임효량 판사처럼 갈 것 같지는 않구나. '이것 못했습니다' 이러면서 면박당하고 그렇게 갈 것 같지는 않구나. 결국은 평판으로 사람을 고립시키는 거잖아요. 임종헌 차장의 평가가 쭉 다 전염이 되는 거잖아요. 나를 지키기 위해 그만두는 것이지만, 동시에 저는 외적으로 형성된 명예에 대해서도 방어본능이 있어요. 저 자신에 대한 안전장치의 의미에서도 바로 결정을 해야 됐던 거지요. 사직서를 냈을 때 사람들은 조금 더 신중하게 생각해봐라, 큰일이니까, 이렇게 말할 수 있는데, 그 생각의 본질이 뭔가요? 결국 내가 손해 본다는 거잖아요. 판사가 돼서 법원 내의 평판도 좋게 얻고 있고, 그래서 여기까지 왔는데 그것을 버리는 거잖아요. 그 말의 본질은 '너 후회할 건데'예요. 너 그렇게 포기하고 잘 살 수 있겠어? 네가 포기했다고 사람들이 너 훌륭하다고 계속 기억해주지 않아. 그 귀결은 결국 제가 손해라는 거잖아요. 그러면 제가 손해 보겠다, 수용하면 되잖아요. 제가 좋은 판사로 남는 게 더 중요하고 제가 안 망가지는 게 더 중요한 거라는 거지요, 제 말은. (이탄희)

그리스 신화에 나오는 세이렌 이야기처럼, 그는 귀를 밀랍으로 막아서라도 그 바다를 건너야 했다. 미루면 안 된다는 생각이 그를 재촉했다. 그렇다면 사직서 내는 것을 넘어 폭로할 생각은 왜 하지 않았던 것일까.

저에 대한 결정은 제가 할 수 있고, 그 결정을 하고 나서는 어떻게 할 거냐는 문제가 따라왔던 거죠. 이걸 이야기할 건지, 안 할 건지는 먼저 판단할 문제가 아닌 것으로 저는 느꼈어요. 내가 어떤 결단을 해야 하느냐가 중요했지, 어떻게 이 문제를 이야기해서 법원을 바꿀 거냐는 문제는 아니었던 거예요, 제게는. 그렇게 생각했다면 오히려 다른 사람들처럼 행정처에 들어가 심의관으로서 영향력을 가지고 뭐라도 해서 법원이 완전히 나쁜 길로 가고 있는 걸 조금이라도 바꾸는 게 더 좋지 않겠느냐, 이런 식으로 귀결됐을 수가 있지요. 저는 제가 판사로서 어떻게 해야 하느냐. 그게 먼저였던 거예요. 물론 절대 말을 안 하겠다고 계획한 건 아니었어요. 일단 닥친 일을 해결하는 거고, 그다음에 어떤 일이 벌어질지는 그때 상황인 거지요. 그때그때 상황마다 결정을 한 거예요. 저는 그 후 2년을 그렇게 지내왔어요. 그렇기 때문에 내적 에너지가 많이 소모됐고 힘들었어요. 다른 이들과 상의를 해도 결정은 결국 제가 해야 했어요. (이탄희)

집에 도착했다. 아내에게 사직하겠다고 말했다. 있었던 일을 모두 말하진 않았다. 동의를 구하기 위해 조금씩 조금씩 이야기해야 했다. 법원행정처에서 연구회 관련해서 도저히 할 수 없는 일을 시킨다. 앞으로도 더 시킬 것 같다.

오지원은 쉽게 납득하지 못했다. 이탄희는 '판사 뒷조사 파일' 이야기를 했다. "증거가 없잖아. 일단 들어가서 문건이라도 가지고 나와야 하는 거 아니야?" 오지원의 말에 이탄희는 고개를 저었다.

"한번 물러서면 돌이킬 수 없어. 증거를 찾는다고 행정처에 들어간다는 건 심의관 자리가 아까운 거야. 그런 선택을 하면 안 돼."

선뜻 동의하지 못하던 오지원도 고개를 끄덕였다. "그래. 모르겠다. 어디 가서 농사라도 짓지 뭐."

그날 밤 이탄희가 결단한 것은 '유능하지 않기'였다. 우리는 유능함을 가치있는 것으로 여기지만 실은 유능함만큼 인간에게 해를 끼치는 것도 없다. 유능해야 할 때 유능해야 하는데, 무능해야 할 때 유능할 때가 많다. 잘못 유능하면 어떤 일이 일어나는지를 법원행정처 판사들의 모습에서 발견하게 된다.

유능하지 않기로 마음먹는 것은 쉬운 일이 아니다. “무능하다”는 말을 듣고 싶은 사람은 없다. 이탄희는 “유능하다”는 말도, “무능하다”는 말도 듣고 싶지 않았다. 그래서 유능하지도, 무능하지도 않기로 결심했다.

그때 만약 이탄희가 행정처에 들어가 소극적인 저항을 하기로 했다면 어떻게 됐을까. 3차에 걸친 대법원 진상 조사를 통해 드러난 사실로 그 결과가 어떠할지 미루어 짐작할 수 있다. 행정처에서 ‘사법농단’ 문건을 작성했던 판사들이 공통적으로 하는 말이 있었다.

“문건이 어떻게 돼 있는지 찾아보세요. 어쩔 수 없이 문건을 작성하긴 했지만, 강경한 대응에 대해선 부작용을 적극적으로 제시하며 최대한 온건한 대응책이 되도록 노력했습니다.”

결과는 크게 달라지지 않았다. 재판에 영향을 미치는 논리가 만들어졌고, 동료 판사들을 압박하는 로드맵이 작성됐다. 처음 구정물에 손을 담그기가 힘들지, 한번 담그면 두 번, 세 번 담그게 된다. 한번 대책 만들고 문건 작성하는 게 어렵다. 한번 하면 계속하게 된다.

의식이 존재를 규정하는 게 아니라 존재가 의식을 규정한다. 자신이 한 행동에 기준을 맞추게 된다. 한번 기준을 낮추면 계속해서 낮추는 수밖에 없다. 자신을 정당화하기 위해 논리를 만들어내고, 그 논리들이 기준을 끌어내리는 악순환에 빠진다. 그것이 쉽게 무릎 꿇지 말아야 하는 이유다.

기준을 낮추느냐 마느냐를 결정하는 첫 순간이 중요하다. 그때 어떻게 결정하느냐에 따라 완전히 다른 방향으로 가게 된다. 시작점의 작은 각도 차이가 가면 갈수록 큰 차이로 벌어진다. 당신이 인생의 갈림길 앞에 섰다면 첫발을 내딛기 전에 고민해야 한다. 조직논리에 가담하기 전에 삶을 건 고민을 해야 한다. 한번 들어가면 절대 못 빠져나온다.

조직논리란 무엇인가

2000년 8월 전북 익산시 약촌오거리에서 살인사건이 일어났다. 40대 택시 기사 유모씨가 누군가에게 흉기로 12군데를 찔려 숨졌다. 익산경찰서는 현장 인근에서 범인이 도주하는 것을 목격했다는 다방배달원 최모(당시 15세)군을 용의자로 지목하고 살인 혐의로 체포한 뒤 구속했다. 소년에게는 징역 10년이 확정됐다.*

3년 후 군산경찰서가 첩보를 입수한다. "진범이 따로 있다." 경찰은 고심 끝에 정식 재수사에 착수한다. 2003년 6월 경찰은 김모씨를 살인 혐의로 체포한다. 김씨는 범행을 자백하고 최군에 대한 죄책감도 털어놓는다. 하지만 검찰은 경찰의 구속영장 신청을 반려한다. "물증인 흉기를 확보하지 못했다."

징역 10년을 살고 출소한 최씨는 2013년 "경찰의 강압 수사 때문에 허위 자백했다"며 재심을 청구한다. 2015년 6월 광주고법이 이 사건에 대한 재심

---

* 당시 경찰은 최군을 경찰서로 데려가기 전 모텔로 끌고 가 구타해 허위 자백을 받아냈다. 경찰은 수사기록까지 조작한다. 최군이 1심 재판에서 무죄를 주장하지만 판사는 "반성의 기미가 보이지 않는다"며 미성년자에게 줄 수 있는 최고형인 징역 15년을 선고한다. 최군은 2심에서 범행을 시인하고 10년형으로 감형된다.(박준영 『우리들의 변호사』, 이후 2016)

을 결정했으나 검찰은 대법원에 준항고를 한다. 2016년 11월 재심에서 최씨에게 무죄 판결이 선고되자 그제야 검찰은 김씨에 대해 구속영장을 청구한다.

'익산 약촌오거리 살인사건'의 전개 과정을 보면 검찰의 조직논리가 적나라하게 드러난다. 그래도 경찰은 한 사람 인생을 망칠 수는 없다며 재수사를 했다. 그러나 당시 검찰에게 시민의 인권은 털끝만큼도 중요하지 않았다. 오직 '검찰 조직엔 오류가 있을 수 없다'는 것만이 중요했다.

조직논리는 단순히 조직을 최우선 순위에 두는 것이 아니다. 공적 조직은 공적 가치를 지향한다. 그 가치 때문에 공직자는 자부심을 갖고, 시민들은 세금으로 그 조직의 운영자금을 댄다. 그 가치가 조직의 존재 이유다. 조직논리는 존재 이유를 배신하고 조직원들의 사사로운 이익을 우선시하는 것이다. 정확하게는 '사(私)조직논리'다.

약촌오거리 살인사건에서 검찰은 존재 이유를 배신했다. 검찰의 첫 번째 존재 이유는 잘못된 수사로 시민의 인권이 침해당하지 않도록 하는 것이다. 수사지휘권도 주고, 기소권도 주는 것은 그래서다. 그럼에도 검찰은 자신들의 구속영장 청구, 기소, 구형이 정당하지 못했음이 탄로날까봐 시민의 인권을 땅속에 파묻으려 했다.* 탄로날 경우에 문책당할 몇몇 조직원의 사사로운 이익을 '조직의 이익'으로 포장했다.

---

* 이 사건의 재심을 담당한 박준영 변호사는 2016년 10월 최종변론에서 "2003년, 모든 잘못을 바로잡을 수 있었다. 당시 검사가 자식을 키우는 부모 마음을 조금이라도 이해했다면, 진범 수사가 좌초되는 상황은 벌어지지 않았을 것이다. (…) 2006년 진범 조사를 했던 군산지청 검사는 본인이 바로잡을 책임이 없다고 오판했다"고 말했다.(같은 책 301·304면)

국가기관이 존재 이유를 배신한 사례는 곳곳에서 발견된다. 2013년 국가정보원은 댓글 사건 수사 과정에서 검찰 조사를 조직적으로 방해했다. 남재준 전 원장 등 당시 국가정보원 수뇌부는 수사에 대응하기 위해 '간부진·실무진 TF'를 운영했다. 검찰 특별수사팀의 압수수색에 대비해 국정원에 '위장 사무실'을 만들고, 검찰이 압수해 갈 허위 서류를 갖다놓았다. 국정원 직원들에게 위증을 시키기도 했다.*

국가 정보기관이 TF까지 운영하면서 수사 방해를 한 것을 어떻게 보아야 할까. '국가안보와 자유민주주의 수호'라는 국정원의 최우선 임무에 비춰 봐도 '수사 방해'는 있을 수 없는 일이다. "검찰 수사로 국정원 기능이 축소되고 박근혜정부에 부담을 줄 것"을 우려해** 그런 일을 벌였다는 것은 국정원이 존재 이유를 배신한 것이라고 말할 수밖에 없다.

하나같이 조직의 이익 — 실제로는 고위 조직원들의 이익 — 을 위해 스스로의 존재 이유에 등을 돌렸다. 존재 이유를 잊은 조직은 흉기보다 위험하다. 존재 이유 때문에 받게 된 권한을 자신들을 위해 휘두르면 그 피해는 무고한 시민들이 입는다.

---

* 2019년 3월 14일 대법원 2부는 위계에 의한 공무집행방해 등 혐의로 기소된 남재준 전 국정원장에 대해 징역 3년 6개월을 선고한 원심 판결을 확정했다.

** 1심, 2심 판결 내용

2

사표를 철회시켜라

법원행정처 발령부터 재판부 복귀까지

이탄희의 2017년 2월

일	월	화	수	목	금	토
5	6	7	8	9 **법원행정처 기획2심의관 겸임 발령.** 임종헌 차장 등과 통화.	10 법원행정처 차장·실장 등에게 전입 인사.	11 전 심의관 C와 만남.
12 선배판사 L 등 저녁식사.	13 **법원행정처 '중복가입 탈퇴' 공지.** 기획조정실장 등 저녁 회식.	14 이규진 양형실장 "판사 뒷조사 파일" 언급.	15 이규진 "행정처 정당화 논리 전파하라." 임효량 심의관 "국제인권법 타깃 정책 결정".	16 **사직서 제출.** 임종헌 차장 "50% 책임 인정."	17 김연학 인사총괄, K부장 등 "사직 철회" 설득.	18 안양지원 재판부 복귀키로 함. 임종헌 등 "사법정책연구원 가라" 막판 설득.
19 K부장과 만남.	20 **겸임해제 발령.** **법원행정처 '중복가입 탈퇴' 철회.**	21	22	23	24	25

2월 16일(목) 운명의 날이 밝았다. 이탄희는 아침 일찍 안양지원에 출근했다. 한숨도 눈을 붙이지 못한 상태였다. 판사실에서 사직서를 작성했다. 사직 이유는 '일신상의 사정'. 그것밖에 쓸 말이 없었다.

'상기자는 위와 같은 사유로 2017.2.16.부로 사직하고자 하오니, 처리하여주시기 바랍니다.'

사직서를 출력한 뒤 지원장 부속실로 전화했다. 실무관은 "지원장님께서 치과 치료로 조금 늦으실 수 있다"고 했다.

법원행정처 발령으로 상급자가 될 이민걸 기획조정실장에게 전화하려다 대학 동기인 인사심의관 R의 얼굴이 떠올랐다. 인사심의관이 아무것도 모르고 있으면 곤란할 것 같았다. R에게 먼저 전화했다.

"얘기 좀 할 게 있어."

"어? 지하철로 출근 중인데 무슨 일 있어?"

이탄희는 메모하라고 하고 간략히 이야기했다. 이규진 상임위원의 지시 내용과 '중복가입 탈퇴' 문제를 말했다. 사직서를 낸다고 하자 더 구체적으로 이야기해달라고 했다.

"넌 그냥 보고만 해줘."

이민걸 실장에게 전화를 걸었다. 어차피 결단을 내린 상황에서 빨리 끝내고 싶었다. 판사들 뒷조사 파일, 연구회 발언 내용 수집, 예산문제, 연구회를 타깃으로 한 정책결정… 자신이 들은 모든 것을 이야기했다. 이민걸은 듣기만 했다.

"이 정도면 법원에도 블랙리스트가 있는 겁니다. 이규진 실장이 양심상 할 수 없는 일을 시키고, 처장님께도 보고됐다고 합니다. 정책결정이 됐다는 말도 들었고… 앞으로 저에게도 계속 연구회에 개입하라는 지시가 있을 것으로 판단했습니다. 판사로서 이런 일 못합니다. 사직서를 내겠습니다."

이민걸은 "행정처가 국제인권법연구회를 그렇게 싫어하는 것은 아니다"라고 했다.

"얼마나 싫어하건 간에 제 양심상 감당 못합니다."

이탄희의 말에 이민걸은 "감당 못한다는 것도 단견이다" "그러지 말고 오후에 만나자"라고 했다.

이민걸과의 통화가 끝난 뒤 이탄희는 사직서에 날인했다. 하현국 지원장이 출근했다는 말을 듣고 지원장실 문을 두드렸다. 이탄희는 자리에서 일어선 하 지원장에게 사직서를 제출했다.

"사직하겠습니다. 지원장님."

하현국이 돌아서서 나가려는 이탄희를 잡았다.

"이 판사, 어떻게 된 거야? 항명이야?"

"행정처와 다 이야기가 됐습니다. 믿어주십시오. 지원장님."

하현국은 나중에 자세한 사유를 설명 듣기로 하고 일단 사직서를 받았다.

지원장실에 다녀온 다음부터였다. 임종헌 차장, 이민걸 실장, 김연학 인사총괄심의관, 임효량 심의관… 휴대전화 벨이 쉴 새 없이 울리기 시작했다. 전화가 오다가 끊기면 다시 또 전화가 오는 식이었다. 모르는 번호도 여럿 있었다. 이탄희는 전화를 받지 않았다.

당시 법원행정처에서는 임 차장과 일부 실장, 심의관만이 이탄희의 사직서 제출 사실을 알고 있었다. 이탄희가 배치될 예정이던 기획조정실 안에서도 이민걸 실장과 임효량 심의관 정도만 알고 있었다. 고영한 처장은 당일 오후 임 차장에게서 보고를 받았다.

> 이탄희 판사가 사직서를 냈다는 건 몇 명만 알고 있었어요. 그 사실을 아는 사람이 많으면 많을수록 문제가 더 커지니까, 임 차장 등으로선 소문 낼 이유가 없는 거죠. 김민수 기획1심의관 등 기조실 다른 심의관들도 조금 늦게 이탄희 판사가 다시 안양지원 재판부로 돌아간다는 것만 알게 됐다고 해요. 그러다 새로 전입하는 심의관들이 참여하는 워크숍이 있었는데 이 판사가 '개인적 사정으로 워크숍에 참석하기 어렵다'는 단체 메일을 보내오니까 "다시 행정처 오기로 했느냐"고 서로 물어볼 정도였어요. (당시 법원행정처 관계자)

판사실 유선전화도 쉬지 않고 울렸다. 발신번호는 계속 바뀌었다. 지역번호가 041(충청남도)인 번호도 있었다. 나중엔 코드를 뽑아버렸다. 부속실 쪽에서 벨소리가 들렸다. 부속실 직원이 들어왔다.

"전화 거신 분들이 판사님 연결해달라고 합니다."

"판사실에 없다고 해주세요."

잠시 후 직원 얼굴이 파래져서 들어왔다.

"사무실에 계신 것 다 아니까 빨리 바꾸라고 하는데요."

오지원에게서 전화가 왔다. 자신의 휴대전화로도 전화가 걸려온다고 말했다. 받지 말고 아무 얘기도 하지 말라고 했다. 잠시 후 오지원은 "휴대전화를 받지 않으니 사무실로 전화가 온다"라고 했다. 그 와중에도 오전 10시 30분부터 20분간 영장실질심사를 했다.

"그래! 일석이조"

점심시간에 오지원이 전화를 걸어왔다. "임종헌 차장에게서 전화가 왔다. 통화를 원하는데 피하지 마라. 자꾸 전화가 오는데 나도 일은 해야 할 거 아니냐." 오지원이 임 차장 전화번호를 불러줘서 전화를 걸었다.

"이 판사. 오해다. 내가 대외비지만 인사자료들을 보여줄 수도 있다. 내가 기획2심의관을 누구로 해야 하느냐, 상의할 때 K 부장이 이 판사를 추천해서 오게 된 거다."

임종헌은 통화가 되자마자 대뜸 기획2심의관 인사 배경부터 설명하려 했다. 이민걸 실장에게 이규진 실장 지시와 판사 뒷조사 파일, 중복가입 탈퇴 문제를 모두 얘기했는데 왜 인사 배경부터 말하는 거지? 이탄희 자신의 행정처 발령 배경에 대한 의구심은 갈수록 커졌다.

이탄희 중복가입 탈퇴 조치가 국제인권법연구회 타게팅한 정책결정이었다고 기획제2심의관을 통해서 들었습니다.

임종헌 그 부분 내 책임 50% 인정할게.

이탄희 이규진 실장님이 국제인권법연구회에 개입하는 지시들을 했습니다.

임종헌 그건 내 책임 아니야.

이탄희 그럼 이규진 실장이 독단적으로 했다는 말입니까. 언론 보도 나지 않게 해달라 이런 것을 차장님 의중 없이 어떻게 합니까.

임종헌 꼭 무산시킨다는 것보다 좀 조용하게 가면 좋잖아.

이탄희 저를 데려오실 때부터 연구회 관련 부수적인 목적 있지 않았습니까? 일석이조?

임종헌 그래![1]

순간 이탄희의 자존심이 무너져내렸다. 울컥하며 둑이 터지듯 가슴 속 응어리가 터져나왔다.

"저한테 왜 이렇게 하셨습니까. 그것도 모르고 열심히 해보려고… 이런 식으로 하지 마세요!"

마음이 격앙될 대로 격앙됐다. 눈앞이 아찔해질 정도의 분노였다. 얼굴이 붉어지고 입술이 떨렸다. 목구멍에서 계속 뭔가 치밀어올랐다.

혹시 처음부터 나를 그런 의도로 데려온 것 아니냐? 주된 목적이야 임종헌 차장, 당신이 말한 것처럼 무슨 인사자료나 주변 추천을 받았겠지만 부수적인 목적도 있었던 것 아니냐? 일석이조 아니냐? 그랬더니 "그래, 일석이조. 내가 그냥 깨끗하게 인정할게" 그랬어요. 그 부분이 제일 가슴이 아팠어요. 제 마음속으론 그건 인정 안 해주기를 바랐던 것 같아요. 판사로서 모멸감도 느껴지고. 나는 판사직을 엄청 크게 생각했는데 이 사람들은 인사하는 입장에서 기능적으로만 생각하는구나, 내 존재가 저 사람한테 얼마나 가벼운지 느껴지고 가슴이 아파서, 이런 식으로 하지 말라고, 화를 내고 하다가 그런 이야기들을 했어요. 행정처 심의관들 고립시켜놓고, 비밀스런 일을 시키고 그러면 당하는 심의관들이 어떤 상태에 빠지겠느냐고, 사실상 정서적으로 괴롭힌 거라고, 왜 사람을 그냥 수족처럼 만드느냐고, 그렇게 판사들을 전락시키느냐고. (이탄희)

임종헌은 이탄희에게 기획2심의관이냐, 사직이냐 대신 제3의 길을 제안했다.

"이 판사, 행정처 다른 심의관 자리는 어때? 아니면 재판부로 돌아가는 건?"

"그냥 조용히 사직서만 처리해주시면 법원을 사랑하는 사람으로서 제가 알게 된 내용은 제가 안고 가겠습니다."

"안 돼, 이 판사. 사직 철회해야지. 일단 만나자고."

줄다리기를 하다가 다시 통화하기로 했다. 이탄희는 "전화가 쉬지 않고 걸려 와서 힘들다. 다른 사람들 시켜서 연락하게 하지 말고 저와 이틀 뒤, 토요일에 통화하자"라고 했다.

이탄희는 왜 “알게 된 내용을 안고 가겠다”라고 했을까. 자신도 모르게 나온 말이었다. 사람들이 그 사실을 알게 된다는 것이 너무 끔찍하다는 생각이 앞섰다.

숨기고 싶은 것부터 변명하는 신성가족들

임종헌의 말에서 주목해야 할 것은 판사들의 공통분모다. 임종헌도 이규진도 자신이 숨기고 싶은 부분을 먼저 이야기했다. 판사들은 마음속으로 어떤 생각을 하고, 뒤에서 어떤 행동을 하더라도 겉으로는 흠이나 약점 없이 완벽해야, 아니 완벽하게 보여야 한다고 생각한다.

그럼에도 자신이 완벽하지 않다는 것, 그들도 그걸 안다. 그래서 그 사실을 들킬까봐 전전긍긍하고, 제 발 저려한다. 자신이 평범한 사람임이 드러나는 순간 자신이 누리는 모든 권위가 정당성을 잃는다고 여긴다. 그것이 바로 판사들의 무오류주의다.

'완벽해 보이고' 싶어하는 특성은 보수 성향 판사든, 진보 성향 판사든, 나이든 판사든, 젊은 판사든 다르지 않다. 법원 내부의 평판에 조그만 흠집이라도 날까봐 조심하고 또 조심한다. 인사에서 한번 '물'이라도 먹으면 자존심에 상처를 받고 어쩔 줄 몰라서 쩔쩔맨다.

나는 우수한 성적으로 여기까지 올라온 사람인데, 죽어라 재판하며 기를 쓰고 노력했는데, 평판이 나빠지고 승진에서 탈락하는 건 하늘이 무너지는 것과 다름없다. 이탄희 역시 내적 명예만큼 외적 명예를 중요하게 여겼다는 측면에서 영락없는 판사였다. 다른 판사와 다른 것은 내적 명예와 외적 명예를 동시에 지키는 결정을 했다는 점이다.

‘사법농단’도 이런 판사들의 특성과 문화를 비집고 들어가 시스템으로 구축한 것이었다.

‘법원행정처에 선발된 너희들은 정말 특별한 사람이다. 승진도 시켜주고 계속 인정욕구를 채워주고 만족감을 줄 테니 시키는 대로, 최선을 다해서 일해라.’

더구나 이렇게 열심히 일하도록 동기를 부여해주고 권한을 위임해주는 이들이 누구인가. 대법원장, 법원행정처장, 차장, 실장 같은 ‘특별한’ 판사들 아닌가. ‘불멸의 신성가족’ 아닌가.

힘센 장관이, 청와대 수석이 판사에게 전화로 부탁을 한다고 가정해보자. 판사들은 코웃음 치고 전화를 끊어버릴 것이다. 장관도, 청와대 수석도 신성가족이 아닌 보통 사람이기 때문이다.* 행정처 문건들을 보면 표현 하나하나에 신성가족의 오만이 드리워 있다. 청와대마저 컨트롤을 할 대상이다.

‘대통령이든, 비서실장이든, 민정수석이든 너희들이 아무리 힘이 세고 똑똑해도 우리 손바닥 위에서 놀고 있다.’

---

* 법원행정처 심의관들은 내부 문제에 대한 문건 작성 지시에 대해서는 순응적 태도를 보였으나 청와대와 관련된 사안에는 우회적으로 반감을 드러내기도 했다. 양승태 대법원장의 박근혜 대통령 면담을 위해 ‘말씀자료’를 작성했던 시진국 전 기획1심의관이 동료 심의관에게 보낸 이메일엔 ‘VIP(대통령)에게 던져줄 보고서’라는 글귀가 있었다. 또 박상언 전 기획조정심의관은 말씀자료 관련 이메일에 ‘할매(박 대통령)의 불신 원인은 정말 소설입니다’라고 적었다. 박 전 심의관은 임종헌 재판에서 법무비서관실에 보낸 「유명인 형상 가면 판매에 따른 법적 책임 검토」 문건에 대해 “국정 관련 법리 검토도 아니고 대통령 개인에 대한 것이기 때문에 법무비서관실을 도와주는 게 내키지 않았다”라고 했다.

세상이 자기들 머릿속에서 움직이고 있다는 생각. 그것이 임종헌과 판사들이 말하는 '브레인스토밍'* 이다. 문건을 통한 브레인스토밍은 머릿속에만 머물지 않는다. 현실에서 어떤 조치나 압력, 물밑 거래로 구체화된다. 문건의 활자들이 실제로 살아서 움직인다.

* 239~41면 참조.

존경했던 선배 판사의 다른 모습

2월 16일, 이날 하루는 길었다. 임종헌과 통화를 마친 이탄희는 한동안 충격에서 헤어나지 못했다. 법원행정처 발령에 또다른 목적이 있었다는 사실이 확인되자 허탈감이 엄습했다. 문득 한 사람의 얼굴이 떠올랐다. K 부장판사 전화번호를 눌렀다. 존경하는 선배 판사의 위로를 받고 싶었다.

"부장님. 사직서를 제출하게 됐습니다. 그동안 감사했습니다. 부장님께서 재판할 때 훌륭한 모습 보여주셔서 제가 좋은 판사가 될 수 있었던 거 같습니다."

이탄희의 잠긴 목소리에 K는 놀란 듯했다.

"이 판사. 무슨 일이야? 왜 그래?"

"차장님이 연구회 관련된 일을 시키려고 저를 행정처에…"

구체적인 내용을 말하기는 망설여졌다. K가 말했다.

"난 사실 이 판사가 심의관으로 가는지 몰랐어. 차장님이 박상언 판사(당시 기획조정심의관) 후임이 문제라고 했어. 페이퍼워크 많이 해야 하는 자리라고… 그래서 이탄희가 정말 훌륭하고 잘한다고 한 적이 있어. 그게 전부야. 그뒤엔 어떻게 됐는지 모르고."

K는 느닷없이 심의관 발령 과정에 자신은 관여하지 않았다는 얘기를 했다. 느낌이 이상했다. 이탄희는 K에게 물었다.

"부장님. 지금 드린 말씀, 차장님께 보고하실 겁니까? 그냥 사직 인사드리려고 했던 건데… 그러진 마십시오."

"내가 보고 안 할 수는 없어."

K는 당시 일선 법원 재판부에 있었다. 사법행정과 관련된 자리에 근무한 적이 있었지만 현직은 법원행정처 보직이 아니었다.

이탄희는 "보고를 안 할 수 없다"는 K의 말에 소름이 돋았다. 대체 이 법원이라는 공간 안에 행정처의 영향력이 미치지 않는 곳은 어디인가. 순간적으로 아득한 마음이 들었다. K 부장은 이탄희를 정말 아껴준 선배 판사였다. 악의적인 마음을 갖고 있는 것 같지는 않았다. 더구나 사직 인사를 하겠다고 전화를 한 상황이었다.

그런 K 부장이 아무런 공식적인 보고 의무가 없음에도 자신이 보고를 안 할 순 없다는 이야기를 하고 있었다. 빠져나갈 곳이 없다, 숨 쉴 공간이 없다, 이런 느낌이 숨통을 조여왔다. 이탄희는 몇 마디 하다가 전화를 끊었다.

이탄희는 임종헌, K와 통화를 한 다음 머리가 멍한 상태에서 안양지원 판사들과 법정으로 내려갔다. 이임 기념사진을 찍기 위해서였다. 판사들은 이탄희가 사직서 낸 사실을 모르고 있었다. 이탄희도 사직 이야기를 꺼낼 수가 없었다. 법복을 입고 판사들과 나란히 서서 사진 촬영을 했다. 마음은 슬펐지만 카메라 앞에서 웃음을 지어야 했다.

대학 동기인 R심의관이 안양지원 판사실로 찾아왔다. 이탄희가 점심 식사를 하지 않은 터라 두 사람은 인근 중국집에서 간단하게 점심을 먹었다. R은 관용차를 타고 왔다고 했다. 이탄희는 김연학 인사총괄심의관이 그를 보낸 거라고 짐작했다. R이 말했다.

"이규진 실장은 네 직속상관이 아니잖아. 더 자세하게 얘기해줘."

"얘기하면 김연학 부장에게 보고 안 할 수 있겠어?"

R은 묵묵부답이었다. 이탄희는 R의 이런 반응을 예상은 했지만 막상 확인하니 마음이 아팠다. 아침에 "보고하라"고 전화했던 자신의 모습이 떠올랐다. 이탄희는 애써 담담하게 말했다.

"너도 모르는 게 편하지 않겠어? 네 심의관 임기 끝나고 고등법원으로 복귀하면 그때 얘기하자. 지금은 밥이나 먹고."

그날 오후 집에서 연락이 왔다. 법원에서 왔다며 어른이 찾아와 아이들이 많이 놀랐다고 했다. 임효량 심의관이었다. 임효량은 이탄희에게 문자메시지를 보냈다.

'사직서 제출한 것 잘한 일이고 탓하지 않는다. 나도 마음은 사직서 제출하고 싶다. 통화 한번 하고 싶다.'

오후 늦게 집으로 돌아왔다. 김연학 인사총괄심의관, R 심의관 등으로부터 전화가 걸려왔다. 아내 오지원에게서 카톡이 왔다. 이탄희가 전화를 받지 않자 자신의 변호사 사무실로 전화가 걸려온다고 했다. 하현국 지원장의 문자메시지가 왔다.

'기조실장님 요구로 내가 (사직서를) 홀딩하고 있어.'

전날의 여파 때문인지, 졸음이 몰려왔다. 잠깐 눈을 붙였다가 저녁 8시쯤 집에서 나왔다. 안양지원 판사실에 있는 짐을 가져와야 했다. 차를 운전하는데 휴대전화 벨이 울렸다. 김연학 인사총괄심의관이었다. 스피커폰을 눌렀다.

"이 판사, 만나서 이야기하시죠."

"부장님은 이 사안에 대해서 잘 모르시지 않습니까."

"아까 낮에 차장님하고 통화한 내용, 같이 들었습니다. 내가 모르는 내용들도 있더군요."

어떻게 같이 들었다는 건지 종잡을 수가 없었다. 김연학이 "만나서 얘기하고 싶다. 지금 가겠다"고 했지만 이탄희는 그러고 싶은 마음이 없었다.

이후에도 김연학의 전화와 문자가 이어졌다.

'시간 날 때 전화주세요. 결정을 하시기 전에 들어보는 게 좋을 얘기가 분명 있을 것 같아요.' '오늘은 너무 늦은 것 같아 더 전화드리지 않겠습니다. 내일 통화가 되었으면 좋겠습니다.'

다시 휴대전화 벨소리. 임효량이었다.

"사직서 잘 썼어. 나도 그동안 있었던 일을 생각하면 사직서 쓰고 싶어. 근데 난 아이들 때문에 못 써. 한적한 데 가서 조용히 재판만 하고 싶어. 나는 너한테 팩트체크 당한 거라고 생각해. 그래서 나는 그걸 명분으로 해서 인사조치 해달라고 했어. 네 덕분에 나도 기조실장님 찾아가서 속 시원하게 그동안 있었던 일들에 대해 내 생각 다 이야기했어. 너한테 말한 예산 금반언 문제도 다 털어놨고. 나 때문에 네가 사표 쓰게 된 것 같아서 미안하다."

"형이 왜 인사 조치를 당해? 형 잘못이 아닌데… 우리가 얘기한 건 빙산의 일각이니 죄책감 갖지 마."

"어차피 차장님은 안 변해. 무서운 사람이야. 오늘도 차장님 결재 여러 번 들어갔는데 내가 네게 말한 걸 뻔히 보고받았으면서도 모르는 척 한마디도 안 하더라고."

임효량은 이탄희에게 법원행정처로 복귀하라고 했다.

"이번 일도 차장님이 대법관 되려고 눈이 뒤집혀서 생긴 일이야. 그동안 한 게 있는데… 두 달 뒤면 대법관 되셔서 나가지 않겠어? 기조실장님 믿고 돌아와."

"그래도 그렇지 차장님을 이렇게 들이받고 어떻게 다시 들어가."

대법관이 되기 위해 그런 일들을 벌였다는 얘기가 믿기지 않았다. 그런 일을 하면 오히려 대법관이 못되는 것 아닌가? 임종헌 차장이 나간다고 해서 법원행정처가 바뀔 수 있을까.

그날 밤 이탄희가 판사실에서 짐을 정리하고 있는데 K가 전화를 걸어왔다.

"이규진 실장, 원래 행동거지가 이상한 사람이야. 이 실장이 그전부터 내가 행정처에 가면 처장님 관심사항이라고 하면서 국제인권법연구회를 어떻게 하면 좋으냐는 이야기를 많이 했어. 내게도 회장에 출마하라고 했고. 나는 국제인권법은 와해시키고 싶다고 해서 와해시킬 수 있는 수준이 아니라고 했어."

K는 이탄희의 발령 배경을 다시 언급하기 시작했다.

"이 판사가 국제인권법연구회 때문에 기획심의관으로 온 건 아니야. 그렇게 생각하면 이 판사 오해야. 차장님하고 대화하던 중에 차장님이 박상언 판사 후임 걱정을 하시더라고. 그래서 이탄희 판사가 훌륭하다고 말했는데 차장님이 이탄희 판사는 이미 기획2심의관으로 오게 되어 있다고 했어. 그게 벌써 작년 12월에서 1월초 사이야. 12월이나 1월초."

기획2심의관으로 이야기했다고? 이탄희가 물었다.

"부장님은 인사 직후엔 제가 기획조정심의관으로 간다고 하셨잖아요?"

K는 당황한 듯 말을 더듬었다. "그 말을 할 때까지만 해도 기획실 안에 심의관들이 어떻게 나뉘어 있는지 잘 몰랐어."

그는 대화를 이어갔다.

"중복가입 강제 탈퇴도 이 판사 오해야. 그거 원래 4, 5년마다 반복적으로 해오던 일이었어. 때가 돼서 하는 거뿐이라고."

"이영훈 부장님(당시 전산정보관리국장) 공지에는 10년 이상 됐다고 쓰여 있는데요."

"아, 솔직히 난 그 공지사항 제대로 안 읽어봤어."

K는 멋쩍은 듯 웃었다. 이탄희는 계속 의구심이 들었다. 자신은 몇 시간 전 통화에서 K 부장에게 많은 이야기를 하지 않았다. 임종헌 차장이 이상한 일을 시키려고 했다는 것만 말했는데 K는 이규진 실장에게 문제가 있다고 했다. 말하지 않은 내용들에 대해 알고 있다는 전제하에서 말하기도 했다.

K는 특히 이탄희가 기획2심의관으로 정해진 시기를 여러 차례 강조했다. '2016년 12월 아니면 2017년 1월초 사이다.' 이진만 부장이 연구회 운영위원회에서 공동학술대회를 하지 않는 쪽으로 이야기하고, 이규진 실장이 이탄희에게 전화했던 게 1월 15일 전후였다. 이탄희의 인사 발령은 공동학술대회 행사와 관련이 없다는 말을 하려는 것 같았다.

자정을 넘어 새벽이 됐을 무렵이었다. K는 장문의 카톡 메시지를 보냈다. 애정과 진심을 표현하기 위해 노력한 흔적이 역력했다.

법원은 사람이 만드는 것입니다. 그 누구도 영원히 법원의 주인 행세를 할 수는 없습니다. 때로는 주인을 잘못 만날 때도 있습니다. 하지만 주인은 계속하여 바뀝니다. 우리는 각자 자기의 책임과 역할을 묵묵히 하면 됩니다. (…)

우리는 우리를 위협하는 위험에서 등을 돌리려고 해서도 안 되고 달아나려고 해서도 안 됩니다. 지금 이 판사님이 떠나버리면 남아 있는 법원 동료들은 걷잡을 수 없는 소용돌이에 빠지게 됩니다. 이 판사님을 믿고 따르는 동료들을 생각해주세요. (…)

제가 확인해보니 기조실장님, 차장님도 이 판사님이 제자리에서 예정된 그대로의 역할을 하여주기를 진심으로 원한다고 합니다(제가 먼저 그분들께 전화를 해서 확인을 하였습니다). 우리는 직업인이고 프로들입니다. 조금 마음이 맞지 않는 점이 있어도 직장에서의 임무만큼은 프로답게 수행할 수 있을 것입니다(제가 오랜 법원 경험에서 체득한 진리입니다. 그동안 마음이 맞지 않는 윗분들과 같이 근무하면서 얻은 비결이기도 합니다. 제가 그들보다 더 젊기에 법원에 더 오래 남아서 나의 믿음을 실천해나가야겠다는 오기도 생겼습니다. 이제는 이 판사님이 그러한 역할을 해주세요). (…)

'주인은 바뀝니다'라는 말이 인상적이다. 대법원장이 주인이라는 것인가. 대법원장을 대기업 사주쯤으로 생각하는 것인가. 또 하나, 인상적인 글귀가 있었다.

'우리 존버 정신을 가지고 같이 버팁시다(존나게 버티는 정신요~~)'

존버 정신. 당시 유행어였다. K의 메시지는 분명했다. 주인은 바뀌니까 존버 정신으로 버티자.

주인은 누구이고, 프로란 무엇인가

이탄희는 선배 판사들이 숨기고 있던 정치적 근육을 새롭게 발견하고 있었다. 선배 판사 L은 공동학술대회 시기를 대통령선거 등 정치적 일정에 맞춰 저울질했다. "차라리 3월에 국민들 관심이 없을 때 하는 게 낫다"라고. 그런가 하면 대법관 인사를 이야기하면서는 "말을 갈아타야 한다"라는 말을 스스럼없이 했다.

K 부장판사는 말한다. '주인을 잘못 만날 때도 있지만 주인은 계속 바뀐다'고, '직업인이고 프로들'인 우리는 '프로답게 임무를 수행해야 한다'고 이탄희를 설득하려 했다. '법원에 더 오래 남아 믿음을 실천하자.'

이들 판사들의 말은 이상과 현실 사이의 '접경지역'에 놓인 것처럼 보인다. 이상과 원칙도 중요하지만 현실을 외면할 수는 없는 것 아닌가. 판사들도 직업인으로서 '사내(社內) 정치'를 하는 것이 그렇게 이상한 일은 아니지 않는가. 판사도 고등부장, 대법관이 되고, 자기 믿음을 실천하려면 말을 갈아타야 하고, 주인이 바뀔 때까지 버틸 줄도 알아야 하는 것 아닌가.

이런 질문들은 현실을 살아가는 우리 앞을 짓궂게 막아선다. 판사든 검사든 공무원이든 기자든 공적 영역에서 일하거나 공적 가치를 위해 일하는 사람들이 늘 부딪히는 물음이다.

"네가 얼마나 잘났다고… 다들 그렇게 사는데 묵묵히 자기 일 하며 따라가면 되는 거 아니야?"

"그 정도 타협은 해야 원칙도 지킬 수 있는 거라고."

여기에는 함정이 있다. 진짜 문제는 '어떤' 현실이냐다. 계속되어야 할 현실인가. 바뀌어야 할 현실인가.

대법원장이 주인이라면 판사들은 어떤 주인을 만나느냐에 따라 삶이 달라질 수밖에 없다. 좋은 주인을 만나면 좋은 재판을 할 수 있다. 나쁜 주인을 만나면 나쁜 재판을 하게 된다. 그리고 그 주인을 정하는 것은 대통령이다. 주인 위에 '주인의 주인'이 있는 것이다.

그러나 대한민국 헌법은 법원의 주인은 주권자인 시민이라고 말한다. 판사들은 대법원장을 주인으로 예우해서는 안 된다. 수사적 표현이라도 '주인'이라는 말을 쓰면 안 된다. 오로지 주권자인 시민을 법원의 주인으로 받들며 재판해야 한다.

대법원장은 판사들이 제대로 재판할 수 있도록 뒷받침하는 존재다. 사법행정을 자기 뜻에 따라 좌지우지하는 게 아니라 '독립하여 재판하는' 판사들과 어깨를 나란히 하며 나아가야 한다.

'프로'라는 말은 어떨까. 한국사회만큼 '프로'라는 단어가 오남용되는 곳은 없다. 프로페셔널이란 '어떤 일을 전문으로 하거나 그런 지식이나 기술을 가진 사람'(표준국어대사전)을 말한다. 보통 '프로'는 '아마추어'의 반대말로 쓰인다. 한국사회에서 아마추어는 순수하고 때 묻지 않거나 설익은 사람에 그치지 않는다. '현실을 잘 모르는'이라는 의미가 덧붙는다.

제대로 뭔가를 해내려면 프로처럼 능란하게, 유능하게 일할 수 있어야 한다. 그러려면 정해진 규범을 벗어날 수도 있어야 한다. '조금 마음이 안 맞는 점이 있더라도' 그 정도는 무시하고 넘어갈 수 있어야 한다. 그래야 자신의 믿음을 실천할 수 있다.

문제는 그 '믿음'이 무엇이냐다. 과정상의 문제쯤은 무시해도 그 믿음은 유지되는 것인가. 그렇게 해서 자신이 말하던 믿음을 이뤘을 때 그 믿음의 내용은 달라져 있는 것 아닌가. 절차적 정의를 지키지 않는 정의는 일그러진다.

K의 카톡 메시지에서 그가 이탄희를 어떻게 바라보는지가 드러난다. 그는 자신들이 살고 있는 현실세계의 작동 원리를 뒤늦게 깨닫고 놀라버린 후배를 다독이려고 한다. 그게 현실이라고 말하려 한다. 아마추어의 알을 깨고 나와 진정한 프로로 거듭나기를 바라며, 요구하고 있다.

이탄희가 순진한 아마추어라서 선배의 간곡한 설득에 공감하지 않은 게 아니다. 몰라서, 이해를 못해서 설득에 넘어가지 않는 것이 아니다. 그것이 옳지 않아서다. 판사가 '말을 갈아탄다'고 생각하는 순간, '주인'을 받아들이는 순간, '프로'가 되겠다고 마음먹는 순간 판사라는 직업과 거리가 멀어진다. '법복 입은 정치인'이 되고 만다. 갈아탈 말을 고르고, 누가 주인이 될지 가늠하고, 과정상의 작은 것쯤은 무시할 줄 아는 프로가 되면, 그는 독립해서 재판할 수 없다.

이런 생각, 저런 일을 좀 하더라도 재판만 제대로 하면 되는 것 아니냐고? 아무리 판사라고 해도 정무적 감각은 있어야 하는 것 아니냐고? 그래야 사법권 독립도 지킬 수 있는 것 아니냐고?

많은 판사들이 이 리트머스 시험지 앞에서 무너진다. 모두 다 메피스토의 속삭임이다. 무소는 자기 눈앞의 뿔만 보고 간다. 판사는 오로지 사건 하나만 보고 판단해야 한다. 그래야 직업의 가치를 실현할 수 있다.

절간에서 세상과 담쌓고 살라는 얘기가 아니다. 사회 변화를 무시하고 고지식하게 판결하라는 얘기가 아니다. 옳지 않은 현실에 당신의 머리와 재판을 오염시키지 말라. 여러 개의 서랍을 열고 닫듯이 이때는 재판, 저때는 정치를 하며 살아갈 수는 없다.

"어떻게 행정처를 와해시킵니까"

다음 날(2월 17일) 아침 R 심의관에게서 문자가 왔다. '지금 상황에서 진정한 용기를 보여주는 것이 어떤 선택인지 한번만 더 생각해주면 좋겠다.' 이어 김연학 인사총괄심의관의 전화가 왔다. 이탄희가 물었다.

"차장님과 저번에 통화한 것을 같이 들었다고 하셨는데 정말입니까?"

"사실은 아닙니다. 차장님과 같이 식사하다가 전화 받으러 나가시길래 같이 나갔습니다. 재판연구관들이 지나가면서 보는 것 같아 사람들 안 보이는 곳으로 자리를 옮겨드리기만 했습니다. 멀리 있어서 제대로 못 들었습니다. 왜 사직서 썼는지 말해주세요."

"차장님과 관련된 부분들도 있는데 어떻게 말씀드립니까. 차장님께 직접 물어 보시는 게 좋겠습니다."

이탄희가 전화를 끊으려는 순간이었다. 김연학이 말했다.

"행정처 내의 다른 심의관 자리는 어떻습니까. 예를 들어 사법지원실 심의관?"

"차장님도 이미 재판부로 돌아가는 얘기로 넘어가셨습니다."

"재판부로 가는 것에는 우리 실(인사총괄심의관실)은 반대입니다. 작년 심의관 풀에 없던 이 판사를 올해 심의관 풀에 넣은 우리 인사실의 책임도 있어요."

새로운 제안이었다. 무슨 의도로 그런 이야기를 하는지 종잡을 수가 없었다. 마음속은 더 뒤숭숭해졌다.

그날 오후 이탄희는 머리를 식힐 겸 오지원과 경주에 다녀오기로 했다. SRT를 타고 경주에 도착한 뒤 불국사 경내를 걷고 있었다. 휴대전화 진동이 울렸다. '전화해주세요.' K 부장의 문자메시지였다.

"차장님·기조실장님에게 확인했는데, 이제부터 이 판사에게는 국제인권법연구회 관련된 일을 안 시키기로 했으니 기획2심의관으로 돌아와달라고 하셔."

"부장님, 어제는 제가 오해한 것이라고 하시더니…"

"그래. 오해 아니야. 어쨌든 앞으로는 안 시킨대. 그리고 중복가입 탈퇴 문제도 차장님 복안은 정회원은 한 곳으로 하되 준회원은 여럿 허용해주는 것으로 생각하고 계신대."

"그건 제가 이규진 실장님한테 드린 말씀이에요. 이 실장 독자적으로 일하는 게 아니라니까요."

"그러니까, 그게 이 실장이 자꾸 이상한 안을 보고해서 차장님을 끌고 가는 거라니까."

한 시간 뒤 다시 전화를 달라는 K 부장 문자가 왔다. 통화를 했다. "차장님이 내일 등산이 있으셔서 11시경 전화한다고 하시네."

잠시 후 R 심의관에게서도 문자가 왔다. '처장님께서 조용히 부르더니 안타까워하셨어. 전문분야연구회 관련해서도 전향적 조치를 계획하고 있는 것 같아.' 이탄희는 고영한 법원행정처장도 전체 상황을 파악하고 있는 것으로 받아들였다.

서울로 돌아왔다. 일찍 자려고 노력했지만 잠이 오지 않았다. K의 말이 귓전을 맴돌았다. 법원행정처의 접촉 노력은 밤에도 멈추지 않았다. '내일 연락주시면 더욱 좋겠지만 그렇지 않더라도 월요일 환영회에서는 꼭 봅시다.' 김연학 인사총괄심의관 문자였다. 이탄희는 사직을 철회하고 법원에 돌아갈 생각이 없었다.

이미 그렇게 수습할 수 있는 상황은 아니라고 생각했다. 법원행정처로 돌아가면 돌아간 이후에 자신이 겪을 일이 너무 힘들 것 같았다. 어떻게 보면 하현국 지원장 표현대로 항명을 한 것 아닌가. 항명을 했던 사람이 다시 들어가면, 들이받았던 데를 다시 들어가면 그 안에서 어떻게 견디겠는가.

이탄희는 이제 법원에서 나가는 방법밖에 없다고 여겼다. 사표를 낸 것 자체는 들이받는다는 의미가 아니었다. 사표를 낸 다음 임종헌 차장과 통화하면서 '일석이조' 이야기를 듣고 분노하는 과정을 겪으면서 결국은 대립하게 됐다. 더구나 K 부장 같은 사람들까지 법원행정처에서 자유롭지 못한 상황이라면 자신이 법원에 더 있는 것은 쉽지 않다. 이미 돌이킬 수 없는 상황이었다.

이튿날(2월 18일) 김연학 인사총괄에게 문자를 보냈다.

'저는 행정처 복귀하겠다는 뜻을 내비친 적이 없습니다. 사직서 철회를 너무 푸시(압박) 받는 것 같아 솔직히 부담됩니다. 인사 책임 문제를 떠나서 같은 판사로서 제 입장을 한번 혜량해주셨으면 합니다.'

오전 11시쯤 임종헌 차장 전화가 왔다. 생각이 정리되지 않아 받지 않았다. 잠시 후 오지원이 휴대전화를 건넸다. "차장님 전화야." 임종헌이 말했다.

"잠 좀 많이 잤어요? 아직도 잠 못 자?"

"토요일에 연락드리겠다고 했는데, 이틀 동안 전화, 문자 100통은 받았습니다. 너무 푸시 하셔가지고…"

"내가 전화하라고 한 적은 없어요. 솔직히 얘기할게. 어저께 K 부장님이… 준회원 그 얘기는 어떻게 들은 거냐 하면…"

"다른 건 괜찮고요. 사직서 꼭 철회시키셔야 하겠습니까?"

"사직서를 철회시키겠다, 안 시키겠다, 그 목적은 뭐냐 하면 K 부장님이 통화를 했다고, 그러고 나서 이런 저런 얘기를 하는 거야… 자기가 보기에도 이런 우수한 사람이 없고, 법원을 사랑하는 사람이 없다…"

임종헌은 자꾸 뭔가를 설명하려고 했다.

"이 판사 문제를 고영한 처장에게 보고하는 자리에 이민걸 실장이 있었어. 이 실장 자신이 해결하겠다고 했어. K 부장에게 설득하라고 얘기한 것은 이 실장이야. 내가 전화하라고 시킨 게 아니야."

이야기가 길어지자 이탄희는 계속 듣고 있는 것이 무의미하다는 생각이 들었다. 이탄희가 입을 열었다.

"차장님, 그럼 저 겸임해제 시켜주십시오. 안양지원에 다시 가서 하던 재판, 하겠습니다."

"아, 그래?"

"그리고 국제인권법연구회에는 개입하지 말아주십시오. 어차피 지금 상태로는 안 됩니다. 앞으로 이규진 실장뿐 아니라 전직 심의관이든 누구든 비슷하게라도 개입한 사실을 알게 되면 저도 알고 있는 것 다 얘기할 겁니다."

국제인권법연구회 이야기가 나오자 임종헌이 다시 이탄희를 이해시키려 했다.

"그거는 내가 얘기할게요. 행정처라는 데가 법관사회를 내부적으로 통제하고 견제하겠다는 게 존립 목적이 아니에요. 외부로부터 사법부 존립을 수호하는 게 기본적인 목표고… 국회를 가보면 알지만 얼마나 많은 위해세력이 있어요. 그래서 결집을 해야 하는데 국제인권법 보면 정치 성향이 있는 판사님들이 우회적으로 행정처를 공격해요. 그러지는 말아야지. 그게 우리가 너무 힘든 거야. 건설적인 긴장관계는 좋다 이거야. 왜 행정처를 일방적으로 비판하고, 행정처가 와해 대상이다, 이렇게 생각하는 거야?"

이탄희가 참지 못하고 말했다.

"연구회가 어떻게 행정처를 와해시킵니까?"

"그러니까, 내가 얘기했잖아. 그것도 과도한 거야."

이탄희는 왜 법원으로 돌아가겠다는 말을 한 걸까. 왜 연구회에 개입하지 않는 것을 조건으로 제시한 걸까.

계속 전화에 시달리고 잠도 못 자고… 결정을 하기는 해야겠다는 생각을 했어요. 전화를 받을 때까지는 돌아가자는 마음을 먹었던 건 아닌데 통화를 하면서 제가 돌아가겠다고 한 거죠. '그러면 안양지원 돌아가서 재판하겠다.' 사직서 낸 날 통화 끝날 때 (임종헌 차장이) 재판부 복귀 이야기를 했던 기억이 나서 그 이야기를 했어요. 그 대신에 국제인권법 연구회에는 개입하지 말아 달라. 그렇게 이야기를 했더니 그때 임종헌 차장이 '개입하지 않겠다'는 대답은 안 하고 또 설명을 하더라고요. 결국 끝까지 연구회 개입하지 말아달라는 것에 대한 답은 못 들었어요. 통화 끝내고 나서, 내가 이렇게 해서 결국은 돌아가기는 돌아가는데 뭔가 개운치가 않다, 과연 좋은 선택인가? 내가 걸었던 조건에 대한 답도 못 듣고… 그런 생각을 했어요. (이탄희)

통화가 끝나고 잠시 후 임종헌에게서 다시 전화가 왔다.

"처장님께 말씀드렸어요. 월요일에 이 판사 겸임해제 하기로 했어요."

임 차장에게서 연구회에 개입하지 않겠다는 확답을 받지 못한 것이 찜찜했다. 임효량 심의관으로부터 문자가 와서 이탄희가 전화를 했다.

"사직서 철회하고 겸임해제 해서 안양지원으로 돌아가기로 했어."

임효량이 반겼다.

“정말 잘했어. 법원에 남아야지.”

“그런데 차장님은 문제의 심각성을 모르시는 것 같아. 중복가입 탈퇴만 해도 형사 사안인데…”

“맞아… 기조실장님께 보고드릴 테니 문자라도 드려.”

이탄희는 이민걸 실장에게 문자를 보냈다.

‘또다른 곳에서 인사드리겠습니다.’

임효량의 보고를 받았는지 화답하는 문자가 왔다.

‘감사합니다. 앞으로 함께 잘해보도록 하죠. 거듭 감사!’

김연학 인사총괄심의관과도 통화했다. 김연학은 재판부 복귀에 부정적 입장을 보였다.

“이 판사, 겸임해제는 안 됩니다, 그 자리(기획2심의관)에 넣은 것은 대법원장님 바뀐 다음에 중요한 일을 해야 하기 때문이에요. 사법연수원에 가 있으세요.”

“김 부장님. 안양지원으로 돌아가는 것과 무슨 차이가 있다고 사법연수원으로 가라고 하십니까? 정말로 저를 필요로 하신다면 어디 있다고 한들 차이가 있습니까?”

“차이가 있어요. 9월에 대법원장님 바뀌어도 올해 인사실무자는 계속 나예요. 이 판사가 사법연수원에 가 있어야 다시 정책부서로 돌아와서 일할 수 있습니다.”

K 부장과도 통화를 했다.

“이 판사만 알고 있어. 이제 대선을 치르면 야당 후보가 대통령이 될 거야. 그렇게 되면 법원을 크게 바꾸려고 할 거야. 이인복 대법관이나 박시환 대법관이 대법원장이 될 거야. 그러면 두 분 다 너를 쓰고 싶어 하실 거야. 그때까지만 참아. 잠깐만 사법연수원이나 사법정책연구원에 가 있어. 그래야 행정처로 돌아올 수 있어."

법원행정처 가까운 곳에 있다가 대법원장 교체 후 사법정책 파트에서 역할을 하라는 것. 김연학과 K, 두 사람이 동시에 같은 이야기를 하고 있었다. 무슨 지침이 내려온 것처럼. 임종헌과 이탄희의 통화가 끝난 직후 내부적인 논의가 있었다고 해석할 수밖에 없었다.

너무 이상한 일 아닌가. 대법원장이 바뀌고 다시 행정처에 들어가면 그것이야말로 새 대법원장의 코드에 맞는 '관료'로 공인되는 것 아닌가. 법원행정처라는 곳이 대법원장 교체기마다 대법원장 코드에 맞춰 판사를 관료처럼 사용하는 것을 별문제 없는 일로 여기고 있다는 것인가. 그런 상황을 이탄희는 받아들이고 싶지 않았다. 두 사람에게 동시에 문자를 보냈다.

'이제 와서 다시 욕심내고 싶지 않고 그냥 안양 돌아가서 조용히 재판하겠습니다. 겸임해제 해주시면 사직서 철회하겠습니다. 차장님께도 혼선 주지 말아주세요.'

"범죄가 된다면 달게 처벌받을게"

이탄희는 그날 저녁 부모님 댁에 갔다. 오지원에게서 전화가 왔다.

"차장님이 '사법정책연구원으로 가면 어떠냐'고 전화를 해왔어. 차장님께 전화드려봐."

또다시 원점으로 돌아가는 것인가. 순간적으로 화가 치밀었다. 임종헌은 오지원에게 전화해서 이탄희와 통화하는 방법을 반복해서 사용하고 있었다. 확고한 입장을 밝혔는데도 또다시 이렇게 한다는 게 이해가 되지 않았다. 다른 판사들 눈에 띄지 않는 곳으로 보내려는 것 아닐까.

왜 자꾸 말을 바꾸느냐고, 당신 입장이 대체 뭐냐고 처음부터 따져 묻기로 마음먹었다. 임종헌 차장에게 전화를 걸었다.

"이미 다 얘기 끝난 건데 자꾸 왜 그렇게 하시는지 모르겠습니다. 제 입장은 명확합니다. 겸임해제 안 해주시면 사표 낸 거 처리해주시고요. 사표 그냥 처리하고, 사표 낸 날, 차장님하고 통화한 내용 다 공개하겠습니다. 중복가입 금지가 인권법 와해 정책결정을 해서 이뤄진 거고, 50퍼센트 차장님 책임 인정한다고 하셨고, 인권법 와해 목적으로 저에 대한 인사도 하셨습니다."

"그거는 아니라니까."

"일석이조라고 하셨잖습니까."

"내가 언제 일석이조라고 했어?"

언제까지 이런 대화를 이어가야 하는가. 이탄희가 "겸임해제를 해달라"라고 거듭 요청했다. 임종헌은 "일석이조 얘기는 한 적이 없다"는 말을 되풀이했다. 이탄희의 가슴속이 뜨거워지기 시작했다. 말이 빨라지고 가팔라졌다.

"인권법 와해 정책결정이요? 그거 형사사건입니다. 직권남용. 블랙리스트 사건과 똑같지 않습니까. 법원에서 김기춘 구속했잖습니까. 똑

같은 거예요. 권리행사방해. 제가 판사직을 내려놓을 때는 그만한 이유가 있기 때문입니다. 공무원이면 고발해야 합니다."

임종헌이 말했다. 줄이 툭 하고 끊기는 느낌이었다.

"범죄가 된다면 달게 처벌받을게."

범죄라는 사실을 인정한다는 취지라기보다는 이탄희 네가 죄가 된다고 하니까, 만약에 그렇다면 빠져나갈 생각은 없다, 이런 뜻 같았다. 이탄희는 "법원을 청와대와 똑같은 곳으로 만드시면 안 된다"라고 했다.

"국제인권법연구회가 뭐라고 그거하고 싸운다고 행정처를 완전히… 세상에서 제일 똑똑한 판사들 모아놓고 이렇게 만드십니까."

결국 임종헌은 "돌려보내줄게"라고 말했다.

"일석이조란 말은 절대 안 했어. 확실히 하자고. 진실게임 하자는 건 아니야."

임종헌과 통화를 해야 무엇이든 결론이 나는 구조였다. 임종헌과의 마지막 통화로 모든 상황이 종료됐다. 다른 법원행정처 사람들도 더이상 전화를 걸거나 문자를 보내오지 않았다.

일요일인 다음 날 오후 집 부근에 있는 쇼핑몰 지하 커피숍에서 K를 만났다.

"부장님, 서운합니다. 정회원, 준회원 그 얘기 차장님께 바로 보고하셨습니까? 이러면 제가 부장님께 무슨 말씀을 드리겠습니까?"

"그걸 왜 나만 알고 있어야 하지?"

"부장님은 지금도 내용을 다 모르시지 않습니까?"

K가 말했다.

"이 판사 같은 사람은 싸울 줄 몰라. 그래도 재판은 잘하니까 괜찮아. 출세할 생각 하지 말고 그냥 재판만 열심히 하라고."

서운함을 말하면 최소한의 공감은 표시할 줄 알았다. 기대는 사라지고, 쓰디쓴 실망감만 확인했다.

"정말 불감증이 심각한 것 같습니다."

이탄희의 말에 K는 대답하지 않았다. K가 던진 "싸울 줄 모른다"는 말은 무슨 의미일까.

어차피 주인은 바뀌고 '존버' 정신으로 버텨서 출세하는 것, 높은 자리에 올라가서 자기 믿음을 실천하는 것, 그것이 결국은 승자가 되는 길이다. 내가 그렇게도 행정처로 돌아가라고 하지 않았느냐. 내 말을 따르지 않았으니 이제 정권이 바뀌어도 잘되기는 힘들 것이다. 그런 싸움의 과정을 피해버렸으니 이제 재판만 열심히 해라.

"재판만 열심히 하라"는 것은 대체 무슨 의미인가. 재판을 어떻게 보고 있는 것인가.

월요일(2월 20일) 아침 김연학 인사총괄심의관에게 문자를 보냈다. '휴가는 내두었지만 몇 시에 겸임해제 되는 것인지 알고 싶습니다.'

김연학에게서 문자가 왔다. '아직 대법원장님 결재는 안 났지만 오전 중에 결재가 날 겁니다. 겸임해제 된 것으로 생각하고 안양으로 복귀하면 됩니다.'

"지원장님. 재판부로 복귀하게 됐습니다."

하현국 지원장과 통화하고 안양지원으로 출근하니 오전 11시쯤이었다. 비슷한 시각 코트넷에는 '중복가입 탈퇴' 조치를 철회한다는 공지가 떴다. 이탄희에 대한 겸임 발령 해제와 중복가입 탈퇴 철회는 이란성 쌍둥이 같은 느낌을 줬다. 두 개 모두 사건이었다. 양승태 코트는 보이지 않는 타격을 입었다. 양승태 코트만이 아니었다. 관료사법의 공고한 성채에 균열이 가기 시작했다.

공적 가치와 조직논리의 갈림길

판사 이탄희에게도 전혀 새로운 시간대였다. 법원행정처 겸임 발령을 받은 2월 9일부터 겸임 발령이 해제된 2월 20일까지 열이틀은. 그전에는 상상도 하지 못했던 법원의 또다른 얼굴을 목격했다.

이탄희가 10년간 일했던 법원은 법정과 판사실만 존재하는 세계였다. 법정에서 검사와 피고인, 원고와 피고, 그리고 변호사들과 호흡하며 재판했다. 판사실에서 재판기록을 읽고, 누가 옳은지 고민하고, 유무죄를 판단하고, 판결문을 썼다.

이탄희가 2017년 2월 맞닥뜨린 법원은 그가 알던 법원이 아니었다. 법원행정처가 법원 위에 군림했다. 판사들을 통제하고, 뒷조사하고, 이중·삼중으로 일을 시켰다. 법원행정처장, 차장, 실·국장, 심의관들이 군대식 서열로 위계를 이루고 있었다. 그들은 '대법원장을 위하여' 충성하고 헌신했다. 판사들은 '살아남기 위해' 일했다.

양승태 시대, 법원의 두 얼굴이었다. 한쪽 얼굴은 엄숙하고 경건하지만 다른 쪽 얼굴은 전혀 다른 모습이었다. 공적 가치는 사라지고 조직논리, 그것도 대법원장 중심의 사(私)조직논리가 판치는 곳이었다. 그곳에는 법관 독립에 대한 고민도, 헌법에 대한 존중도 없었다.

법원 조직은 무엇을 위해, 왜 존재하는가. 국민의 기본권을 보장하기 위해 존재하는 것 아닌가. 법원이 국민을 위해 존재하지 않고 대법원장이나 판사들을 위해 존재한다면 그것은 중대한 약속 위반 아닌가. 공적 가치냐, 조직논리냐는 갈림길에서 이탄희는 공적 가치를 택했다.

조직논리가 가진 또 하나의 한계는 그것이 진정 조직을 위한 길이 아니라는 데 있다. 법원행정처 조직의 누구 한 사람도 이탄희의 사표에 진심을 보여주지 않았다. 오로지 사표를 철회시키기 위해 절충하고 타협하려 했다. 이탄희가 그토록 신뢰했던 선배 판사마저 싸움의 방식만 알려주려 했다. 아무도 젊은 판사의 좌절에 응답하지 않았다. 그 지점에서 우리는 '법원 조직의 실패'를 확인할 수 있다.

마지막 순간까지 '사법정책연구원이나 사법연수원으로 가라'고 했던 제안이 은폐만을 위한 것은 아닐 것이다. 박근혜 대통령 탄핵심판과 대통령선거를 거쳐 정권이 바뀌면 이탄희 같은 판사들이 행정처에 필요하다는 얘기였다. 보수 정권이 들어서면 보수 성향 판사들을, 진보 정권이 들어서면 진보 성향 판사들을 충원해 사법부의 영향력을 유지하고 이익을 도모하겠다는 것. 그것은 사법이 이미 거대한 권력이 되어 있음을 말해준다.

권력은 내부에 있어서도 권력이지만 외부에 있어서도 권력이다. 내부에는 권력이면서 외부에는 권력이 아닐 수는 없다. 한번 권력화된 사법부는 끊임없이 권력을 재생산해낸다. 대법원장부터 심의관까지 이어지는 위계질서는 판사들은 물론이고 재판마저 타락시킨다.

대법원장 한 사람의 사법철학이 판사 3천 명 모두의 사법철학이 된다. 우리는 어떤 법정에 들어가도 대법원장의 재판을 받게 된다. 판결문에 판사 ○○○의 이름이 적혀 있더라도 대법원장 △△△의 영혼이 들어간 판결이다. 헌법과 법률에 의하여 법관의 양심에 따라 독립하여 재판한다는 헌법의 정신은 무너진다. 다양한 생각과 입장이 맞부딪혀 최선의 답을 찾아가는 과정은 사라진다.

법원행정처에서 대법원장 한 사람을 위해 행정관료로 일해본 판사들은 이른바 '행정처 마인드'를 이식받는다. 윗분들 지시에 따라 문건을 작성하며 정세 분석을 해온 판사들이 과연 법률과 양심만으로 재판할 수 있을까? '행정처 심의관 스위치'를 끄고 다시 '판사 스위치'를 켜면 이전의 경험들을 '디가우징(degaussing)' 하고, 재판에 전념할 수 있을까? 행정처에서 정치적 유불리와 인사상 이익·불이익으로 세상을 바라봤던 판사들이 과연 그 시각으로부터 자유로울 수 있을까?

답은 '아니오'이다. 이제 한국사회는 법원행정처에 다녀온 판사들의 재판을 불신한다. 양승태 코트의 행정처나 대법원장 비서실에서 근무한 법관들을 '양승태 키즈(kids)'라고 부르지 않는가. 시민들은 집단지성의 무서운 직관으로 사법권력의 문제점을 꿰뚫어보고 있다.

약한 법원 이데올로기

판사들의 조직논리를 강화하는 것이 '약한 법원' 이데올로기다. 법원행정처를 거치지 않은 전·현직 판사들도 '법원은 행정부나 검찰조직에 비해 약하니 그들에 맞서려면 법원행정처 같은 기구가 필요하다'라는 생각을 갖고 있다. 일종의 필요악(必要惡)이라고 할까.

'약한 법원'이라는 고정관념은 잘못을 하고도 잘못을 인정하지 않는 이유가 되곤 한다. '약한 법원이 잘못을 인정하면 무너질 수 있다'라고 생각하는 것이다. 또 대법원장 중심으로 결집하는 빌미가 되기도 한다. 임종헌이 이탄희에게 말했던 '위해세력'이나 '와해'가 가리키는 것도 같은 맥락이다.

"사법부가 한목소리를 내야 외부의 압력으로부터 스스로를 지킬 수 있다."

그러나 '약한 법원'은 없다. 법원의 힘은 시민들이 판사들에게 보내는 신뢰에서 나온다. 법원이 가져야 할 권위는 조직체로서의 권위가 아니라 재판기관으로서의 권위다. 판사들이 재판을 공정하게, 양심적으로 한다는 믿음에서 나오는 권위다.

이 권위는 인사권자가 판사들에게 어떤 방식으로 압력을 가하더라도 단호하게 거부할 것이라는 신뢰를 바탕으로 한다. 국회에서 예산을 많이 타고 검찰과 싸워서 얻는 권위가 진짜 권위인 것처럼 착각해서는 안 된다. 법원행정처가 법원을 지키는 방파제라고 믿는 순간 판사들은 조직논리의 감옥에 갇힌다. 노웨이아웃(no way out). 빠져나갈 구멍은 없다.

3

마지막 기회 날려버린 양승태 코트

—1차 조사

조직이든, 개인이든 잘못을 할 수 있다. 잘못을 하면 그 부피와 무게에 맞는 대가를 치러야 한다. 대가를 치르면 용서할 수 없어도 받아들일 수는 있다. 대가를 얼마나 제대로 치르느냐가 중요한 이유는 그 과정에서 스스로도 변화하기 때문이다.

그러나 대개 잘못을 수습하는 과정에서 일을 크게 그르치곤 한다. 진실을 감추려고 하고, 사실이 아니라고 하고, 심지어는 조작하려고 한다. 오히려 수습하는 과정이 사태를 덧내고, 상황을 최악으로 이끈다.

판사들은 법정에 서는 자들에게 진실을 요구한다. "양심에 따라 숨김과 보탬이 없이 사실 그대로 말하고 만일 거짓말이 있으면 위증의 벌을 받기로 맹세합니다." 법정 증인석에 서는 이들은 이 선서문을 읽어야 한다. 재판은 그러한 다짐들 위에서 위태롭게 지탱되고 있다.

만일 진실을 요구해야 할 판사가 진실 의무를 지키지 않는다면 그 판사는 법정에 앉을 자격이 없다. 판사가 거짓을 말하는 순간 직업인으로서 스스로에게 사망 선고를 하는 것이다. 아무도 그를 변호할 수 없고, 변호해서도 안 된다. 판사의 진실성에 불신의 미세먼지가 낀다는 것은 그 재판을 믿을 수 없게 됨을 의미한다.

판사들로 이뤄진 법원 내부에 문제가 생겼을 때 엄정하게, 때로는 가혹하게 진실을 밝혀야 하는 것은 그래서다. 지능지수(IQ)에 따라, 감성지수(EQ)에 따라 방어논리가 있겠지만 그 논리에 넘어가는 순간 법원은 설 곳을 잃는다. 어떻게든 진실을 밝혀내겠다는 각오가 없다면 진상규명을 외부에 맡기는 편이 낫다.

이제 우리는 법원이, 그리고 판사들이 얼마나 진지하게, 제대로 진실을 밝히려 했는지 볼 것이다. 법원과 판사들은 이탄희 판사의 사직서 제출로 불거진 문제들 앞에서 어떻게 말하고 행동했을까. 그들은 모든 것을 걸고 진실을 밝히려 했을까. 아니면, 여느 사건의 당사자들처럼 숨기고, 감추고, 그저 눈앞의 진실로부터 자신을 보호하려고 했을까.

대법원을 뒤흔든 '위법지시 거부' 보도

진실은 죽지 않는다. 어떤 과정을 거쳐서라도 반드시 제 모습을 드러낸다. 이탄희 판사의 사직서 제출이 언론에 보도됐다. 제출 보름 만이었다. 2017년 3월 6일 경향신문 1면에 기사가 실렸다. 제목은 「'판사들 사법개혁 움직임 저지하라' 대법, 지시 거부한 판사 '인사 조치'」였다.

> 대법원이 일선 판사들의 사법개혁 움직임을 저지하라고 법원행정처 소속 판사를 압박하다가 해당 판사가 위법한 지시라며 거부하자 일선 법원으로 인사 조치한 사실이 밝혀졌다. 이 과정에 임종헌 법원행정처

차장 등 대법원 고위층이 직접 개입하고, 양승태 대법원장의 묵인이 있었던 것으로 전해졌다.

5일 법원에 따르면 수도권 지방법원 단독판사인 ㄱ판사는 지난달 9일 법원행정처 심의관으로 인사가 났다. ㄱ판사는 같은 달 20일자로 부임을 앞두고 임 차장 등 법원행정처 관계자로부터 '3월 25일로 예정된 판사들의 학술행사를 축소할 방안을 마련해 실행하라'는 지시를 받았다. (…)

ㄱ판사는 지난달 법원행정처에 위법한 지시에 응할 수 없다며 강력히 항의하고 사표 제출 의사를 밝혔다. 이에 대법원은 지난달 20일 출근 2시간 만에 ㄱ판사를 원래 소속인 수도권 법원으로 돌려보내는 인사를 냈다.

기사에는 이탄희의 사직서 제출과 철회 과정이 비교적 정확하게 담겨 있었다. 이 보도를 시작으로 법원 전체가 소용돌이 속으로 빠져들게 된다. '사법농단' 의혹을 본격적으로 불거지게 한 신호탄이었다.

2월 20일 이탄희의 재판부 복귀 후 이 보도가 나온 3월초까지 무슨 일이 있었을까. 행정처 겸임 발령을 받은 판사가 원래 소속 법원으로 되돌아온다는 것은 있을 수 없는 일이었다. 이 겸임해제 인사발령은 코트넷에 게시되지 않았다. 인사총괄심의관실에서 이탄희에게 이메일로 보내줬다.*

* 겸임해제 발령을 코트넷에 게시하지 않은 것을 두고 의혹이 제기됐으나 이후 진상조사위원회는 "그런 경우가 상당히 많다"고 설명했다.

이 수상한 인사를 먼저 눈치챈 이들은 당연히 안양지원 판사들이었다. 이임 기념사진 촬영까지 했던 이탄희가 안양지원으로 돌아오자 심각한 상황으로 받아들였다. 충원 인사도 이뤄진 후였다. 다시 재판부를 신설하고 법정도 배정해야 했다. 담당 실무관·참여관도 구해야 했다. 이탄희는 원래 담당했던 영장전담 대신 민사·가사 조정을 맡았다.

"어떻게 된 일입니까?"

판사들이 몇 명씩 이탄희를 찾아왔다. 이탄희는 묵묵부답이었다. 답을 듣지 못한 판사들은 고개를 갸웃거리며 돌아갔다. 시간이 흐르며 조금씩 입을 열게 됐다.

2월 20일 오전 11시쯤 이탄희의 안양지원 복귀와 거의 동시에 '중복가입 탈퇴' 조치가 철회됐다. 거짓말을 하지 않는 이상 자신의 이상한 인사와 행정처 조치가 결부돼 있다는 것을 부인하긴 어려웠다.* 복귀 소식이 알려지며 국제인권법연구회 판사들도 연락을 해오기 시작했다. 개별적으로 안양지원으로 찾아오는 판사들도 있었다.

어떤 형태로든지 정황상 연구회와 관련있다는 것을 눈치챈 것 같았다. 조금이라도 이야기를 하면 격앙되게 받아들일 수도 있다고 생각했다. 아내 오지원은 "계속해서 아무 이야기도 안 하고 있을 순 없지 않느냐" "사람들과 인간관계를 다 끊을 수도 없으니 어떤 형식으로든 이야기를 해줘야 하지 않겠느냐"라고 했다.

---

* 임종헌 차장은 2월 20일 오전 대법원장과 법원행정처장에게서 중복가입 탈퇴 조치의 철회와 이탄희 판사 겸임해제를 한꺼번에 결재받은 것으로 추정된다.

이탄희의 집에 연구회 판사 몇 명이 찾아왔다. 자초지종을 모두 말하지는 않았다. 연구회와 관련해서 문제가 있었다는 취지로 이야기했다. 그리고 "상세히 밝히기에는 아직 예민한 시점인 것 같다"고 덧붙였다.

언제라도 터질 수 있는 시한폭탄이었다. 포털사이트 다음(Daum)에 개설된 판사들의 까페 '이판사판야단법석'의 익명게시판에 판사 사직 철회 이야기가 오르내리기도 했다.

국제인권법연구회 판사들은 면밀하게 대응책을 고심하고 있었다. 간사였던 김형연 부장은 상황을 조금 일찍 파악하고 있었다. 김형연이 고참 회원 몇몇과 상의해 내린 결론은 3월 25일 공동학술대회가 끝난 후 공개하겠다는 것이었다. 이탄희도 그렇게 빨리 언론에 보도되리라고는 생각하지 못했다.

3월 6일(월) 아침 6, 7시쯤이었다. 이탄희에게 경향신문 기사를 링크한 카톡이 왔다. K 부장판사였다. 안양지원 복귀 후 아무 접촉이 없던 그가 연락을 해온 것이다. 곧이어 전화가 왔다. K 부장이었다.

"공보관이 알려줘서 이 판사에게 보낸 거야."

기사 내용을 훑어본 이탄희는 "이건 오보예요"라고 소리를 질렀다.* 1면 기사 내용 중 '대법원은 출근 2시간 만에 ㄱ판사를 원래 소속 법원으로 돌려보냈다'는 부분이 사실과 다르다는 것이었다.** 관련 기사에는

---

* 당시 이탄희와 K의 통화 내용을 옆에서 들은 오지원은 이탄희가 "오보"라고 하자 '전체적으로는 오보가 아닌데 왜 오보라고 말하지?' 하고 의아하게 생각했다고 한다.

** 법원행정처 발령날짜였던 2월 20일 당일 이탄희는 행정처에 출근하지 않고 바로 안양지원으로 출근했다.

이탄희가 모르는 내용도 있었다.

> 법조계 관계자는 "임 차장 등이 ㄱ판사에게 일종의 로드맵을 제시하면서 장기적으로 학회의 와해를 지시한 것으로 안다"고 전했다. 이어 그는 "ㄱ판사가 '사법부에도 블랙리스트가 있다는 소리를 들을 수 있다' '이런 일을 하면 형사범죄에 해당한다'며 강력히 항의한 것으로 안다"고 덧붙였다.[1]

이탄희는 '로드맵'이라는 용어를 들어본 적도, 그런 말을 한 적도 없었다. 나중에 대법원 진상 조사 과정에서 '로드맵' 문건이 실제로 나왔다. 과연 누가 언론에 제보했을까. 이후에도 자신이 제보했다고 나서는 사람은 없었다.

그날 아침 통화에서 K는 이탄희에게 언론 대응 요령을 자세하게 설명했다.

"공보관이 대응을 할 텐데 이 판사 본인한테 사실 확인을 요청하는 기자들이 엄청나게 많을 거야. 부인 사무실로도 찾아가고 부인에게 전화할 수도 있고. 그러니까 부인 입단속 시키고, 이 판사 당신은 주차장에서 법원 안으로 들어갈 때 빠른 속도로 고개를 숙이고 걸어가고, 판사실 문을 잠가버려. 안 그러면 '뻗치기'라고 해서 기자들이 판사실 앞에서 기다릴 수도 있고, 문을 닫을 때 발을 집어넣어서 못 닫게 한 다음에 판사실에 들어올 수도 있어."

이탄희는 '뻗치기'라는 용어를 K에게서 그날 처음 들었다.

행정처에서는 이탄희에게 연락을 해오지 않았다. 경향신문 보도 당일은 물론이고 다음 날에도 전화 한 통 걸어오지 않았다. 휴대전화로든, 판사실로든. 대법원의 부당한 지시를 거부하다 판사가 인사 조치됐다는 보도 아닌가. 최소한의 사실 확인이라도 하는 것이 정상이었다. 행정처 담당 부서들이 기본적으로 해야 할 기능을 하지 않고 있었다.

신기한 것은 행정처가 이탄희에게 물어보지도 않은 상태에서 '오보 대응'을 했다는 사실이었다. 대법원 측은 "이탄희 판사가 지인에게 오보라고 했다"고 기자들에게 말했다. "해당 판사가 행정처 부임 후 두 시간 만에 소속 법원으로 원대복귀 조치되었다는 것도 사실과 다르고 법원행정처에 부임한 바 없다. 부당한 지시를 한 바도 없다. 업무 인수인계를 하는 워크숍에도 나오지 않았고, 그의 얼굴을 본 사람이 없다."[2]

이 말을 전해들은 이탄희는 K를 떠올릴 수밖에 없었다. 당시 이탄희와 접촉하고 그의 이야기를 들은 사람은 K 말고는 없었다. 그런데 K가 그날 점심 때 판사들을 만나 했다는 이야기가 들려왔다.

'이탄희 인사가 그렇게 난 것은 사생활과 관련된 문제 때문이다. 인사 사유가 드러나면 이탄희에게 굉장히 불명예가 된다.'

판사 여러 명이 이탄희에게 "사실이냐"고 물었다. '이건 또 무슨 상황이지?' 이탄희는 황당한 느낌이었다. 그는 다음 날(3월 7일) 오전 K와 통화를 했다. 이탄희가 "왜 저에 대해서 이상한 얘기를 하고 다니시냐"라고 항의했다. K는 허허 웃으며 말했다.

"내가 말한 게 아니다. 공보관이 그런 것이다."

법관사회의 여론은 대부분 서울·수도권에서 형성된다. 있지도 않은 사생활 이야기가 퍼지면 상황이 왜곡될 가능성이 커진다. '인사 논란이 커질수록 이탄희에게 불이익이 될 수 있으니 이탄희를 아낀다면 오히려 조용히 있어야 한다'는 메시지가 될 수 있었다.

법원행정처의 '오보 대응' 어떻게 나왔나

그날(3월 7일) 오후 5시 넘어서였다. 고영한 법원행정처장의 공지문이 코트넷에 올라왔다. '최근의 언론 보도에 관하여 법관들께 드리는 말씀'이라는 제목이었다.

> 먼저 법원행정처는 해당 판사에게 연구회 활동과 관련하여 어떠한 지시를 한 적이 없습니다. 그리고 해당 판사에 대한 겸임해제 인사발령은 해당 판사가 법원행정처 근무를 희망하지 아니하였고 (…) 해당 판사의 의사를 존중하여 이루어진 것입니다. 구체적인 불희망 사유는 개인의 인사 문제로서 본인이 공개되기를 원하지 아니하므로 언급할 수 없음을 양해하여주시기 바랍니다. 일부 언론 보도는 당사자 확인절차 없이 이루어진 보도이며, 앞으로 근거 없는 의혹 제기는 자제되기를 기대합니다.

이 글을 읽은 이탄희는 분노했다. 이건 또 어떻게 된 것인가.*

* 진상조사위원회 조사보고서에 따르면 법원행정처 측은 '인사심의관 등이 이탄희 판사 측

'판사가 근무를 희망하지 않았다. 개인의 인사 문제다. 본인이 공개되길 원하지 않는다.'

"어떤 부분이 틀렸느냐"고 묻는다면 답을 하기 어려웠다. 동시에 이탄희에게 사적으로 뭔가 불명예스러운 사정이 있는 것처럼 생각하게 만드는 글이었다.

조직논리는 무섭다. 조직을 위해 개인이 희생되는 것은 너무도 당연한 일이다. 조직만 무사할 수 있다면 한 사람의 명예나 인격쯤은 한입에 집어삼킨다. 어느 조직에서나 내부 고발자가 나타나면 바로 공격이 시작된다. 사생활이나 인성에 대한 공격이다. 문제 삼을 것이 없으면 만들어서라도 공격한다.

조직에서 어떤 사건이 일어났을 때도 마찬가지다. 피해자는 대개 상급자가 아닌 하급자다. 피해자에게 인격적 모멸감을 주고 사회적 고립감을 준다. 조직에서 배겨날 수 없게 한다. 조직마다 같은 '사고 대응 매뉴얼'이 비치돼 있나 싶을 정도다.

경향신문 보도 후 기사 문제로 이탄희와 접촉한 사람은 K뿐이었다. 이탄희는 그가 중간에서 역할을 하고 있다고 볼 수밖에 없었다. 어떻게 보면 K 입장에서는 확신이 있었을 수도 있다.

'네가 만약에 여기서 행정처 전체와 적대적인 관계가 되면 네가 살아날 방법이 없다.'

에 해명글을 게시할 예정이라는 사실을 알리면서 이 판사와의 사전 연락을 희망했으나, 게시 전에 연락이 닿지 않아 정식 확인 없이 해명 글을 게시했다'고 설명했다. 그러나 이탄희는 물론 아내 오지원도 '해명글 게시 예정'에 관해 어떤 사전 연락도 받지 못했다.

이른바 '튀는 판사'로 낙인찍힌 판사들의 운명을 보면 K의 사고방식이 읽힌다. 그 판사들은 법원 안에서 쌓아온 평판이나 사회적 명예를 잃었다. K의 눈에 이탄희는 '싸울 줄 모르는' 사람이었다. 싸울 줄 모르면 이길 수가 없다. 이길 수 없다면 어떻게든 싸움을 피해야 한다. 싸움을 피하는 과정에서 비굴해지더라도 싸움에서 지는 것보다는 낫다. 이렇게 생각하지 않았을까.

이탄희의 사직 철회 보도가 나왔을 때 대법원·법원행정처에는 두 가지 선택지가 있었다. 사실을 인정하고 책임을 질 것인가. 사실이 아니라고 부인하고 책임을 피할 것인가.

대법원·법원행정처가 택한 것은 '오보 대응'이었다. 법원행정처장 명의로 "근거 없는 의혹 제기"라고 부인했다. 오래전 유행가 가사처럼 '왜 슬픈 예감은 틀린 적이 없는' 것일까.

조직논리의 맹점은 언론 보도에 대한 대응에서도 발견된다. 보도가 사실임은 당시 임종헌 차장은 물론이고 상당수 행정처 간부·심의관들이 알고 있었다. 양승태 대법원장과 고영한 법원행정처장도 모르지는 않았을 것이다.

하지만 누구도 그 사실을 인정하지 않았다. 아니, 인정할 수가 없었다. 모두가 공범인 상황이었다. 누구 한 사람이라도 인정하면 모두가 도미노처럼 무너진다. 함께 보도를 부인하면 없던 일로 만들 수 있다고 믿은 것일까.

또 하나, '밀리면 안 된다'는 집단최면에 빠졌을 것이다. 한번 밀리면 끝까지 밀린다. 일단 버티고 대책을 강구해보자. 이대로 무너질 수는 없다. 우리가 무너지면 법원이 무너진다. 그렇게 잘못을 부인하면 그다음엔 끝까지 부인하고 버티는 수밖에 없다. 증거물이 나오기 전까지는.

이탄희를 접촉하지 않은 것은 어떻게 이해해야 할까. 이후의 진상 조사에서 드러났듯 당시 법원행정처의 핵심 간부와 심의관들은 국제인권법연구회 대응과 '중복가입 탈퇴' 조치에 관여돼 있었다. 행정처 공식 라인에서 이탄희에게 물었다가 "사실"이라는 말을 듣는 순간 그 상황을 감당할 수 없다고 판단했을 가능성이 크다. 이탄희에게 직접 연락하는 것 자체를 두려워했을 수도 있다. 무슨 말이 나올지 몰랐을 테니.

사실을 객관적으로 판단해야 하는 법관들이 결국 '오보 대응'이라는 최악의 선택을 했다. 그들 중 누구도 "이탄희 판사 보도는 사실"이라고 밝히고 나서지 않았다. 모두가 침묵했다. 사실 판단을 하는 직업인으로서도 낙제점이었다. 그런 사람들에게 시민들은 재판을 받았고, 지금도 받고 있다.

이탄희, 판사들 앞에 서다

이탄희로서는 가만히 있을 수 없게 됐다. 2017년 2월 이탄희가 낸 사직서는 엄밀히 말하면, 저항이었다. 내부 고발이나 폭로가 아니었다. '좋은 판사로 남겠다'는 의지의 표현이었다. 이후에도 언론 접촉을 피하면서 침묵을 지킨 것은 문제가 법원 내부에서 해결되기를 바랐기 때문이었다.

이제 법원행정처가 허위 내용을 발표한 상황이었다. 거짓을 사실인 양 유통시키는 것을 방관할 수는 없었다. 이탄희는 다음 날인 3월 8일 오후 '존경하는 모든 판사님들께'라는 제목으로 글을 올렸다.

최근의 언론 기사와 처장님의 공지말씀에 언급된 판사가 저라는 사실을 이미 많은 판사들이 알고 계신 것 같습니다. 저의 인사발령 등에 대한 기사들은 모두 저의 의사와 무관하게 보도된 것이고, 또 법원행정처도 저에게 제 관련 부분의 경위가 공개되는 것을 원하지 않는지 정식으로 확인을 한 사실이 없습니다.

어찌 되었건 의혹들이 계속 제기되는 상황에서 제가 그냥 침묵만 하는 것이 진실을 알고 싶어 하시는 많은 판사님들께 누를 끼치는 것임을 알게 되었습니다. 제가 경험한 부분에 대하여는 어떤 방식으로 말씀드리는 것이 옳은지 고심하고 있습니다.

당장 말씀드리지 못해 정말 죄송합니다. 문자와 메일로 격려해주신 여러 부장님들과 선후배 판사님들께도 송구합니다. 저로서도 처음 겪는 상황이라 판사님들이 보시기에 많이 미흡할 것으로 생각됩니다. 오직 판사님들의 따뜻한 이해를 청해볼 뿐입니다.

—판사 이탄희 올림

기사가 자신의 뜻과 관련 없이 보도됐다. 행정처 차원의 확인 과정도 없었다. 계속 침묵만 지키고 있진 않겠다. 이탄희의 입장엔 흔들림이 없었다. 이탄희는 글 게시 기한을 한 달로 설정했다. 자신의 글에 댓글을 단 판사들에게 피해를 주고 싶지 않았다. 240여 명의 판사들이 댓글을 통해 지지와 위로의 뜻을 나타냈다.

'감사합니다. 응원합니다.' '어떤 선택을 하시더라도 지지하겠습니다.' '힘내십시오.' '부끄럽습니다.' '동료법관으로서 안타깝고 가슴 아픕니다.' '세월호사건 이후 처음으로 사무실에서 웁니다.'

베스트셀러 작가인 문유석 부장판사는 댓글을 두 번 남겼다. '외롭지 않을 것입니다.' '어제 저- 밑에 외롭지 않을 거라고 썼었는데, 외롭기는커녕… 이제 슬슬 좀 부럽기 시작할 지경입니다^^'

행정처 심의관을 거쳤던 판사들도 이탄희에게 지지 메일을 보냈다.

> 우스운 얘기가 될 수도 있지만, 만일 사표를 낸 판사가 이탄희가 아니었다면 많이 달랐을 거예요. 이탄희는 에이스 중의 에이스였거든요. 재판 잘한다는 소문도 났지만 행정처 TF 일도 많이 했어요. 그것도 굉장히 열성적으로 하면서, 샤프하고, 예의 바르고… 그러니까 다들 인정했죠. 장래가 촉망되는 젊은 판사였어요. 평판이 좋았던, 아니 굉장히 좋았던 판사가 무슨 부당한 지시를 받고 사표를 썼다는 것만으로, 그걸로 게임 끝이었던 거죠. (지방법원 부장판사)

판사들의 엘리트 의식이 낳은 법원 특유의 '평판 문화'가 긍정적인 방향으로 작용했다고 해야 할까. 그즈음 행정처 내부에서는 임종헌 차장에 대한 불만이 터져 나왔다.

이탄희 판사 보도가 나온 직후에 행정처 심의관들을 본 적이 있어요. 분위기가 심상치 않았습니다. 행정처가 잘못한 게 맞다, 모두 깨서 다 보여줘야 한다, 잘못한 거 다 공개해야 한다, 이런 얘기들이 나왔어요. 임종헌 차장에 대한 심의관들의 불만이 엄청났죠. 심의관들 얘기를 들어보니까 임 차장 자신이 권력이 돼 있더라고요. 본인이 다 알고 있어야 하고, 본인이 하려는 건 다 해야 하고, 밑에 있는 사람들은 시키는 대로 일사분란하게 움직여야 하고, 사법부를 위한 일이니까 무리가 있더라도 해내야 하고… (고등법원 판사)

코트넷에 글을 올린 그날 저녁 이탄희는 안양지원 판사들과 폭음을 했다. 단독판사 10여 명 대부분이 참석했다. 판사들은 이탄희에게 술을 권하며 격려했다. "이 판사가 꼭 이겼으면 좋겠습니다." 이탄희는 판사들의 지지에 눈시울을 붉혔다.

"저를 사건이 아니라 사람으로 봐줘서 정말 고맙습니다."

판사들은 모든 것을 사건으로 본다. 늘 법정에서 사건을 다루다보니 그렇게 보는 데 익숙해 있다. 반면 판사 자신은 어떠한 분쟁이나 사회적 갈등에도 당사자가 돼선 안 된다고 여긴다. 이탄희는 자신의 일도 주장과 주장이 부딪치는 형태의 갈등이 되는 순간 판사들로부터 경원시*될 거라고 생각했다. 그 점이 걱정되고 불안했다. 그날 자신을 따뜻하게

* '경원시(敬遠視)'는 판사들 사이에서 '부각된 사람을 나로부터 멀리 밀어낸다'라는 의미로 자주 쓰인다.

받아들여주는 판사들의 모습에 그동안 엉켰던 마음이 풀리는 듯했다.

그날 밤늦게 귀가했다. 이탄희는 달리는 택시 안에서 K 부장에게 전화를 했다. 취기 때문인지 서운함을 말하고 싶었다. K는 이탄희의 코트넷 글에 대해 잘했다고 했다.

"글을 잘 썼어. 이 판사가 글을 써서 오히려 지금 해결이 됐어. 내일 차장님이 잘못한 부분에 대해서만 이야기를 해."

기자회견을 하라는 것인지, 입장문을 내라는 것인지 형식은 말하지 않았다. "차장님 잘못한 부분만 이야기하라"라는 말에 대답도 하지 않고 전화를 끊어버렸다. 이탄희의 특성이었다. 특히 K 부장을 대할 때는 거칠게 이야기하지 못했다. 진심으로 따랐던 '부장님'이어서 순종적인 태도를 바꾸기 어려웠다.

임종헌 차장 부분만 이야기하라는 말에 사실 화를 냈어야 했다. 그런데 아무 대답도, 항의도 하지 못하고 끊었다. 이탄희는 자신이 계속 그런 식으로 끌려갈지 모른다는 생각이 들었다.

'K 부장 전화가 오면 내가 계속 안 받을 수 있을까?'

K와 연락을 끊어야겠다고 마음먹었다. 다음 날(3월 9일) 이탄희는 K에게 문자를 보냈다.

'부장님께서 판사들 앞에서 제 입장이라는 취지로 말씀하신 것은 잘못된 일입니다. 더이상 이 일과 관련해서는 말씀 주지 않았으면 좋겠습니다.'

답 문자가 왔다.

'다른 판사님들이 제가 뭐라고 얘기했다고 전했는지 모르겠는데요.

어떻게 그 말을 그대로 믿으시나요? 그런 전문 진술* 만에 의하여 저의 행동을 판단하고 결론을 내다니요?'

이탄희가 다시 '모든 일이 마무리되면 다시 인사드리겠다'고 하자 K는 카톡을 보내왔다.

> 법원, 선배들, 후배들 모두가 다 힘들어하고 있습니다. (언론은 팩트를 과장하여 법원 내부의 싸움과 혼란을 부추기고 있고요.) 지금처럼 상황이 진행되면 법원 구성원들 모두 공멸의 길을 걷게 될 겁니다. (이건 이 판사님의 의도나 희망과는 아무 관계가 없어요. 지금까지 진행된 상황도 이 판사님이 의도한 것은 아니잖아요. 언론과 정치권만 좋아할 겁니다.) 이 판사님이 신속히 의견을 표명하여야 합니다. (모두가 기다리고 있어요. 다른 판사님들을 더이상 혼란스럽게 만드는 것은 정말 미안한 일이 되는 겁니다.) 판사님들과 법원행정처에 피해가 최소화되는 길을 찾아주시면 감사하겠습니다.

이탄희는 K와 전화는 물론이고 카카오톡까지 모든 통로를 차단했다. 이후 한 번도 연락하지 않았다. 사직서를 내고 가장 먼저 전화했을 만큼 좋아했던 선배였다.

가슴이 아팠다. 좋은 감정만 가지려고 애를 쓰는 건 장점이자 단점이

* 전문(傳聞) 진술은 다른 사람으로부터 전해 들은 경험 사실을 법정에서 진술하는 것을 말한다.

었다. 화가 나도 미움을 갖지 않으려고 노력했다. 어렸을 때 그렇게 훈련이 된 것 같았다. 사실 미움은 감정이니까 옳고 그른 게 없다. 정당하지 않은 이유로도 미워할 수 있다. 그냥 미워하면 되는데 K에 대해 그런 감정을 갖지 않으려고 노력하다보니 더 힘들었다. 차단하는 것밖에는 생각이 나지 않았다.

그래서일까. K와의 마지막은 더 큰 상처로 남았다. '우리 서로 적대적으로 갑시다' 이렇게 화를 내면서 정리하지도 않고, 자신이 대화에서 빠져나오는 방식으로 결말을 지었다는 것이 더 아프고 쓰렸다.

한국적 사건처리 방식 '꼬리 자르기'

"신속히 의견을 표명하라." 언론 보도가 나온 뒤 조기에 사태를 마무리 지으려는 대법원 차원의 판단이 있었던 것일까. 법원을 걱정하는 개인적 판단일까. 이후 전개된 상황을 보면 임종헌 차장이 사퇴하고, 이규진 상임위원의 잘못에서 모든 문제가 비롯된 것으로 정리된다.

한국의 유구한 전통인가. 중간 책임자는 도의적인 책임을 지고, 실무자는 법적인 책임을 진다. 그것으로 모든 사태는 종료된다. 책임을 진 누군가는 동료·후배들로부터 박수를 받는다. '참된 용기를 보여줬다.' '그가 우리를 위해 희생했다.' '엉뚱한 일로 억울하게 당했다.'

데자뷔(기시감)라는 말도 식상할 지경이다. 어쩌면 그리도 동어반복적인지. 우리는 이런 상황을 '꼬리 자르기'라고 부른다. 꼬리 자르기의 목표는 명확하다. 조직의 문제를 개인의 문제로 치환하는 것이다. 물론 사람의 책임도 크다. 시스템도 문제고, 사람도 문제다. 둘 다 책임을 묻고 바꿔야 하는데, 꼬리 자르기는 오로지 사람, 그것도 일부 조직원의 문제로만 몰고간다.

조직과 조직을 이끄는 자가 책임져야 할 일을 한두 사람이 '주도한' 일, 혹은 한두 사람이 '막지 못해서 일어난' 일로 바꿔치기한다. 그리하여 시스템을 개혁할 문제가 '몇 사람 그만두면 되는' 문제로 축소된다.

검찰을 보자. 스폰서 의혹처럼 조직을 뒤흔드는 이슈가 터질 때마다 '뼈를 깎는 반성'과 '특단의 대책'이 나온다. 따져보면 몇 사람 구속하거나 그만두는 것으로 끝난다. 조직이 감당하기 힘든 사건이 터지면 검찰총장이 책임지고 물러나기도 한다. 퇴임식을 갖고 대검찰청 청사를 떠나는 그를 향해 후배 검사들은 아낌없는 박수를 보낸다. 그가 조직을 구했다고. 총장도 꼬리다. 조금 더 긴 꼬리.

꼬리는 잘라도 다시 자란다. 누군가 책임을 지고 사라져도 또다른 사람이 그 캐릭터를 연기한다. 몸통이 바뀌지 않는 한 달라지는 것은 없다. 임종헌이 법원에서 사라져도 법원행정처를 개혁하지 않는 한 제2, 제3의 임종헌은 계속해서 나타난다.

그 이유는 임종헌 한 사람이 시스템을 구축한 게 아니기 때문이다. '관료사법'의 정신적 지주였던 대법원장, 문제를 알면서도 침묵하고 따랐던 법원행정처 실·국장과 심의관들, 행정처의 간섭에서 판사들을 지켜주지 못한 법원장들, 아무 생각 없이 행정처 한마디에 움찔했던 일선 판사들이 있었다. 그들이 있었기에 시스템이 작동할 수 있었고, 임종헌이 활약할 수 있었다.

'꼬리 자르기'의 논리는 지금도 되풀이되고 있다.

"뭐 그렇게 큰일이었다고 법원이 이렇게까지 쑥대밭이 돼야 하느냐."

"몇 사람 문제로 법원이 무너지면 국민들에게 무엇이 좋겠느냐."

"임종헌 한 사람 때문에 생긴 일"이라고, "이규진의 말 실수가 빚은 사태"라고 안타까워한다. 조직을 생각하는, 그 '갸륵한' 마음이 결국에는 조직을 망친다.

"진상을 규명하라" 판사들의 외침

코트넷에 이탄희의 글이 오르면서 판사들의 진상규명 목소리가 힘을 얻기 시작했다. 국제인권법연구회 김형연 간사는 진상규명 기구 구성을 요구했다. '법원행정처장의 공지에도 법원 안팎의 의혹은 사그라지지 않고 피땀 흘려 이룩한 법원의 신뢰가 더 방치할 수 없을 정도로 땅에 떨어지고 있다.' 불과 몇 시간 만에 130명 넘는 판사들이 참여했다. 국회 국정조사와 특별검사 도입을 요구하는 판사도 있었다.

'판사 뒷조사 파일.' 그 얘기가 판사들에게 가장 반향이 있었어요. 어, 진짜 블랙리스트가 있네! 판사들은 오랫동안 의심을 해왔거든요. 코트넷에 비판 글 올렸던 누구누구는 형사재판을 절대 안 맡긴다, 행정처 갔다 온 누구누구는 영장전담을 시킨다, 이런 말들이 공공연하게 유통되고 있었으니까요. 안 그래도 판사들 성향 분석해서 인사를 하고 사무분담 한다는 소문이 파다하게 퍼져 있었는데, 실제로 있다고 하니까 행정처 컴퓨터를 열어보자고 나선 거죠. 정기인사 때마다 이상한 인사이동들이 없었다면 '설마 법원에서 판사들 뒷조사했겠어?' 하고 넘어갔을 거예요. (고등법원 판사)

서울동부지법·서울서부지법·인천지법… '판사회의 소집' 요구가 터져 나오기 시작했다. 판사회의는 과거 법원에 큰 이슈가 있을 때마다 중요한 전환점을 만들어내곤 했다. 민주사회를 위한 변호사 모임과 대한법학교수회도 성명을 내고 진상규명을 촉구했다.

사태의 분수령은 3월 9일 전국법원장간담회였다. 이탄희가 임효량 심의관과 함께 준비했던 그 행사였다. 대통령 탄핵 등 외부 여건을 이유로 서초동 대법원에서 열렸다. 당초 계획된 토의 주제는 '사법행정위원회 활성화 방안'과 '충실한 사실심을 위한 선택과 집중'이었다.

판사들 요구가 봇물처럼 터져나왔기 때문일까. 간담회를 주재한 고영한 법원행정처장은 이탄희 판사 사건을 먼저 논의하자고 했다. 고영한 처장은 사건 전개 과정을 시간순으로 설명한 뒤 이렇게 말했다.

"이 판사가 팩트를 밝히거나 이 판사를 상대로 조사를 진행한 바가 없기 때문에 진상을 파악하지 못하고 있다."

법원장들은 매우 심각한 상황이라고 지적했다. 이탄희와 근무한 경험이 있는 법원장들은 "이 판사가 개인적인 사정으로 사표를 내지는 않았을 것"이라고 했다.

법원장 간담회에서 가장 큰 주목을 받은 사람은 김명수 춘천지법원장이었다. 그는 행정처를 강도 높게 비판했다. 김 원장은 "최근 이삼일 사이의 일에 경악하고 있다"며 "행정처장께서 대법원장께 건의해 차장 보직을 사법행정권을 행사하지 않는 곳으로 변경해주시길 희망한다"고 했다. 임종헌 차장의 직무배제를 요청한 것이다.

조사를 진행할 위원회를 구성하자는 쪽으로 가닥이 잡혔다. 다만 위원장을 누구로 하느냐를 놓고 논란이 있었다. 다수의 법원장들이 "전직 또는 현직 대법관 중에서 대법원장이 정하면 된다"고 했다. 김명수 원장 등은 "전직 대법관 중에서 믿을 만한 분이어야 한다"고 주장했다.

"양승태 대법원장과 큰 인연이 없는 전직 대법관 가운데 판사들의 신뢰를 얻고 있고 행정처와 연관 없는 분이 적절하다. 조사범위도 이번 사태로만 한정할 것이 아니라 법관 독립을 해하는 사례가 있는지, 사법 행정권 남용 사례는 없는지 조사해야 한다."*

같은 날 오후 7시쯤 고영한 행정처장은 코트넷에 '최근의 현안에 관한 법원장 간담회 논의 결과'라는 제목으로 공지문을 띄웠다.

> 전국 법원장님들께서는 이 문제의 중대성과 심각성에 대하여 인식을 같이하고, 아울러 공정 명확하고 신속한 해결이 필요하다는 공감대를 이루었습니다. 이를 위해 누구나 납득할 수 있는 객관적이고 중립적인 조사기구를 구성하여, 제기되고 있는 의혹과 문제점을 조사하자는 데 의견을 모았습니다. 이에 따라 그동안 법관 여러분이 보여주신 여러 의견을 반영한 공정하고 객관적인 조사기구를 구성하여 신속한 조사가 이루어지도록 하겠습니다.

당시 이탄희는 자신이 사직서 제출·철회 과정에서 겪은 일들을 코트넷에 띄울지 고심하고 있었다. 국회에서 출석 요구를 하면 증언하는 방법도 염두에 두고 있었다. 하지만 대법원 차원의 진상규명 결정이 나오

* 「"판사 블랙리스트 다시 살펴보겠다"」, 동아일보 2017.9.13. 해당 보도는 9월 12일 김명수 후보자 인사청문회에서 김 후보자의 3월 9일 전국법원장간담회 발언이 논란이 됐다면서 문건 「전국법원장간담회 결과 보고」의 내용을 전했다.

면서 별도로 발언할 필요가 없어졌다. 대법원의 진상규명 작업이 진행되면 당연히 진실이 밝혀지리라 믿었다.

잇단 판사회의 속 임종헌 퇴장하다

2017년 3월 당시 법원 밖도 비상 상황이었다. 경향신문 첫 보도가 나왔던 3월 6일 오후 박영수 특별수사팀은 '최순실 국정농단' 수사 결과를 발표했다.

"박근혜 대통령이 최씨와 공모해 삼성그룹으로부터 430억 원대의 뇌물을 받은 혐의를 확인했다."[3]

나흘 뒤인 같은 달 10일 헌법재판소는 박 대통령 탄핵심판 선고공판을 열었다. 결과는 재판관 8명 전원일치의 '대통령 파면' 결정이었다. 선고와 동시에 직무정지 상태의 박 대통령은 대통령직에서 내려왔다.

같은 달 15일 황교안 대통령 권한대행은 대통령 선거일을 5월 9일로 공고했다. 한국사회 전체가 조기 대선의 열풍 속으로 들어갔다. 선거 초반부터 제1야당인 더불어민주당 문재인 후보의 당선이 유력시됐다.

이러한 상황은 판사들의 진상규명 요구에도 영향을 미쳤다. 만약 같은 일이 이명박정부나 박근혜정부 초기에 일어났다면 판사들의 요구가 세차게 일어날 수 있었을까?* 정권교체기라는 여건이 판사들을 한

---

* 이명박정부 2년차인 2009년 3월 불거졌던 신영철 대법관 '재판 관여' 사태 당시 각 법원에

발 더 나아가게 한 것 아닐까? 양승태 코트도 강하게 제지할 통제력을 상실한 것 아닐까?*

일선 법원 판사들은 진상규명 방법에 관한 제안들을 쏟아냈다. 행정처가 컴퓨터 파일 등 핵심 증거를 폐기할 수 있다는 우려와 함께 관련 서버를 확보해놓아야 한다는 주장이 나왔다. "이번 사건과 관련된 전산자료를 즉시 동결해야 한다"는 건의가 코트넷에 올라왔다.

'즉시 현재 기준으로 컴퓨터와 서버 등의 전자정보를 동결해 이후 판사회의 대표가 다수를 차지한 공정한 진상조사위원회의 의혹 없는 조사가 가능하도록 자료를 확보해달라.'

컴퓨터 등에 대한 물적 조사**는 이후 대법원 조사 과정에서 끊임없이 쟁점이 됐다.

같은 달 13일 양승태 대법원장은 두 개의 가시적 조치를 했다. 우선, 임종헌 차장을 직무에서 배제하고 대기발령했다. 다른 하나는 사법연수원 석좌교수로 있던 이인복 전 대법관을 진상조사위원장으로 위촉한 것이었다.

임 차장 직무 배제는 이 전 대법관이 요구한 것이었다. 하지 않은 걸

서 판사회의가 잇달아 열렸으나 결국 대법원장이 신 대법관을 경고하는 선에서 마무리됐다.

* 양승태 코트의 법원행정처는 박근혜정부 청와대와 긴밀한 관계를 유지했다. 행정처는 검찰의 '최순실 게이트' 수사가 시작되던 2016년 11월 「VIP 관련 직권남용죄 법리 모음」이라는 제목의 237면짜리 문건을 만들었다. 대법원 재판연구관 검토보고서 등을 토대로 당시 박상언 기획조정심의관이 작성한 이 문건은 청와대 법무비서관실에 전달됐다.

** 컴퓨터 등 증거물에 대한 조사를 '물적(物的) 조사'라고 말한다. 사람을 상대로 하는 조사는 '인적(人的) 조사'라고 한다.

까. 못한 걸까. 양 대법원장도, 고영한 법원행정처장도 임종헌에 대한 조치를 미적거리고 있었다. 이인복이 임종헌을 법원행정처장실로 불렀다. "임 차장이 그 자리에 그대로 있으면 내가 제대로 조사하기 어렵다." 임종헌은 "알겠다"라며 고개를 끄떡였다.

이인복은 코트넷에 올린 글을 통해 자신의 다짐을 밝혔다.

"일련의 사태로 법관들이 큰 충격을 받았을 것으로 생각한다. 법원이 더이상 상처를 입어서는 안 되겠다는 생각에 중책을 맡았다."

그는 "오는 17일까지 중립적이고 객관적인 관점에서 진상조사에 참여할 적임자를 추천해 달라"고 했다.

같은 날 서울동부지법, 서울서부지법, 춘천지법, 인천지법을 시작으로 판사회의가 잇달았다. 판사들은 "연구회 중복가입 강제 탈퇴 조치, 이탄희 심의관 발령 해제, 고영한 처장의 언론 보도 해명 경위를 철저히 조사하라"라고 요구했다. 판사회의가 열린 것은 2012년 서기호 판사 재임용 탈락 이후 5년 만이었다.

전주지법 군산지원 차성안 판사는 코트넷을 통해 진상조사위 후보자 선출을 제안했다. "18개 지방법원과 5개 고등법원 등 30개 법원에서 전체 판사회의를 통해 각 1명의 대표를 뽑아달라."[4] 서울서부지법을 시작으로 각 법원 판사회의에서 조사위원을 추천했다.

일부에선 이인복 진상조사위원장 위촉에 불만을 제기했다. "'15일까지 판사회의 등 일선 의견을 수렴해 위원장을 위촉하자'는 의견을 받아들이겠다던 대법원이 입장을 번복했다." 일부 판사들은 "이인복 전 대법관이 양승태 대법원장, 고영한 처장 등과 오랜 기간 함께 근무했다"

라고 우려했다.

당시 국제인권법연구회 간사인 김형연 부장 등이 이인복 전 대법관을 만났다.

> 김형연 부장과 몇 사람이 진상조사위원회가 정식 활동하기 전에 이인복 대법관과 식사를 함께했다고 합니다. 위원장으로서 어떤 태도를 갖고 있는지 듣고 싶었던 거 같아요. 김 부장이 이렇게 말했대요. "대법관님은 지금 작두 칼날 위에 서 계신 겁니다. 삐끗 잘못하면 발을 베이십니다. 이 사건과 관련해서 대법원장님을 조사하실 수 있으시겠습니까?" 이인복 대법관이 "내 명예를 걸고 최선을 다하겠다"라고 말하긴 했는데, 표정을 보니까 쉽지 않겠구나, 하는 생각이 들었다고 합니다. (지방법원 부장판사)

전직 대법관들 사이에서도 "양승태 대법원장에게서 위촉받은 이상 양 대법원장 뜻에 어긋나는 결과를 내놓을 수 있겠느냐"라는 말이 나왔다. 양 대법원장이 자신에게 상처를 입힐 사람을 위촉하진 않았을 것이라는 이야기였다.

그럼에도 많은 판사들은 이인복에게 기대를 걸고 있었다. 행정처를 거치지 않고 재판만 한 경력이 주목받았고, 판사들의 신망도 받고 있었다. 차기 대법원장 후보군에 오를 정도였다. 대법원에서 소수의견 쪽에 설 때가 많았으나 한 쪽에 치우쳤다는 느낌은 주지 않았다. 그가 유죄 판결이 나온 사건을 무죄 취지로 돌려보내면서 밝힌 무죄추정의 원칙*

은 판사들에게 깊은 인상을 남겼다. 이탄희도 이인복이 이끄는 진상조사위원회가 최선을 다할 것이라 믿고 성실하게 조사에 임하기로 했다.

같은 달 17일 돌발 변수가 터졌다. 임종헌 차장이 전격적으로 대법원에 사의를 표명했다. 직무에서 배제된 지 나흘 만이었다. 임종헌은 전국 법관들에게 보낸 이메일에서 "법관의 길에 들어선 지 꼭 30년이 되는 3월 19일을 끝으로 법관 생활을 마치려고 한다"고 말했다.**

> 제가 업무수행 중에 혹시라도 어떻게든 상처를 드린 분들이 있다면 진심으로 용서를 구한다. 저에 대한 신뢰를 자신할 수 없게 되어버린 지금은 법원을 떠나야만 하는 때라는 생각이 든다. 퇴직 의사와는 무관하게 조사에 성실하게 임하겠다. 공정하고 객관적인 사실조사에 의한 결과를 수용하고 책임질 일이 있다면 책임을 질 것이다.

임 차장 퇴직은 순수한 본인의 결정일까. 양 대법원장이나 법원행정처의 뜻이었을까. 어느 쪽이든 조사가 본격화하기 전에 진상규명 요구를 한풀 꺾이게 만드는 효과는 있었다. 같은 달 20일 이인복 진상조사위원장은 판사들에게 이메일을 보냈다.

---

* 이인복 전 대법관은 자신이 주심을 맡은 박주원 전 안산시장 뇌물수수 혐의 사건 판결문에서 '검사의 공소 사실과 이를 뒷받침하는 증거들에서 보이는 여러 불일치, 모순, 의문에는 애써 눈감으면서, 오히려 피고인의 주장과 증거에는 불신의 전제에서 현미경의 잣대를 들이대며 엄격한 증명을 요구하는 것은 형사법원이 취할 태도가 아니다'라고 지적했다.

** 임종헌 차장은 재임용 신청 의사를 철회했다. 판사는 재임용 절차를 거쳐 10년씩 연임한다. 대법원장과 대법관 임기는 6년이다.

> 진상조사 기구 구성을 오는 22일 오후까지 마무리 지을까 한다. 가능한 이른 시일 내에 사실관계를 명확히 밝히고 사태를 해결해 본연의 재판업무에 매진할 수 있도록 도와드리는 것이 중요하다고 생각한다.[5]

이틀 뒤 이인복은 다시 판사들에게 이메일을 보냈다. "진상조사위원회는 위원장인 저와 6명의 법관으로 구성하기로 결정했다. 위원들은 조사 장소인 사법연수원에서 상근할 것이다." 조사위원은 성지용 서울고법 부장판사, 고연금 서울중앙지법 부장판사, 이화용 의정부지법 부장판사, 안희길 서울남부지법 판사, 김태환 서울가정법원 판사, 구태회 사법연수원 교수였다.

조사 방법에 대해선 "청문식 대면조사를 원칙으로 하되 서면조사도 보충적으로 병행할 계획이다. 조사 과정에서 법관으로서의 명예가 크게 실추되지 않도록 최대한 배려하고 존중할 것"이라고 했다. 컴퓨터에 저장된 문서 등 전산자료를 동결해야 한다는 판사들의 요구는 받아들이지 않았다.

"다 안 다치게 할게"

3월 24일 이인복 진상조사위원장은 이탄희에게 전화를 걸었다. 이인복은 조사에 임하는 각오를 말했다.

"객관적인 사실을 명백하게 밝혀낼 테니 너무 우려하지 말길 바란다. 기억나는 게 있으면 최대한 세밀하게, 성실하게 작성해서 제출하면 그것을 기초로 해서 조사를 해나가겠다."

조사 시기에 대해서도 가능하면 빨리 했으면 좋겠다고 했다. 뒤이어 이화용 부장판사가 연락해 조사 일정을 논의했다. 이탄희의 안양지원 재판 일정을 감안해 그다음 주 수요일인 29일로 잡았다. 진술서를 먼저 이메일로 보내기로 했다. 이탄희는 두 가지를 요청했다. 하나는 자신의 진술이 맞는지 일단 관련자들에게 확인해달라, 다른 하나는 행정처 컴퓨터를 조사해달라는 것이었다.

이탄희는 이인복 위원장, 이화용 부장과 통화하며 진상규명 의지가 있다는 믿음을 갖게 됐다. 이인복은 조사기구가 구성된 후 관련자 중 처음으로 이탄희에게 전화를 했다고 말했다. 사실 이탄희는 이인복이 직접 전화를 할 급은 아닐 수도 있었다. 상당히 예우를 해준 것이었다.

이화용은 차도 보내줄 수 있다고 했다. 그렇게 예우를 갖추는 건 이탄희의 이야기를 진지하게 듣겠다는 취지로 받아들였다. 이탄희는 성실하게, 증인으로서의 의무를 다하기로 했다. 단서가 될 만한 것은 진술서에 모두 다 써서 내기로 했다. 무엇이 단서가 될지 모르기 때문에 모든 사실을 이야기하는 것이 진상조사위를 도와주는 것이라고 믿었다.

3월 29일 오후 이탄희는 사법연수원으로 갔다. 조사위원 한 명이 그를 안내하러 현관 앞에 나와 있었다. 조사를 받기에 앞서 이인복 위원장 사무실로 갔다. 이인복과 둘이 앉아 이야기를 나눈 뒤 조사실로 나란히 걸어갔다. 복도를 걷던 이인복이 이탄희를 돌아보며 말했다.

"이 판사, 양쪽 다 안 다치게 할게. 진실게임으로 가게 하진 않을 거니까 걱정하지 마."

이탄희는 조사를 받기 직전이어서 긴장한 상태였다. 반응을 보일 여유가 없었다. 시간이 흐르고 조사 결과가 발표된 뒤 이인복의 말이 계속 생각났다. 양쪽은 누구를 말했던 것일까. 이탄희와 임종헌일까? 국제인권법연구회와 법원행정처일까? 다 안 다치게 한다는 말은 무슨 의미였을까.

조사실에 들어섰다. 조사위원들은 부채꼴로 놓인 탁자를 앞에 두고 앉아 있었다. 왼쪽 성지용 부장판사부터 서열순이었다. 조사는 이탄희가 이메일로 제출한 진술서를 중심으로 3시간가량 진행됐다. 고연금 부장판사가 주로 질문하고 중간중간 다른 판사들이 추가 질문을 했다. 사직서를 왜 냈느냐는 물음이 나왔다.

"그 이유도 조사 대상입니까?"

"그래도 대답을 해줘야 할 것 같습니다."

"우선은 부당한 지시를 포함해서 제가 맡게 될 업무가 판사로서 도저히 할 수 없는 일이라고 생각했습니다. 두 번째로는 행정처 자체에 대해서 너무 실망감이 컸습니다. 참담한 느낌이 들었고, 제게 굉장히 큰 상처가 된 것 같습니다."

조사를 마친 뒤 성지용 부장이 사무실로 돌아가며 말했다.

"이 판사. 이제 어떻게 흘러갔는지 알겠네. 걱정 마! 우릴 믿어."

진상조사위는 임종헌 전 차장과 이규진 상임위원 등도 조사했다. 임 전 차장은 10여 면의 경위서를 제출했다. 임종헌은 이 경위서에서 이탄희 사직과의 관련성을 부인했다.

①임종헌 차장이 2.10. 사무실에서 다른 판사들과 함께 인사차 방문한 이탄희 판사를 약 1분 정도 만난 후 사직서를 제출한 2월 16일의 점심시간 무렵까지 이탄희 판사를 직접 대면접촉을 하거나 전화통화 한 적이 일체 없어 3.25. 공동학술대회를 축소하라는 지시를 하는 것이 물리적으로 불가능할 뿐만 아니라, 실제로도 이탄희 판사에게 직접 지시한 사실이 없는 점(이 점과 관련하여, K 부장이 이탄희 판사로부터 임종헌 차장에게서 그러한 지시를 직접 받은 사실이 없다는 이야기를 들었다고 진술하고 있고, 임종헌 차장은 다른 행정처 실장 등을 통해서도 이탄희 판사에게 위 공동학술대회 축소지시를 하라고 한 사실이 없습니다), ②차장이 행정업무 경험이 전혀 없는 이탄희 판사에게 부임하기도 전에 그 직근 상급자인 기획조정실장을 거치지 않고 직접 '3.25.자 학술행사 축소방안 마련해 실행하라'는 예민한 내용의 업무지시를 한다는 것은 현재 법원행정처의 업무처리 관행상 도저히 상상할 수 없는 점, ③2.18. 이탄희 판사가 차장을 비롯한 여러 사람에게 안양지원 복귀를 희망하는 의사표시를 하였고, 위 문자메시지의 내용상 이 판사의 의사에 반하여 겸임해제 인사명령이 이루어졌다고 볼 수 없으며, 오히려 그 의사를 존중하여 이루어진 인사명령이라고 보는 것이 상당합니다. 따라서 비추어 경향신문의 '법관에 대한 부당한 업무지시와 그 거부로 인한 징계성 인사조치'에 관한 기사 내용은 진실과 거리가 먼 명백한 허위보도입니다.

임종헌은 이어 국제인권법연구회에 대해 '중복가입 금지에 관한 예규를 명백하게 위반했다'며 '중복가입 해소 조치는 특정 학회 견제나 특정 세미나 발표에 대한 연기·축소 압력과는 아무런 상관이 없다'라고 적었다. 그러면서 자신이 판단하는 연구회의 문제점을 설명했다.

> 국제인권법연구회는 우리법연구회 소속 회원들이 주축이 되어 만들었는데, 2009년도에 우리법연구회를 전문분야연구회로 전환하려 하였으나 '우리법'이 특정한 전문법률분야가 아니라는 이유로 설립허가를 받지 못하였고, 그로부터 2년이 지난 2011년에는 '국제인권법'이라는 특정한 전문법률분야를 연구하겠다고 하여 설립허가를 받을 수 있었습니다. (…)
>
> 이처럼 국제인권법연구회는 그 설립허가 심사단계에서부터 '특정 전문법률분야 연구'라는 설립목적이 문제되었기 때문에 '국제인권법 연구'라는 설립목적을 준수하여야 함을 잘 알고 있었음에도 불구하고, 일부 회원들이 인사모를 만들어서 설립목적과 무관한 '주요 사법행정 현안'을 논의하기 시작하였고, 이는 전문분야연구회의 설립 취지에 명백하게 반하는 행동이었습니다.

임종헌은 경위서를 마무리하며 요청했다. '저는 진실과 거리가 먼 명백한 허위보도로 인하여 30년의 법관 생활을 불명예스럽게 마감하였습니다. 이번 조사를 통해 사실관계가 명백하게 규명되어서 명예회복할 수 있게 되기를 희망합니다.'

당시 상황에서 이인복이 이끄는 진상조사위는 양승태 코트의 진퇴뿐 아니라 법원의 명운을 쥐고 있었다. 조사 결과가 어떻게 나오느냐에 따라 법원이 나아갈 방향이 완전히 달라질 수 있었다.

진상조사위원장을 맡게 된 이인복의 부담감은 클 수밖에 없었다. 조사 결과에 자신의 모든 명예가 걸려 있었다. 그는 진상조사로 모든 사태가 종료되길 바랐다. 무엇보다 외부에서 사법부를 조사하는 빌미를 주게 되지 않을까 우려했다.

> 이인복 대법관은 진상조사가 외부로부터의 조사를 부르는 것만은 막고 싶어했습니다. 그래서 관련자들을 최대한 조사해서 진상을 규명하고, 사태를 정리하려고 했어요. 그렇다고 어떤 방향성을 갖고 조사한 건 절대 아닙니다. 조사 과정에서 양승태 대법원장은 물론이고 고영한 법원행정처장과도 전화 한 통 하지 않았고요. 조사 계획 수립부터 보고서 작성까지 하나하나 내부 토론을 거쳐서 결정했어요. 조사위원들이 회의한 것만 30차례가 넘습니다. 이 대법관 의견이 받아들여지지 않은 적도 여러 번 있었어요. 그렇게 열심히 조사를 했는데 사후적으로 '조사가 미진했다'고 비판하는 건 어쩔 수 없지만, '미리 결론부터 내고 조사했다'라고 말하면 정말 억울하죠. 이 대법관이 "다 안 다치게 하겠다"고 말씀하셨다면 조사 방향을 이야기한 게 아니고요. 판사들에 대한 애정에서 말씀하셨던 게 아닌가 싶어요. 이탄희 판사도, 행정처 심의관들도 상처받지 않도록 하겠다는 뜻이었을 거예요. (진상조사위 관계자)

대법관 시절 이인복은 '소신있는 휴머니스트'로 불렸다. 후배 판사들을 소탈하게 대했고, 재판을 할 때도 그들의 의견을 존중했다. 그가 이탄희에게 "양쪽 다 다치지 않겠다"고 말한 것은 선의(善意)였을 것이다. 말 그대로 착한 의도였음은 의심하기 어렵다.

하지만 때로는 선의가 악의(惡意)보다 상황을 더 그르친다. 선의가 상황을 불투명하게 만들기도 하고, 악의가 사태를 선명하게 만들기도 한다.

진상규명을 책임진 자는 야차(夜叉)와 같은 심정을 갖지 않으면 안 된다. 어떤 결과가 나오더라도 오직 사실만을 추구하겠다는 자세를 가져야 한다. 누가 그 칼에 베이든 진실을 있는 그대로 보여주겠다는 각오를 가져야 한다.

임종헌의 경위서는 정확히 그 빈틈을 파고든다. 임종헌은 이탄희가 사직서를 내기 전까지 잠깐 인사한 것 말고는 직접 얼굴을 보고 이야기하거나 전화통화를 한 적이 없음을 부각시킨다. '이탄희에게 공동학술대회를 축소하라는 지시를 하는 것은 물리적으로 불가능했다. K가 이탄희로부터 임 전 차장의 직접 지시가 없었다는 이야기를 들었다고 진술했다. 차장이 직접 그런 업무지시를 한다는 것은 법원행정처의 관행상 상상할 수 없다.'

오랜 판사 생활에서 갈고닦은 노련함이 느껴진다. '물리적인' 사실과 '현실적인' 관행을 내세우며 도저히 그런 일이 일어날 수 없음을 강조한다. 경위서에선 일점일획의 망설임도 느낄 수 없다. 자신은 결백하다는 억울함만이 도드라진다.

숱한 문건과 진술을 통해 임종헌의 주도로 공동학술대회 대응이 이뤄졌음이 드러난 지금, 2017년 3월의 경위서는 많은 것을 이야기해준다. 이탄희에게 직접 지시하지 않았고, 이탄희도 그렇게 말했다는 '겉으로 보이는 진실'만을 이야기함으로써 진짜 진실은 감추려 했다. 30년간 재판해온 사람이 그런 행태를 보였다는 것은 임종헌, 그리고 임종헌과 비슷한 길을 걸었던 판사들이 어떻게 재판해왔는지를 보여준다.

겉으로 보이는 진실만 추구하면서 그 이면에 있는 진실은 눈감아온 것 아닐까. 겉으로 나타나는 증거와 진술이 이러니 이렇게 판결할 수밖에 없다, 이의가 있다면 다른 증거와 진술을 가져오라, 그러면서 그뒤의 진실을 보려는 노력은 하지 않았던 것 아닐까. 그러한 방법을 쓰는 게 효과적임을 걸 너무 잘 알았던 것 아닐까.

"대한민국에서 뭐라도 하려면"

토요일인 4월 8일 이탄희는 조사위원 후보자 모임에 참석했다. 각 법원에서 선출된 조사위원 후보자들이 만든 모임이었다. 모임 측에서 정식으로 질의응답 시간을 가졌으면 좋겠다고 참석을 요청해왔다. 요청에 응하기 앞서 진상조사위에 문의했다. "참석할지 여부는 이 판사가 선택할 문제"라는 답을 받았다.

서울대입구역 사거리의 한 세미나실에서 10여 명의 판사들과 만났다. 이탄희는 자신이 겪은 상황을 모두 이야기했다. 판사들은 "물적 조사가 전혀 이뤄지지 않고 있다"며 우려를 나타냈다.

같은 달 12일 이탄희는 2차 조사를 받았다. 이 2차 조사에 앞서 보도 하나가 주목을 받았다. 4월 7일 경향신문 1면에 「대법원 '판사 블랙리스트' 운용 의혹」이라는 제목의 기사가 실렸다.

> (진상)조사위는 최근 "법원행정처 기획조정실 김모 심의관 컴퓨터에 대법원 정책에 비판적인 판사들에 관한 동향을 파악한 일종의 사찰 파일이 있고, 그 파일에는 비밀번호가 걸려 있다"는 취지의 진술을 받았다.

또 관련 해설 기사는 '조사위가 확보한 진술을 종합하면 대법원이 치밀한 점조직 형태로 법관 동향 관리 문건인 블랙리스트를 관리해온 것 같다'는 법조계 관계자 말을 전했다. 이상한 것은 '김모 심의관 컴퓨터'가 등장했다는 점이었다. 이탄희의 생각으로는 이규진이 이야기했던 컴퓨터는 이탄희 자신이 넘겨받을 예정이었던 임효량 심의관 컴퓨터였다.

조사실에 들어가니 조사위원은 지난번처럼 6명이 아니고 3명이었다. 조사위원들은 '판사 뒷조사 파일' 부분을 집중적으로 물었다.

"뒷조사 파일 얘기를 그때 들은 거 맞습니까?"

"그전이나 이후에 누구를 만났습니까? 그 사람들한테 들은 얘기를 이규진 실장에게서 들었다고 착각하는 것 아닙니까?"

"그 뒷조사 파일이 어떤 내용일 거 같습니까?"

이탄희는 "파일을 직접 본 적이 없기 때문에 정확히 알 수가 없다"라고 했다. 한 조사위원이 "성지용 부장이 파일을 받기로 했는데, 받으면 보여주겠다"며 물음을 던졌다.

"그럼, 국제인권법연구회 회원들에 관한 것일 것 같습니까?"

"저는 당시 맥락상 그렇게 이해했습니다."

잠시 후 조사위원 한 명이 나가서 서류를 들고 들어왔다. 이탄희가 보는 앞에서 그 서류를 넘겼다. 이탄희에게 보여주진 않았다. 또다른 질문이 이어졌다.

"K 부장이 조사를 받고 갔는데, 이 판사가 한 이야기와 조금 다른 것 같습니다. K 부장에게 오보라는 이야기를 한 게 맞습니까?"

신문 기사 복사한 종이를 내밀었다. 경향신문의 3월 6일자 첫 보도였다.

"어디가 오보입니까? 짚어주시죠."

이탄희는 오보라고 생각한 부분을 펜으로 그어서 돌려줬다. '법원행정처에 출근 2시간 만에 복귀했다'라는 대목이었다. 조사위원들은 '오보' 부분에 대해 더이상 추가 질문을 하지 않았다. 이탄희의 가슴은 답답해졌다.

'이 기사에서 오보가 어느 부분이냐'라고 묻는 것은, 뭔가 당신 말의 신빙성이 떨어진다, 당신 말과 다른 사람 말이 왜 다르냐, 이런 의미일 수밖에 없었다. 이탄희는 자신의 진술이 기초가 되어서 물적 조사를 진행하고 그 결과를 토대로 구체적 사실을 확인하는 쪽으로 조사가 진행될 거라고 기대하고 있었다. 그런데 그게 아닐 수도 있다는 생각을 했다. 진술이 서로 달라 누구 말이 맞는지 고민을 하고 있는 것 같았다. 조사위원들의 질문이 쉬지 않고 이어졌다.

"언론 보도와 관련해 기자들과 접촉한 적이 있습니까?"

"이 판사가 신문 보도에 대해 입장을 밝히지 않아 혼란을 키웠다는 지적이 있는데 어떻게 생각합니까?"

"이규진 실장이 이 판사에게 얘기했던 게 지시가 아니라 사적인 부탁이라고 생각할 수도 있지 않습니까?"

"'내부 행사로 치르라'고 한 게 외부에 알리지 말라는 게 아니라 법원 내부 장소를 이용하라는 뜻일 수도 있지 않습니까?"

수사기관에서 피의자를 몰아세우는 듯 했다. 조사가 끝난 뒤 지친 몸으로 진상조사위원장 사무실로 갔다. 이인복이 원탁 테이블에 이탄희와 마주 앉았다. 이인복이 심각한 얼굴로 말했다.

"이 판사, 순진해! 대한민국에서 뭐라도 하려면 결과 나오고 나서 아무 이야기도 하지 마라."

그의 말에 이탄희의 얼굴이 굳어졌다. 이인복이 고쳐 말했다.

"대한민국 법원에서 뭐라도 하려면."

잠시 어색하게 침묵이 흐르다 이탄희가 말문을 열었다. 목소리가 가볍게 떨렸다.

"대법관님, 판사로서 누구보다 열심히 살아왔다고 생각하는데 왜 저한테 그런 말씀을 하십니까?"

이탄희에게는 이인복의 말이 자신을 이제껏 살아온 것과 다르게 평가 내리는 것으로 받아들여졌다. 참담함에 고개를 떨궜다. 벼랑 위에 선 듯 위태롭고 막막했다. 이탄희의 반응에 당황한 것일까. 이인복이 갑자기 손가락으로 테이블을 두드리기 시작했다. 그 시간이 꽤 길게 느껴졌다. 그러다 이인복이 갑자기 의자에서 일어나 이탄희를 꽉 안았다.

"나도 요즘 너무 힘들어. 아침에 출근할 때마다 현관에서 아내가 안아줘."

이탄희는 그제야 깨달았다. 이인복에게도 진상 조사를 맡은 상황 자체가 어울리지는 않는다는 것을. 이인복의 말이 무섭게 느껴지지는 않았지만 대체 조사가 어떻게 되려고 이러는 건가, 불안감을 떨칠 수 없었다.

"대한민국에서 뭐라도 하려면…"이라는 말은 진정 후배 판사를 걱정해서 나온 것일 수도 있다. 하지만 이탄희는 후배 판사가 아니라 중요한 조사대상자로 나온 사람이었다. 그런 말은 하지 않는 것이 옳았다. 자신이 책임진 진상조사로 모든 문제를 마무리해야겠다는 마음이 앞섰던 것 아닐까.

당시 일선 법원 판사들은 진상조사위에 의구심을 품고 있었다. 조사위원 후보자 모임은 4월 11일 진상조사위 측에 '판사 블랙리스트' 등과 관련된 법원행정처 컴퓨터 저장매체 등 물증을 확보하라고 요구하고 나섰다. 양쪽 진술이 엇갈릴 땐 물증이 있는지 찾아보고, 그 물증을 토대로 조사를 하는 것이 당연하지 않느냐고 판사들은 생각했다.

2차 조사를 받고 나온 다음 날인 4월 13일 이탄희는 진상조사위에 '최종 진술 및 의견서'를 제출했다. 조사위원들의 질문에 추가 답변을 하는 형식이었지만 절박한 심정이 담겨 있었다. 이탄희는 마지막 부분에 이렇게 적었다.

저는 사직서를 낼 때부터 부당한 지시와 행위가 이뤄지는 행정처의 행태에 큰 실망을 느끼고 제 판사로서의 양심을 지키고 싶어서 조용히 사직서를 썼을 뿐입니다. 그런데 당시나 지금이나 해명은 제가 아니라 법원행정처에서 해야 하는 것 아닌가요. 제기된 의혹은 '저의 인사 사유'가 아니라 '행정처의 부당한 행위 여부' 아니었나요. (…)

조사위원장님께서 격려와 사랑의 말씀과 함께 제게 순진하다는 말씀을 주셨습니다. 말씀을 정말 예의를 갖추어 감사하게 듣고, 공손하게 인사를 드리고 나왔습니다. 그러나 죄송하지만, 너무 죄송하지만 마음이 너무나 아픕니다. 물론 저의 성격이 이 사건의 본질이 아니겠지요. 조사기구는 저의 요구로 만들어진 것도 아니고, 제가 이 사건을 공식적으로 문제 삼아달라고 한 적도 전혀 없습니다. 저의 겸임해제, 중복가입 해제 조치 등 일련의 드러난 일들이 판사들의 불신을 증폭시키기에 충분했기 때문에 조사기구가 만들어졌고 조사 대상도 법원행정처가 과연 무엇을 하였는가라고 이해하고 있습니다. 사실관계에 관하여 필요하다면 진술의 신빙성 판단을 반드시 해주시고, 이를 바탕으로 법원행정처에서 있었던 일들의 부당성 여부를 판단하여주시기를 간청합니다.

이탄희는 "대한민국에서 뭐라도 하려면" 부분을 진술서에 쓰려다가 쓰지 못했다. 조사가 아직 끝나지도 않았는데 조사위원장을 적대적인 관계로 만드는 것에 대한 두려움이 있었다. 그렇다고 아무 말도 쓰지 않기엔 그 말을 들었던 것이 너무 화가 났다. 조사위원장이 그런 생각을 하고 있다는 게 조사결과에 영향을 미칠 수도 있을 것 같고, 뭔가는 이야기하고 싶은데 적대적 관계는 만들고 싶지 않고, 그런 고민 끝에 나온 말이 '격려와 사랑의 말씀'이었다. 아는 사람은 알 수 있게 한다고 그렇게 표현했다.

그러고 나서야 재판받는 이들의 마음을 알 것 같았다. 말을 진짜 못하겠구나. 판사에게 대놓고 기피신청하겠다, 이런 이야기를 하기도 참 어렵겠구나. 말 못하고 있다가 나중에 자신이 우려했던 결과가 나오고 나면 그때 가서 '저 판사, 내가 그 부분 때문에 처음부터 불안했는데' 이렇게 느끼는 사람들이 참 많겠구나.

'이규진의 원맨쇼'로 정리된 블랙리스트 의혹

4월 18일 진상조사위는 조사 결과를 발표했다. 54면에 달하는 조사보고서는 다섯 가지 의혹에 대한 조사 결과를 담고 있었다. ①국제인권법연구회·인사모 활동에 대한 견제 의혹 ②공동학술대회에 대한 견제 의혹 ③전문분야연구회 중복가입 해소 조치 관련 의혹 ④이탄희 판사의 기획제2심의관 인사발령·겸임해제 관련 의혹 ⑤'사법부 블랙리스트'의 존재 의혹이었다.

진상조사위는 국제인권법연구회·인사모 활동에 대해 부당한 견제나 압박이 있었다고 보기 어렵다고 판단했다. 그러나 공동학술대회에 대해선 이규진 상임위원이 법원행정처 차장이 주재하는 실장회의와 처장이 주재하는 주례회의에서 조치가 필요하다고 보고하고, 연구회 관계자들에게 연기 및 축소 압박을 가한 것은 부당한 행위로 봤다.

'실장 회의 등에서 논의된 관련 대책 일부가 실행된 이상 법원행정처도 그에 대한 책임을 면하기는 어렵다.'

중복가입 해소 조치도 부당한 압박을 가한 제재로서 사법행정권 남용에 해당한다고 판단했다. 또 이탄희 판사의 인사발령 및 겸임해제 관련 의혹은 이규진 상임위원의 부당한 지시와 간섭에서 빚어진 사단이라고 봤다. 다만, 인사발령이나 겸임해제 자체는 연구회 견제에 활용할 의혹이 있었다고 볼 근거가 없는데다 겸임해제 역시 본인의 강력한 요구로 이뤄진 일이어서 제재 조치로 보긴 어렵다고 했다.*

전체적으로 보면 이규진에 의한, 이규진의 '원맨쇼'에서 비롯된 문제이고, 법원행정처도 '책임을 면하기 어렵거나 책임에서 자유로울 수 없다'는 말이었다. 순진한 판사(이탄희)가 엉뚱한 선배 판사(이규진) 말에 놀라 사표를 냈다가 철회한 해프닝으로 그려졌다.

마지막으로 남은 것은 판사들이 가장 심각한 문제로 받아들인 '사법부 블랙리스트' 의혹이었다.

'사법부 블랙리스트가 존재할 가능성을 추단**케 하는 어떠한 정황도 확인되지 않았다.'

진상조사위는 이탄희가 이규진에게서 들었다는 '기획조정실 컴퓨터

---

* 진상조사위는 '이규진에게서 부당한 지시를 받고 이를 견디기 어려워 사직 의사를 표현한 것으로 법원행정처 역시 그 책임에서 자유로울 수 없을 것으로 보인다'고 덧붙였다.

** 어떠한 일을 근거로 판단함.

의 판사 뒷조사 파일'에 대해 여러 정황에 비춰 국제인권법연구회를 대상으로 한 것으로 보인다며 다음과 같이 제시했다.

①기조실의 업무분장상 연구회 관련 업무는 예산 배정에 불과해 판사들 동향을 파악할 별다른 이유가 없다.

②기조실 컴퓨터에 동향 파악 파일이 따로 존재할 가능성은 거의 없어 보인다.

주목할 것은 진상조사위가 그 근거로 제시한 2건의 문건이었다. 해당 문건들은 이규진이 실장회의와 주례회의에 보고한 공동학술대회 관련 보고서였다. '연구회 대표와 간사, 주요 참여자, 세미나 발제 법관, 지정토론자 등의 이름과 찬반 예상이 기재된 것으로 이탄희 판사가 들었다는 뒷조사 파일은 이 보고서 두 개를 말하는 것'이라고 진상조사위는 설명했다.

첫 발설자인 이규진은 '판사 뒷조사 파일' 발언을 부인했다. "이탄희 판사에게 기조실 컴퓨터에 비밀번호가 걸려 있는 파일이 있다는 이야기를 한 적이 없고, 그런 비밀스러운 이야기를 나눌 만큼 친한 사이가 아니다." 이탄희가 업무를 이어받을 예정이었던 임효량 심의관도 "판사들 동향을 조사해 기록한 문건의 존재를 알지 못한다"라고 진술했다. 한마디로 '블랙리스트는 없다'였다.

진상조사위의 조사 결과로 임종헌 전 차장은 '억울한 누명'을 벗게 됐다. 사태의 책임자로 지목됐던 그가 관련도 없는 일로 법복을 벗은 것으로 결론이 내려진 것이다. 또한, 임 전 차장과 인사총괄심의관실, K부장 등이 이탄희 판사의 사직을 만류하기 위해 설득한 것은 '사직으로 인한 파장을 감추기 위한 것'이 아니고, '우수한 동료 법관의 사직을 만류하려는 마음에서 비롯된 것'이라고 했다.

문제는 진상조사위가 진술의 장막 뒤에 무엇이 있는지 파고들지 않았다는 데 있다. 임종헌과 이규진 사이에 어떤 의사 소통이 있었는지 조사를 벌이지 않았다. 임종헌과 이규진을 포함한 행정처 판사들의 진술만 받았을 뿐이었다. 진실은 1㎜도 드러날 수 없었다.

"민사재판 하듯 조사하고 조사받았다"

더 심각한 건 법원행정처의 '조직적 관여' 부분이 누락됐다는 사실이었다. 조사보고서는 '이규진이 이탄희에게 공동학술대회의 연기 및 축소를 요구한 일련의 행위는 부당하다'라면서도 이같이 설명했다.

> 임종헌 전 차장은 2.9. 이탄희 판사에게 기획제2심의관 보임을 축하하는 전화를 하였고, 이 판사가 2.10. 임 전 차장을 방문하여 인사한 이후 사직의사를 표시할 때까지 이 판사와 접촉한 일이 없고, 이규진 상임위원 외의 법원행정처 관계자가 이 판사에게 직접 어떠한 지시나 요구를 하였다고 볼 정황을 찾아볼 수 없음.[6]

이탄희는 진술서는 물론이고 대면조사에서도 "(대응 논리를) 김민수 심의관과 상의했다"라는 얘기를 이규진 상임위원에게서 들었다고 말했다. 최종 진술서에서도 이 부분을 강조했다. 그런데 다른 부분들은 이탄희의 진술 내용을 충실히 담으면서도 김 심의관 부분은 빠져버린 것이다.

기획조정실과 이규진의 연관성이 단절됨으로써 '조직적 관여'는 없었던 것으로 귀결됐다. 이후 추가 조사에서 행정처는 모든 조직이 업무 분장과 관계없이 한 몸으로 움직인 것으로 드러난다. '기획조정실의 업무 분장'을 이유로 판사들 동향을 파악할 이유가 없다고 판단한 것은 그야말로 '눈 가리고 아웅'에 넘어간 것이었다.

보고서에는 고영한 처장이나 임종헌 차장이 참석한 회의에서 관련 대책이 오갔다는 이야기가 드문드문 등장했지만 '법원행정처 책임'으로 뭉뚱그려졌다. 행정처 내부의 의사 연락은 어떻게 이뤄졌는지, 행위 분담은 어떻게 됐는지에 대해선 조사가 이뤄지지 않았다. 임종헌이 개입했거나 행정처의 조직적 관여가 있었다고 하면 양승태 대법원장의 존재가 부각될 수밖에 없었다. '외부로부터의 조사만은 막아야 한다'라는 이인복 위원장의 판단에 부합하는 결론이었다.

진상조사위 조사 결과는 이중의 구조를 가지고 있었다. 여러 한계에도 불구하고 상당히 많은 사실이 확인됐다. 내용도 풍부했다. 그런데 조사 결론과 평가 부분에서 문제가 갑자기 축소돼 사라졌다. 전형적으로 이유와 결론이 다른 '이유 모순의 판결'이었다.

조사보고서 전체를 보면 '판사 뒷조사 파일을 확인할 수 없었다' '증거를 찾지 못했다'고 하는 것이 조사 결과에 걸맞는 결론이었다. 조사 시작 단계부터 우려됐듯 물적 조사는 이뤄지지 않았다. 법원행정처의 거부로 행정처 컴퓨터에 접근하지도 못했다. 조사보고서는 이렇게 설명했다.

> 진상조사위원회는 물적 자료와 관련하여 2017.4.7. 법원행정처장에게 국제인권법연구회 견제 의혹과 관련된 문서·이메일, 판사 동향을 보고하는 내용의 문서 존재 의혹과 관련된 문서·이메일의 확보를 위하여 임종헌 전 차장, 이규진 양형위원회 상임위원, 2016년 기획제1심의관이 사용하던 업무용 컴퓨터와 이메일 서버에 대한 조사 협조를 요청하였음.
>
> 법원행정처장은, 진상조사위원회가 확인하고자 하는 의혹의 문서나 이메일을 생성하고 관리한 사실이 없을 뿐만 아니라 작성자의 동의가 없는 한 법원행정처장이 위 요청을 수락할 권한이 없고, 법원행정처 문서 중 보안유지가 필요한 문서들이 다수 있으므로 위 요청은 받아들이기 어렵다는 답변을 하였으며, 조사위원회가 이를 강제로 확보할 근거나 방법이 없어 임의제출 형식으로 확보된 물적 자료들만 조사 가능하였음.[7]

이후에 드러난 사실로 당시 상황을 되짚어보면, 그때 누구 한 사람 "뒷조사 파일이 있다"라고 솔직하게 밝히지 않았다는 게 당혹스러울 뿐이다. 양심의 거리낌을 느끼고 "나는 아무 말도 할 수 없다"며 묵비권을 행사한 사람도 없었다. 여기에 이규진이 제출한 2건의 문건이 거짓을 사실로 포장하는 '맥거핀'* 역할을 했다. 문제의 문건들은 국제인권

* 영화에서 중요한 것처럼 등장하지만 실제로는 줄거리에 영향을 미치지 않는 극적 장치.

법연구회에 물어만 봐도 쉽게 알 수 있는 내용이었다. '판사 뒷조사 파일'과는 전혀 다른 성격의 문건이었다.

몇 달 뒤 추가조사를 통해 판사 뒷조사를 뒷받침하는 문건들이 나오고, 이규진과 실·국장, 심의관들이 입을 맞췄음이 드러났다. 어떻게 문건까지 내밀며 이 정도면 문제 안되는 것 아니냐고 할 수 있었을까.

진상조사위 역시 "민사재판 하듯이 조사했다"라는 비판을 피할 수 없었다. 민사재판은 양쪽 입장을 듣고, 더 많은 증거를 내놓는 쪽이 이긴다. 진상조사위 조사는 조사라기보다는 청문(hearing) 절차에 가까웠다. 거짓 진술에 속고, 가짜 증거에 넘어갔다. 어떻게 해서든 진실을 밝혀내 시시비비를 가리겠다는 집요함은 보이지 않았다.

두 쪽으로 갈라지는 판사사회

보수 언론이 주목한 것은 구체적인 팩트들이 아니었다. 결론 부분이었다. '판사 블랙리스트는 없다.' '법원행정처의 조직적인 탄압은 없었다.' 두 대목을 집중적으로 보도했다. 진보 언론은 진상조사위 조사 결과를 비판적으로 보도했다. 법관사회도 두 쪽으로 갈라졌다.

진상조사위는 '조사도, 보고서 작성도 최선을 다한 것'이라는 입장이었다. 하지만 많은 판사들은 조사보고서를 읽은 뒤 오히려 문제가 분

앨프레드 히치콕 감독이 「사이코」 등 영화에서 사용하면서 널리 알려졌다.

명히 있었다는 반응을 보였다. 그들은 진상조사위를 비판하며 추가 조사를 요구하고 나섰다. 대법원장 지시로 설치된 조사기구에서 공식적인 결과가 나왔는데도 판사들이 문제를 제기한 것은 이례적이었다.

조사가 미흡했다고 하는 것은 사실상 공적 기관의 권위를 부정하는 것으로 비쳐져 부담이 될 수 있었지만 판사들은 그럴 수밖에 없었다. 조사 결과에서 나온 팩트들은 모두 '사법농단' 의혹을 가리키고 있었다.

> 행정처에서 사실을 감추기도 하고, 왜곡하기도 하는, 그런 상황에서 진상조사위가 그 정도 했으면 잘한 거예요. 그런데 마지막에 황당한 대목이 뭐냐 하면 '블랙리스트는 없다'로 나온 겁니다. 판사들이 평생 재판하면서 했던 게 '~로 볼 증거가 부족하다'는 것 아닙니까. 증거가 부족하거나 못 찾았다고 해야지, 그런 정황이 없다고 하면 이상한 거 아닙니까. 논리를 중요시하는 법관사회에서는 결코 용납이 안 되는 거예요. 거기에서 추가조사 요구가 시작됐어요. 사실 많은 판사들이 그만하고 싶었어요. 재판하면서 계속 끌고 가기가 다들 힘들었거든요. 그렇기 때문에 주저앉을 명분만 주면 주저앉을 수가 있었어요. 증거를 찾을 수 없었다, 그렇게만 했어도 덮일 수가 있었어요. 그게 아닌데 주저앉으면 거짓에 굴복하는 거잖아요. 그래서 전국법관대표회의를 만들어서 진상을 밝히자고 나선 겁니다. (지방법원 부장판사)

처음엔 이탄희 주변의 판사들도 실망하고 걱정하는 반응이 많았다. 빠른 시간 안에 이탄희 말이 맞는다는 쪽으로 공감대가 형성됐다. 두 얼굴의 조사보고서가 낳은 아이러니였다. 차성안 판사가 4월 19일 코트넷에 글을 올렸다.

"이규진 상임위원의 존재가 거인처럼 커 보이는데 그게 가능한 일이냐."

안양지원 판사들도 이탄희에게 "이 판사 말을 믿지 않는 사람은 법원 안에 없을 것"이라고 했다. 많은 판사들이 이탄희에게 메일을 보내 위로하고 격려했다.

일부 고위 법관들은 조금 다른 반응을 보였다. 진상조사위 발표 후 고등부장들 사이에서 "이탄희 판사가 나와서 해결해야 하는 것 아니냐" "이 사태를 일으킨 당사자가 왜 뒤에 숨어서 일을 키우느냐"라는 말이 나왔다. 이탄희에게 직접 말하는 이는 없었다. 간접적인 경로로 계속 같은 말이 들려왔다.

이탄희가 직접 해결을 하라는 것은 "임종헌 차장은 억울하다" "양승태 대법원장은 죄가 없다"라고 말하라는 요구였다. 그뒤엔 후렴구처럼 "이탄희 자신이 법원을 사랑한다고 말하지 않았느냐"라는 물음이 달려 있었다. '법원에 대한 애정이 있다면 당당하게 앞에 나와서 이야기하라.' 이즈음 비슷한 시각을 보여주는 신문 칼럼이 나왔다.

> 진상 조사 결과 임 전 차장은 이 판사에게 어떤 지시도 한 적이 없는 것으로 드러났다. 이 판사도 진상조사위 조사에서 "임 전 차장으로부터 부당한 지시를 받은 적이 없다"고 진술했다. 이 판사는 임 전 차장이 이번 사건을 일으킨 '주범'으로 낙인 찍혀 직무에서 배제되고 결국 법원을

떠날 때까지 침묵하다가 한 달 후에야 자신의 입장을 비공개 조사에서 밝힌 것이다. (…) 3000명 판사사회와 법원이 이번 의혹에 휩쓸리며 치러야 했던 대가도 컸다. 이번 논란은 법원 안팎에선 올 9월 대법원장 교체기를 앞두고 법원 내 진보·보수 세력이 벌이는 힘겨루기라는 의혹, 행정처가 전체 판사들의 동향을 뒷조사한 문건을 갖고 있다는 '판사 블랙리스트' 소문으로까지 번져나갔다. 법원을 떠받치는 기둥인 국민의 신뢰를 판사들 스스로 깎아내렸다는 말이 나오는 이유다. 이 판사가 침묵한 지난 한 달여 사이에 이런 일들이 벌어졌다.[8]

'사직하고 싸울 것인가' 다시 시작된 고민

진상조사위의 조사 결과로 이탄희의 마음속 불안이 사실로 확인됐다. 법원행정처 간부와 판사들이 진실을 말하지 않은 데 대해 깊은 회의가 엄습했다. 무엇보다 배신감이 컸다. 그들의 진술은 말이 안되는데, 그렇다고 해서 행정처 컴퓨터로 확인된 것은 아니었다. 힘과 힘이 맞서는 대립관계는 해소되지 않고, 점점 갈등이, 긴장감이 높아지고 있었다.

판사들은 추가 조사가 필요하다면서 "진상조사위가 이탄희를 바보 만들었다"라고 했다. 이탄희 자신은 "(부당한 지시에) 안 하겠다"라고 이야기한 것뿐인데, "판사 뒷조사 파일 얘기를 들었다"라고 말한 것뿐인데 갈수록 파일이 있어야만, 진상규명을 요구하는 판사들이 이겨야만 명예가 회복되는 상황으로 흘러가고 있었다.

'나는 계기를 마련한 것에 불과하고, 형사절차로 따지면 참고인에 불과하다.'

자꾸 그렇게 생각하려고 했다. 그것이 본질이라고 생각하려고 했다. 하지만 사회적인 역학관계 속에서 그 말은 성립하기 어려워지고 있었다. 이탄희는 중요한 당사자가 되어가고 있었다. 대결 구도에서 빠져나올 수 없는 당사자.

4월 20일 고영한 법원행정처장은 조사 결과에 대한 입장을 발표했다. "조사위원회에서 이번 사태의 원인과 문제점을 소상히 파악하고 건설적인 방향까지 제시한 것을 무겁게 받아들이고 합당한 조치를 강구하겠다. 속도나 성과에 연연하지 않고 법관들의 의견을 최대한 수렴하고 이에 기초해 전국 모든 법관이 수긍할 수 있는 방향을 찾는 데 최선을 다할 것이다."[9]

같은 달 24일 대법원은 진상조사위 조사 결과를 대법원 공직자윤리위원회에 넘겼다. 이규진 상임위원에 대한 징계 작업에 들어간 것이다. 대법원은 또 임종헌 차장 퇴직으로 공석이 된 법원행정처 차장에 김창보 서울고법 부장판사를 임명했다.

판사들은 재조사 요구를 본격화하기 시작했다. 각 법원 판사회의에서 선출된 대표들이 같은 달 22일 모임을 가졌다. 판사 대표들은 블랙리스트 의혹 조사가 미흡하다는 데 의견을 모으고 재조사와 법원행정처 협조를 요구하는 방안을 논의했다. 대표들은 전국법관대표회의 개최도 추진하기로 했다.[10] 뒤이어 26일 서울동부지법 판사회의에서 전국법관대표회의 구성을, 28일 대전지법 판사회의에서 전국법관대표회의 소집 및 추가 조사를 요구하고 나섰다.

5월 17일 양승태 대법원장이 전국법관대표회의 개최를 지원하겠다는 입장을 밝혔다. 그는 사법행정권 남용에 대해 "사법행정의 최종적인 책임을 맡고 있는 저의 부덕과 불찰 때문이라고 생각하고 무거운 책임을 통감한다"라고 했다.

"재발을 방지하고 사법행정을 운영하는 데 법관들의 의견을 충실히 수렴해 반영할 수 있는 제도를 마련하는 건 더욱 중요한 일이다. 각급 법원에서 선정된 법관들이 함께 모여 토론해 의견을 모을 수 있는 논의의 장을 마련하고, 최대한 지원하겠다."[11]

판사들의 결집 속도가 빨라지면서 고위 법관들의 압력도 커졌다. 이탄희의 심적 갈등도 격렬해졌다. 조사 결과가 '반쪽 진실'에 그치면서 이탄희에겐 두 가지 길밖에 없었다. 사직을 해야 할까. 법원 내부에서 투사가 되어 싸워야 할까. 이탄희는 고민하고 또 고민했다.

"임종헌 차장은 잘못이 없다"라고 말할 생각은 한번도 해본 적 없었다. 이탄희 자신이 판사들한테 힘을 실어주는 뭔가를 해야 하는 것인가. 판사로서의 생명이 끝났다고 생각하고 법원 밖으로 나가서 뭘 해야 하는 것인가. 그것이 고민이었다.

진상조사위에 대해서도, 당신들이 진실을 명확하게 밝히겠다고 해놓고 물적 조사를 못해서 못 밝혔으면 스스로 부족했다고 인정해야 한다, 모든 공적인 책임은 당신들한테 있지 나한테 있는 게 아니다, 이렇게 말하고 사건을 어떻게 해결해야 하는지 자신의 입장과 주장을 가지고 대응해야 하는 것인가.

내적으로 많이 힘들었다. 잠도 잘 이루지 못했다. 마음이 힘드니까 대화할 상대가 필요했다. 그렇다고 판사들에게 마음을 이야기하면 뭔가 누설하는 사람으로 규정되지 않을까, 자꾸 마음속에 저항감이 생겼다.

판사들에게 속 시원히 하지 못하는 이야기들을 아내 오지원에게 하게 됐다. 자는 사람을 깨워서 같은 이야기를 또 하고 또 했다. 오지원의 건강이 나빠졌다. 아이들도 힘들어했다.

이제 법원 조직에서 자신이 견딜 수 없을 것 같다는 생각이 들었다. 그래도 결정을 내리지 못했다. 그 일 때문에 자신이 법원을 나가는 게 옳은가, 의문이 들었다.

이탄희는 육아휴직이라는 유보적인 선택을 떠올렸다. 5월 중순 행정처 인사실에 문의 전화를 했다. 육아휴직을 신청하면 보통 한 달 정도 걸린다고 들었는데, 바로 휴직에 들어가도 된다는 답변이 돌아왔다.

"이 판사님, 육아휴직은 권리 아닙니까. 바로 처리하겠습니다."

"아, 재판 기일도 조정해야 하고… 정리를 하려면 일주일 정도는 필요합니다."

5월 22일부터 육아휴직에 들어가기로 했다. 주변 판사들의 반응은 반반이었다. 휴직 하고 좀 쉬는 것이 낫겠다는 이들도 있었지만 차라리 사직을 하는 한이 있어도 휴직을 하면 안 된다고 반대하는 이들도 있었다. 휴직은 회피하는 것으로 비쳐질 수 있다는 우려였다. 육아휴직은 이미 일사천리로 진행되어 돌이킬 수 없었다.

그래도 이탄희에게는 사태의 중심에 임종헌 차장이 있다는 확신이 있었다. 임종헌 본인이 말한 것이 있고, 이규진과 임효량이 말한 것이 있었다. 그냥 자연발생적으로 생긴 해프닝은 아니었다. 이탄희는 '팩트'의 힘을 믿으며 한발 물러서 있기로 했다.

유산된 양승태 코트의 '마지막 기회'

2017년 3월 언론 보도에서 비롯된 '판사 블랙리스트' 의혹은 대법원 차원의 진상 조사로 이어졌다. 박근혜 대통령 탄핵과 맞물려 양승태 코트의 민낯이 절반쯤 드러나면서 법원 개혁으로 전개될 수 있는 사건이었다.

양승태 대법원장의 위임을 받은 진상조사위는 진실을 밝혀야 할 책임이 있었다. 진상조사위 조사 결과는 판사들에게 실망과 좌절감을 안겨줬다. 판사들을 오히려 분노하게 함으로써 전국법관대표회의를 통한 진상규명 요구를 촉발시켰다. 대법원과 진상조사위가 의도치 않은 결과를 낳은 것이다.

그때 만약 법원행정처 판사들이 진실을 이야기했다면 상황은 어떻게 달라졌을까. 진상조사위가 좀더 적극적으로 진실을 밝혔다면, 그래서 '판사 뒷조사 파일'의 일부라도 드러났다면 어떻게 됐을까. 아니, 조사 결과를 제대로 설명만 했다면 어땠을까.

역사에는 가정이 없다지만 가정을 해볼 필요는 있다. 똑같은 실수를 하지 않기 위해서. 조사 결과가 다르게 나왔다면 판사들은 수긍하고 법정으로 돌아갔을 가능성이 컸다. 양승태 대법원장이 책임을 지고 물러났을 수는 있지만, 지금처럼 법정에 서는 일은 피할 수 있었을지 모른다.

진상조사위 조사 결과는 우리가 알고 있듯이 미봉에 가까웠다. 그렇게 나올 수밖에 없었던 이유는 조직논리에 있다. '진실을 밝혀야 한다'라는 공적 가치보다 '법원을 살려야 한다'라는 조직논리가 앞서다보면 있는 그대로의 진실과 대면하기는 힘들어진다. 조사보고서를 볼 주요 독자는 판사들이 아니라 대법원장이 된다.

진상조사위를 거치며 양승태 코트는 자기고백과 반성을 할 수 있는 마지막 기회를 날려버렸다. 어쩌면 불가피했던, 필연적인 과정 아니었을까. 진상조사위도 '양승태 코트' 안에 있었다. 양승태 코트는 그때까지 움직여온 관성에 따라 움직일 수밖에 없었다. 속도를 조절하고 방향을 제어할 힘을 상실한 상태였다.

이후 법원은 두 쪽으로 쪼개지고 만다. 일선 법원의 판사들은 추가 진상규명을 요구하며 전국법관대표회의를 출범시킨다. 고위 법관들은 법원 조직의 위기에 주목한다. 법원에 조금씩 균열이 가기 시작한다. 그 균열을 따라 두 갈래의 논리와 감정이 깊은 골을 파며 뻗어나간다.

4

판도라의 상자가 열렸다

—2차 조사

진상조사위의 조사 결과 발표 후에도 출구는 보이지 않았다. 양승태 대법원장은 침묵을 지키고 있었다. 그대로 가다간 그해(2017년) 9월 대법원장이 교체될 때까지 대치 상태가 계속될 수도 있었다.

교착 상태를 깬 것은 5월 10일 출범한 문재인정부였다. 일요일인 5월 21일 오후 박수현 청와대 대변인이 인사 발표를 했다. 청와대 법무비서관에 국제인권법연구회 간사였던 김형연 부장판사가 임명됐다. 김 부장은 청와대 근무를 위해 사표를 냈다. 사표가 수리된 것은 비서관 발표 전날이었다.

현직 판사로 있다 바로 청와대로 직행한 것은 분명 문제가 있었다. 불과 며칠 전까지 재판을 하다가 대통령을 위해 일하는 비서관이 된다면 정치적 중립성을 의심받기에 충분하다. 아무리 청와대행(行)이 개별 재판에 영향을 미치지 않았더라도 국민들의 눈에는 법관이 독립해 재판해야 한다는 원칙이 흔들린 것으로 비칠 수밖에 없다. 김형연이 청와대에 들어가는 데 국제인권법연구회 판사들이 강하게 반대한 이유였다.

익명 게시판을 둘러싼 음모론

공교롭게도 대법원의 움직임이 빨라진 것은 그때부터였다. 김형연 법무비서관 발표가 나오고 이틀 뒤인 5월 23일 고영한 대법관이 법원행정처장에서 물러나 재판 업무로 복귀했다. 후임 행정처장도 정해지지 않아 신임 처장이 취임할 때까지 김창보 차장이 처장 대행을 해야 했다.

같은 달 26일에는 대법원이 전국법관대표회의를 6월 19일 개최한다고 발표했다. 법조계에선 "법원 사정을 잘 아는 사람이 청와대에 들어가니 대법원이 긴장한 것 아니냐"라는 말이 나왔다.

6월 19일 경기도 고양시 사법연수원 3층 대형 강의실에서 전국법관대표회의가 열렸다. 전국 법원에서 선출된 법관 대표 100여 명이 참석했다. 대표회의 의장으로 이성복 수원지법 부장판사가 선출됐다. 법관 대표들은 전국법관대표회의를 상설화하기 위해 대법원 규정을 제정해 줄 것을 요구했다.

또 사법부 블랙리스트 의혹을 추가 조사하기로 결의했다. 법관 5명으로 현안조사소위를 구성하고 최한돈 인천지법 부장판사를 위원장으로 선출했다. 대표들은 양승태 대법원장에게 현안조사소위에 '조사 권한을 위임할 것'을 요구했다.[1]

양 대법원장이 대표회의 결의 후 며칠이 지나도록 반응을 보이지 않자 코트넷에 '얼마 남지 않은 임기에 연연하지 말고 물러나시라'라는 글이 올라왔다. 양 대법원장 사퇴를 요구하는 글이 6월 22일 하루에만

10건에 달했다.[2]

익명게시판이 이슈로 등장한 것은 그즈음이었다. 전국법관대표회의 준비를 위해 신설된 코트넷 익명게시판에 인신공격성 글이 올라왔다.

'양승태 씨는 즉시 자리에서 물러나주십시오.'

양 대법원장의 직함을 떼고 사퇴를 요구한 글이 주목을 받았다. 대표회의에서 "거수기가 되기 싫다"라며 회의 진행 방식에 반대 입장을 밝혔던 한 고등부장도 익명게시판에 비판 대상으로 올랐다.

'어찌 만연히 그렇게 오셔서 준비 부족을 자인하는 말씀을 당당히 하시는 것인지, 까마득한 후배로서 안쓰럽다.'

전국법관대표회의에 대해서도 원색적으로 비난하는 글이 잇달았다. 이상하게도 이런 상황이 실시간으로 언론에 중계됐다. "품위 있는 토론을 기대했는데 (…) 개탄스럽다"라는 판사들의 반응도 함께 보도됐다. 언론들은 '키보드 워리어'*라는 자극적인 용어를 썼다. 김창보 법원행정처 차장은 '민형사상 문제가 될 수 있는 글을 자제하라'라고 공개 경고했다.

> 법관사회 전체에 대한 혐오감을 대중들에게 심어주는 계기가 됐습니다. 그게 바로 사람들이 말하는 '시선 돌리기' 아닙니까. 그런 상황을 모종의 음모로 보는 판사들도 적지 않았습니다. 판사들이 전국법관대표회

---

* 온라인에서 풍문이나 소문을 무차별적으로 유포하거나 다른 사람을 심하게 비방하는 글을 작성해 유포하는 사람을 말한다.

의 준비 게시판을 익명게시판으로 만들라고 요구한 적도 없는데 익명게시판으로 만들어지고, 그게 보도가 되면서 결과적으로 악용되니까… 진상규명을 요구하는 판사들이 보수 언론과 부딪치게 되는 첫 순간이었어요. 어떤 신문은 단어 하나 쓰는 것부터 다릅니다. 예를 들어 국제인권법연구회를 '사조직'이라고 안 써요. '서클'이라고 쓰거든요. '사조직'은 반박할 수 있을 것 같은데 '서클'은 더 이념적으로 느껴지면서도 개념 자체가 불명확해서 싸우기 힘든 부분이 있어요. 엄밀하지 않은 단어를 굉장히 정교하게 쓴다고 할까. 칼럼이나 기사도 특별한 논리와 체계 없이 부정적인 이미지들을 계속 연결하는 방식으로 작성합니다. 부정적인 인상을 심어주는 것, 그 자체가 메시지인 겁니다. (지방법원 판사)

양승태 모욕 주기, 적폐청산 프레임, 전 정권 사법부 죽이기…

보수 언론의 보도가 계속되면서 진상규명에 부정적인 판사들의 목소리가 힘을 얻었다. 코트넷에 진상규명에 반대하는 글이 조금씩 눈에 띄기 시작했다. 몇몇 판사는 언론과 인터뷰를 하고 전국법관대표회의를 비판했다. 진상규명 요구가 압도적이었던 법원 분위기가 바뀌고 있었다.

초기에는 이탄희에게 이메일을 보내는 고등부장들이 많았다. '이 판사 덕분에 법원이 좋아질 것 같다. 부끄럽고 고맙다.' 시간이 흐르면서 이탄희를 향해 불편한 시선을 던지기 시작했다. 부끄러움이 쌓이면 미움이 되는 걸까. 법원 조직이 무너질지 모른다는 경고음에 위기감을 느낀 걸까.

양승태의 '투 트랙' 전략은 어떻게 만들어졌나

6월 28일 양승태 대법원장이 입장을 밝히고 나섰다. 전국법관대표회의 요구사항 가운데 대표회의 상설화는 수용하겠다고 했다.

"평소 법관들이 사법행정에 더욱 광범위하고 적극적으로 참여하는 것이 필요하다고 느껴왔습니다. (…) 법관들의 의사가 충실히 수렴·반영될 수 있는 제도적 장치로서 전국법관대표회의를 상설화하자는 결의를 적극 수용하여 추진하도록 하겠습니다."

반면 '판사 블랙리스트' 의혹 추가 조사에 대해서는 거부 입장을 분명히 했다. 그의 입장문에는 '교각살우(矯角殺牛)의 우(愚)'라는 표현이 도드라졌다.

> 객관적이고 중립적으로 구성된 조사 기구가 독립적인 위치에서 자율적인 조사 과정을 거쳐 결론을 내렸다면, 비록 그 결과에 일부 동의하지 않는 부분이 있더라도 그에 대해 다시 조사하는 것은 바람직하지 않을 것입니다. 더욱이 충분하고도 구체적인 법적·사실적 근거도 없는 상태에서 법관이 사용하던 컴퓨터를 열어 조사한다면 교각살우의 우를 범할 수도 있을 것입니다.[3]

그 이유로는 법원행정처 소속 법관들이 사용하는 컴퓨터에 ①해당 법관이 생성한(만든) 자료 외에도 전임자 또는 다른 법관들이 작성한 문서가 있을 수 있고 ②공개를 전제로 하지 않은 자료도 있을 것이며 ③개인적 아이디어 수준의 메모나 미완성 상태의 문서 등도 보관되어 있을 것이라는 점을 들었다. 또 "해당 컴퓨터를 관리하는 법관 외의 제3자에게 공개할 수 없는 성격의 문서들이 상당수 존재할 수밖에 없다"라며 컴퓨터를 조사하려면 당사자의 동의가 있어야 한다고 강조했다.*

> 더구나 이제껏 각종 비위 혐의나 위법사실 등 어떤 잘못이 드러난 경우조차도 법관이 사용하던 컴퓨터를 그의 동의 없이 조사한 적은 한 번도 없었습니다. 법관이 사용하는 컴퓨터에 관하여, 자료 생성과 보관에 관여한 모든 사람들의 동의를 받아 조사한다는 것도 용이하지 않고, 이를 강제할 수도 없습니다. 그러한 자료의 생성이나 보관에 관여한 사람들의 동의 없이 컴퓨터에 저장된 자료를 조사한다면 그 자체로서 또다른 논란을 불러일으킬 수도 있습니다.[4]

전국법관대표회의는 수용하고, 행정처 컴퓨터에 대한 조사는 거부하는 '투 트랙'(two track) 전략이었다. 양 대법원장의 이런 입장은 온전히 그의 판단이었을까. 행정처 실·국장과 심의관들은 어떤 상황 분석이나 정책 제안도 하지 않은 채 가만히 있었을까. 당시 행정처에 있던 이들 사이에서 "여전히 대법원장에 대한 보좌 기능이 작동하고 있었

* 이같은 가이드라인은 이후 추가조사위원회 조사(2차 조사)에서 법원행정처가 컴퓨터 조사를 반대하는 강력한 근거가 된다.

다"라는 증언이 나온다.

임종헌 차장이 사퇴한 다음 행정처가 무력화됐다고요? 그건 좀 사실과 다릅니다. 물론 힘이 많이 빠졌지만 어떤 상황에서도 대법원장에게 누군가는 보고하고 지시받아 일을 해야 하지 않겠습니까. 임 차장이 나간 뒤에도 계속해서 대법원장의 정책결정을 위해 예전과 다름없이 정무적 판단을 하고 방향을 제시하는 문건들이 만들어졌어요. 그때 그 대법원장 발표문도 나름의 정세 분석에 따라, 문건 작업을 거쳐 나왔다고 봐야 합니다.(전 법원행정처 관계자)

실제로 2018년 7월 31일 대법원이 공개한 법원행정처 문건 가운데 「현안 관련 추가 물적 조사 여부 검토」라는 보고서가 있었다. 해당 문건은 2017년 4월 27일 기획조정실 기획2심의관실에서 작성됐다.

문건에는 당시 '판사 블랙리스트' 의혹으로 코너에 몰렸던 양승태 코트의 고민이 담겨 있다. 향후 시나리오를 예측하면서 그 가능성을 수치화해 도표까지 넣었다. 대법원 진상조사위가 "판사 뒷조사 파일은 없다"고 발표한 지 9일이 지난 시점이었다.

해당 문건의 도표는 '물적 조사 여부'와 '의혹 발견 여부'라는 두 가지 변수에서 도출된 6개의 시나리오를 시각화하고 있다. 시나리오가 실행될 가능성을 확률로 제시하고 기댓값을 산출했다.

가능성으로 보면 '물적 조사를 실시했다가 발견돼 극심한 후폭풍을 맞는 상황'이 80%로 가장 컸다. '물적 조사를 실시하지 않아 블랙리스

현안 관련 추가 물적 조사 여부 검토

2017. 4. 27. 기획제2심의관실

3. 소 결

[요약] 현상태에 비춘 이후 상황
① 최선의 경우
자료 복원과 함께 추가 물적 조사를 함 → 별다른 자료가 없음 → 후속 조치를 통한 진정국면
② 차선의 경우
물적 조사를 거부함 → 초기의 거센 정치적 비난을 감수 → 상당한 폭의 개선조치를 통한 민심수습
③ 차악의 경우
물적 조사를 함 → 심각한 자료가 나옴 → 관련자 다수 징계, 대법원장 리더십 약화
④ 최악의 경우
물적 조사를 거부 → 심각한 갈등이 지속되다가 외부기관에 의한 자료 강제 공개 → 관련자 다수 징계, 대법원장 리더십 상실

의혹발견여부 / 물적조사여부	미발견		발견	기대값
실시	이른바 블랙리스트 의혹 해소 (가능성 15%) +10	복원 상 문제점 등 추가 의혹 제기 (가능성 5%) -2	극심한 후폭풍 (가능성 80%) -10	-6.6
미실시	다수 판사들이 수긍하고 개선방안 논의에 집중 (가능성 30%) +2	이른바 블랙리스트 의혹의 사실상 고착화 (가능성 60%) -5	최악의 후폭풍 (가능성 10%) -20	-4.4

● 결국 미실시로 인한 평균적 기댓값이 더 높으나, 최선의 기댓값은 물적 조사를 실시하고 특별한 자료가 발견되지 않은 경우임

● **미실시를 하면서 기댓값을 높이려면 개선방안 논의에 집중될 여건 마련**

법원행정처 문건 「현안 관련 추가 물적 조사 여부 검토」(2017.4.27) 일부.

트 의혹이 사실상 고착화되는 상황'이 60%로 그뒤를 이었다. 문건은 '물적 조사를 실시하지 않으면서 기댓값을 높이려면 개선방안 논의에 집중될 여건을 마련해야 한다'라고 제안했다. 최선도, 최악도, 차악도 아닌 '차선의 경우'였다.*

사법행정권 남용 문제로 법원행정처가 진상조사위의 조사 대상이 되고, 처장이 사과를 하던 때였다. 그런 상황에서도 문건이 작성되고, 정세 분석이 이뤄진 것이다. 무슨 일이 있어도 행정처는 절대 흔들리지 않을 것이라는 조직논리와, 우리 컴퓨터를 누가 감히 들여다보겠느냐는 오만함 없이는 힘든 일이었다.

'교각살우'란 무엇인가

양승태 대법원장이 법원에 던진 마지막 메시지 '교각살우의 우'를 좀더 들여다볼 필요가 있다. 교각살우, 다시 말해 '쇠뿔이 좀 비뚤어졌다고 해서 쇠뿔을 고치려다간 소를 죽일 수도 있다'는 것은 체제를 유지시키는 강력한 이데올로기다. 크고 작은 잘못이 있더라도 시스템에 혼란이나 악영향을 줄 수 있다면 그냥 넘어가는 것이 옳다는 논리다.

양 대법원장 발언의 맹점은 '판사 블랙리스트' 의혹이 작은 사안이

* 실제로는 물적 조사를 거부했다가 김명수 코트의 진상조사에 이어 검찰 수사로 컴퓨터 문건이 공개되는 '최악의 경우'로 전개된다.

아니라는 데 있다. '양심에 따라 독립하여' 재판하는 판사들의 동향을 파악하거나 성향을 분석하는 것은 사법권 독립의 본질을 침해할 수 있다. 그런 동향 파악과 성향 분석이 결국은 판사들에 대한 인사에 반영되고, 법관사회를 위축시켜 재판에 영향을 미친다면 문제는 더 분명해진다. 그가 법관의 재판상 독립에 대해 제대로 된 철학을 가지고 있었다면 '교각살우'라는 말은 쓰지 않았을 것이다.

양 대법원장처럼 '교각살우'라고 생각하는 판사들이 적지 않다. 상당수 고위 법관들은 '사법농단' 사태에 대해 "그 정도 일로 법원이 이렇게까지 망가져서야 되겠느냐"라고 말한다. 지금도 "법원에 대한 신뢰만 무너지고 우리가 얻은 게 뭐냐"라는 퇴행적 뒷공론이 무성하다.

쇠뿔(사법행정권 남용)을 고치는 게 소(법원)를 살리는 일이 될 수도 있는데, 쇠뿔만 좀 건드리려고 하면 소를 죽일 수도 있다고 한다. 문제가 있으면 고쳐야 하는 것 아닌가. 자꾸 그렇게 우(愚)를 범할까 두려워하면 언제 시스템을 개선할 수 있는가.

'교각살우'는 대(大)를 위해 소(小)가 희생해야 한다는 것과 같은 맥락이다. 무엇이 대이고, 무엇이 소인가. 왜 작다는 이유로 큰 것에 희생해야 하는가. 이런 질문들에 답하지 않는다면 대중을 오도하는 말풍선일 뿐이다.

양 대법원장의 '교각살우' 입장 표명에 대해 전국법관대표회의 측은 유감을 나타냈다. 이성복 전국법관대표회의 의장은 7월 5일 코트넷에 공지를 올렸다.

"대법원장께서 결의를 수용하지 않으신 데 깊은 유감을 표명한다.

사법행정에 대한 신뢰 회복을 위해 추가 조사 수용에 대한 입장 변화를 희망한다."

차성안 판사는 7월 6일 포털사이트 다음 아고라게시판에 '판사 블랙리스트 의혹 규명' 청원을 올렸다.

"사법부 자정노력이 수포로 돌아가는구나 하는 답답한 마음에 제가 직접 시민들에게 관심을 호소하기로 결심을 했고 (…) 배수진을 치는 심정으로 (…) 시민 여러분의 관심이 저에게 다음 행동에 나설 용기를 주실 수 있습니다."[5]

같은 달 20일에는 전국법관대표회의 현안조사소위 위원장인 최한돈 인천지법 부장판사가 사직서를 냈다. 최 부장판사는 코트넷에 올린 글에서 양 대법원장의 추가 조사 거부에 대해 "우리 사법부의 마지막 자정의지와 노력을 꺾어버리는 것과 다르지 않다"라고 항의했다.

"사법부 내에서 공개되지 않고 은밀히 이루어지는 법관에 대한 동향 파악은 그 어떤 이유를 내세워 변명하더라도 명백히 법관 독립에 대한 침해입니다. (…) 저에게 마지막 남은 노력을 다하고자 어제 (…) 법원장님께 사직서를 제출하였습니다."[6]

7월 24일 전국법관대표회의 2차 회의에서 판사들은 양 대법원장에 대해 유감을 표명했다. 추가 조사 권한을 위임해달라고 재차 요구했다.

양승태 코트와 판사들 사이에 갈등이 거듭되는 와중에도 제도 개혁 논의가 가시화했다. 6월 19일 전국법관대표회의 첫 회의에서 재발 방지책과 관련된 여러 방안들이 나왔다. 육아휴직 중이던 이탄희는 이인석 서울고법 판사와 만나 이야기를 나누다 법원장 호선제와 법원행정처의 탈판사화 추진을 제안했다. 2차 전국법관대표회의에서 제도개선특별위원회 구성이 의결되면서 제도개선 작업이 본격화했다.*

추가 조사도, 제도개선도 양승태 코트에서는 불가능한 일이었다. 다음 대법원장이 들어와야 뭐라도 진척될 수 있었다. 사법부의 모든 눈길은 차기 대법원장이 누가 되느냐로 모아졌다.

"31년간 재판만 해온 사람의 수준 보여드리겠다"

2017년 대법원장 인선 과정에서 강력한 후보는 두 명이었다. 박시환·전수안 전 대법관이었다. 이용훈 대법원장 시절 김영란·김지형·이홍훈 전 대법관과 함께 '독수리 5남매'로 불리며 진보 목소리를 대변한 이들이었다.

당시 청와대에서 보다 유력하게 검토했던 카드는 전수안이었다. '첫 여성 대법원장'이라는 상징성에 주목했다. 전수안은 청와대의 제의를 받아들이지 않았다.

전수안은 박시환을 추천했다. 김형연 법무비서관이 박시환을 만난 데 이어 조국 민정수석이 박시환을 설득했다. 문재인 대통령도 박시환에게 전화를 걸었다. 대통령은 "대법원장직을 맡아달라"라고 요청했

* 민중기 서울고법 부장판사가 제도개선특별위원장을 맡았다. 이인석 서울고법 판사는 1분과 위원장을, 구회근 광주고법 부장판사는 2분과 위원장을 맡았다.

다. 박시환은 "저는 적임자가 아니다"라고 손사래를 쳤다.

젊은 판사들이 박시환을 찾아왔다. 전수안에게도 많은 판사들이 "대법원장직을 받아들이시라"라고 했다. 두 사람 모두 요지부동이었다. 박시환은 그 무렵 김지형 전 대법관 등 지인들과 저녁식사 자리를 가졌다. 한 참석자가 "그동안 했던 말과 행동에 책임을 져야 하는 것 아니냐"라고 했다. 박시환은 눈물을 쏟았다. "내게도 행복추구권이 있다. 더 이상은 그렇게 살고 싶지 않다."*

8월 21일 문재인 대통령은 대법원장 후보자를 지명했다. 박시환도, 전수안도 아니었다. 김명수 춘천지법원장이었다. 청와대는 "법관 독립에 대한 소신을 갖고 사법행정의 민주화를 선도했다"라고 인선 배경을 설명했다.

'김명수 대법원장'은 깜짝 놀랄 카드였다. 양승태 대법원장과 비교하면 사법연수원 기수를 13기나 건너뛰었다. 대법관을 거치지 않은 사람 중에서 대법원장 후보자가 지명된 것도 처음이었다. 문 대통령은 오히려 대법관을 지내지 않았다는 상징성을 택한 것 아닐까.** 판사 시절 김명수 재판부에서 배석판사를 지낸 김형연 법무비서관의 역할에 눈

---

* 김지형 전 대법관은 모임이 끝난 뒤 지인에게 말했다. "박시환은 대법관을 할 때 많이 힘들어했다. 독수리 5남매 중 4명은 두 명씩 소부(小部)에 함께 있어서 그나마 나았다. 2대2로 싸울 때가 많았기 때문이다. 박시환은 혼자서 보수 성향 대법관 3명과 맞서야 했다. 그때의 트라우마가 큰 것 같다."

** 문재인 대통령은 민정수석으로 있던 2005년 대법원장 후보자 인선 과정에서 이홍훈 당시 서울중앙지법원장을 만났다. 이홍훈은 "대법관을 거치지 않은 사람이 대법원장을 하기는 어렵다"라며 사양했다.

길이 모였다.

김명수는 사법연수원(15기)을 수료한 뒤 1986년부터 판사로 일했다. 우리법연구회 회장과 국제인권법연구회 초대 회장을 지냈다. 김명수는 '판사 뒷조사 파일' 문제가 불거진 직후인 2017년 3월 열린 법원장 간담회에서 법원행정처의 사태 대응을 강도 높게 비판했다. 젊은 판사들의 의견을 대변해 양승태 코트와 껄끄러운 관계였다.

김명수는 대법원장 후보자 지명 다음 날인 8월 22일 대법원을 찾았다. 양승태 대법원장과의 면담을 위해서였다. 그는 별도의 수행원 없이 춘천에서 동서울버스터미널행 고속버스에 올라 서울에 온 뒤 지하철을 타고 서초동 대법원 청사로 이동했다.

김명수는 대법원 앞에서 기자들과 만나 대법원장직 수행에 대한 자신감을 내보였다. 그는 "어제 지명 발표 후 저에 대해 분에 넘치는 기대, 그리고 또 상당한 우려가 있다는 것을 알게 됐다"라고 했다.

"(저는) 31년 5개월 동안 법정에서, 그것도 사실심 법정에서 당사자들과 호흡하면서 재판만 해온 사람입니다. 그 사람이 어떤 수준인지, 어떤 모습인지 이번에 보여드리겠습니다."

김명수는 '판사 블랙리스트' 의혹에 대해 "나중에 청문회에 가서 일일이 할 이야기를 지금 모아서 하는 것은 적절하지 않은 것 같다. 청문회 절차에서 자세히 밝히도록 하겠다"고 했다.[7]

그가 말한 "31년 넘게 재판만 해온 사람의 수준"이란 무엇일까. 그는 준비된 이 한마디를 통해 대법원장 후보자로서 양승태 코트의 사법행정권 남용에 분명하게 각을 세웠다. 법원행정처를 앞세워 판사들과 재판을 통제하는 일은 없을 것임을 분명히 한 셈이다. 아울러 사법행정을 한번도 해보지 않고 일선에서 재판만 해온 사람이 이끄는 법원이 어떻게 다른지 보여주겠다는 각오를 드러냈다.

9월 13일 국회 인사청문회에서 김명수 후보자는 블랙리스트 의혹에 대해 재조사에 나설 수 있음을 시사했다.

"현재까지 증거가 없다고 돼 있는데 제대로 조사가 안됐다는 주장도 있다. 양승태 대법원장이 추가 조사를 거부하며 사정을 말씀하신 것도 있어서 다시 살펴보겠다."

이날 청문회에서 주광덕 자유한국당 의원은 3월 9일 법원장 간담회에서의 김 후보자 발언을 문제 삼았다.

"당시 참석한 법원장들이 김 후보자 발언에 대해 '사법부를 탈취하려는 사람 같았다' '춘천지법원장이 처장 이상의 권한을 행사한다' '대법원장 위에 있는 사람이다'와 같이 전했다."

김 후보자는 "그날 (사법행정권 남용 사태에) 너무 놀란 상황이라 격앙됐을 수 있지만 (그런) 의도나 취지는 갖고 있지 않았다"라고 답했다.[8]

9월 21일 대법원장 임명동의안이 국회 본회의를 통과했다. 298명이 참석해 무기명투표를 했다. 찬성 160명, 반대 134명, 기권 1명, 무효 3명이었다. 찬성이 가결 정족수(150명)를 10표 웃돌았다.

김명수 대법원장, 추가 조사를 결정하다

9월 25일 김명수 대법원장은 문재인 대통령으로부터 임명장을 받은 뒤 곧장 대법원으로 출근했다. 대법원 청사에 들어가기 앞서 취재진을 만난 김 대법원장은 '블랙리스트' 추가 조사에 관한 질문을 받았다.

"지금 당장 급하게 결정해야 할 문제다. 오늘부터 시작되는 임기 때 먼저 이야기해야 할 부분이라고 본다. 잘 검토해서 국민들이 걱정하지 않는 방향으로 하겠다."[9]

다음 날(9월 26일) 대법원 1층 대강당에서 열린 취임식에서 김명수 대법원장은 "저의 대법원장 취임은 그 자체로 사법부의 변화와 개혁을 상징하는 것이라고 생각한다"라고 밝혔다. 김 대법원장은 "오늘 그리고 내일의 사법부는 수직적이고 경직된 관료적 리더십이 아니라 경청과 소통, 합의에 기반을 둔 민주적 리더십으로의 전환을 마주하고 있다"라고 선언했다.

> 저는 대법원장으로서 법관의 독립을 침해하려는 어떠한 시도도 온몸으로 막아내고, 사법부의 독립을 확고히 하는 것이 국민의 준엄한 명령임을 한시도 잊지 않겠습니다.
>
> 나아가 국민들은 법관이 사법부 외부뿐만 아니라 내부로부터도 온전히 독립하여 헌법과 법률에 의하여 그 양심에 따라 심판하기를 원하고 있습니다. 이를 위해 법관 개개인의 내부로부터의 독립에 대하여도 각별

한 관심을 가지고, 제도개선에 노력을 기울이겠습니다. (김명수 대법원장)

이틀 뒤(9월 28일) 김 대법원장은 전국법관대표회의 의장단 10명을 만났다. 의장인 이성복 부장판사 등은 "현안조사소위에 조사 권한이 부여되기를 바란다"라며 "법원행정처 컴퓨터 등 물적 자료에 대한 보존 조치를 해야 한다"라고 했다. 김 대법원장은 "다양한 의견을 경청한 후 숙고해 결정하도록 하겠다"라고 답했다.[10]

10월 16일 김명수 대법원장은 진상조사위에서 '블랙리스트' 의혹을 조사했던 성지용 서울고법 부장판사 등을 만났다. 이들은 "위원회가 내린 결론에 이르는 인적·물적 조사는 충분했다"라면서도 "추가 조사 여부에 대해 어떤 결정이 내려지더라도 존중할 것"이라고 말했다.[11] 같은 달 27일 김 대법원장은 대법관 회의를 열었다.[12] 이 회의에서 일부 대법관들은 "당사자들의 동의가 없으면 컴퓨터 조사는 곤란한 것 아니냐"라고 했다.

11월 1일 대법원은 전격적으로 법원행정처 고위직 인사를 단행했다. 이민걸 기획조정실장을 '사법연구'로 사실상 대기발령하고, 심준보 사법정책실장 겸 사법지원실장을 서울고법으로 보내는 인사 명령을 했다. 김연학 인사총괄심의관과 임선지 사법정책총괄심의관도 재판부로 발령이 났다. 정기인사 시기(2월)가 아니라는 점에서 추가 조사 결정을 앞두고 기존 행정처 라인을 교체한 것이라는 관측이 나왔다.[13]

같은 달 3일 김명수 대법원장은 '사법부 블랙리스트' 의혹에 대한 추가 조사를 하기로 최종 결정했다. 이날 비서실장을 통해 코트넷에 올린 글에서 그는 "사법부의 현안으로 제기된 이른바 '사법부 블랙리스트' 논란에 대해 그 의혹을 해소하고 법원 구성원 사이에 발생한 갈등과 혼란을 없애기 위해 추가 조사를 명하기로 했다"라고 밝혔다.[14]

김 대법원장은 같은 달 13일 민중기 서울고법 부장판사를 추가조사위원장으로 지명했다. 그는 민 위원장에게 위원회 구성과 활동에 관한 모든 권한을 위임했다. 민 위원장은 성지용 서울고법 부장판사, 최한돈 인천지법 부장판사, 최은주 서울가정법원 부장판사, 안희길 서울남부지법 판사, 김형률 서울중앙지법 판사, 구태회 사법연수원 교수를 위원으로 위촉했다. 현안조사소위 위원장인 최한돈 부장 등 전국법관대표회의 측 3명과 성지용 부장 등 진상조사위 측 3명으로 균형을 맞춘 것이다.

추가조사위원회는 '물적 조사를 중심으로 하고, 인적 조사는 필요 최소한의 범위에서' 하기로 결정했다. 가능하면 관련 당사자들의 동의와 참여하에 컴퓨터 조사를 진행하는 것을 원칙으로 삼았다.

문제는 조사 범위였다. '사법행정권 남용' 의혹 전반으로 할 것이냐, 아니면 '블랙리스트' 의혹으로 제한할 것이냐. 논쟁을 벌인 끝에 판사들에 대한 성향 분석이나 동향 파악 등 '블랙리스트' 의혹으로 제한하기로 했다.

> 전국법관대표회의 쪽에서 온 조사위원들은 당연히 사법행정권 남용 전반을 봐야 하는 것 아니냐고 했다고 합니다. 진상조사위에서 1차 조사를 했던 분들은 블랙리스트 의혹으로 제한하자고 했고요. 진상조사위

쪽 위원들이 '우리가 김명수 대법원장에게서 위임받은 조사 권한은 블랙리스트다' 이렇게 주장하면서 그쪽으로 정리됐다고 해요. 조사 대상이 되는 시기는 2011년 국제인권법연구회가 설립된 때부터 2017년 4월 진상조사위가 활동을 마친 때까지로 했죠. (지방법원 부장판사)

추가조사위, 우여곡절 끝에 의혹의 컴퓨터를 열다

추가조사위의 목표는 명확했다. 1차 조사에서 행정처 반대로 좌절됐던 법원행정처 컴퓨터를 여는 것이었다. 11월 23일 행정처 전산정보관리국장 등이 참석한 회의에서 조사 대상인 컴퓨터 하드디스크 등에 대한 보존조치(복제장비를 이용한 하드 카피)를 요청했다. 같은 달 29일에는 행정처와의 협의를 거쳐 임종헌 전 차장이 사용한 컴퓨터를 제외한 나머지 컴퓨터 하드디스크들에 대해 보존조치를 했다. 물적 조사를 위한 준비가 꽤 진척된 셈이었다.

우려는 빗나가지 않았다. 법원행정처는 당사자들의 동의가 있어야 컴퓨터에 대한 조사를 받아들일 수 있다는 입장을 고수했다. 추가조사위는 당사자들에게 동의와 협조를 요청했다. 아무도 동의 의사를 밝히지 않았다. 양쪽의 힘겨루기는 한 달 동안 지루하게 이어졌다.

공용 컴퓨터라고 해서 무조건 열어보겠다는 건 맞지 않지요. 그렇다고 무조건 열어보지 못한다는 것도 말이 안되고요. 어떤 상황이냐에 따라 다릅니다. 정말 위급한 상황, 예를 들어 국가 안위가 걸렸다고 하면 당연히 봐야죠. 그럼 '판사 블랙리스트'가 있다는 의혹이 제기됐을 때도 볼 수 있느냐는 것인데… 제 생각에는 열어보지 않는 게 맞습니다. 공적 기관인 이인복 진상조사위에서 이미 결정했던 사안 아닙니까. 여러 사정을 볼 때 컴퓨터까지 볼 필요는 없다고 결론을 내렸고, 그다음에 명할 수 있는 사람이 양승태 대법원장이었는데요, 양 대법원장도 '교각살우' 라고 하지 않았습니까. (전 법원행정처 간부)

'위법하게 수집된 증거는 증거로 활용할 수 없다'는 독수독과(毒樹毒果) 논란이 잇달아 보도됐다. "동의 없이 열람하면 영장주의에 반하는 것으로 비밀침해죄에 해당한다"라는 법원 일각의 문제제기도 나왔다.* 고등부장 출신의 한 변호사는 "컴퓨터를 사용하던 사용자가 열람·조사에 반대 의사를 분명히 했다면 영장 등 법적 절차를 거쳐야 한다"라고 말한 것으로 보도됐다.[15]

김소영 법원행정처장의 거부 의사도 완강했다.** 민중기 위원장과 최한돈 부장 등이 김소영 처장은 물론 김 대법원장에게도 비공식적으로 협조를 요청했으나 교착 상태는 좀처럼 깨지지 않았다.

---

* 잠금장치가 돼 있는 저장매체를 당사자 동의 없이 임의로 해제해 내용을 확인하면 비밀침해죄로 처벌하도록 한 형법 316조가 법적 근거로 거론됐다.

** 2017년 7월 19일 양승태 대법원장은 진상조사위 발표 후 재판 업무로 복귀한 고영한 법원행정처장 후임으로 김소영 대법관을 임명했다. 김명수 대법원장 취임 후 김소영 처장은 유임됐다. 김 대법원장은 법원행정처에 대해 "기존 체제 그대로 가겠다. 나를 따를 사람은 따르고, 떠날 사람은 언제든 이야기해라. 보내주겠다"라고 말했다.

또 하나의 문제는 임종헌 전 차장이 사용하던 컴퓨터였다. 12월 1일 추가조사위는 법원행정처와 협의해 임종헌 전 차장 컴퓨터에서 하드디스크를 분리해 봉인했다. 같은 달 22일 추가조사위는 행정처 측에 보관중인 하드디스크를 넘겨줄 것을 요청했으나 "협조하기 어렵다"는 답변을 받았다.

임종헌의 컴퓨터가 쟁점으로 떠오른 것은 추가조사위와 행정처 모두 '판도라의 상자'로 봤기 때문이었다. 양쪽 다 '임종헌 컴퓨터에 기획조정실뿐 아니라 모든 실·국에서 생성된 주요 문건들이 들어 있을 것'이라고 인식하고 있었다. 임종헌의 업무 스타일 때문이었다. 임종헌은 심의관들로부터 보고서를 받은 다음 해당 보고서 파일을 다시 이메일로 전달받아 수정하거나 재가공해 보고했다.

이처럼 법원행정처가 컴퓨터 조사에 대해 철통같은 방어벽을 친 이유는 무엇일까. 당시까지 양승태 코트의 행정처 간부와 심의관들이 상당수 남아 있었다. 그들은 컴퓨터를 열면 깜짝 놀랄 문건들이 쏟아져나오리라는 것을 누구보다 잘 알고 있었을 것이다. 컴퓨터 조사를 놓고 벌어진 줄다리기를 얼마나 초조하게 지켜봤을까.

협의 과정에서 검색어를 '인권법'으로 제한하고 김민수 전 기획1심의관 컴퓨터만 조사한다면 김 전 심의관 동의를 받아주겠다는 말이 나오기도 했다. 추가조사위 측은 "조사 범위를 그렇게 제한하는 것은 있을 수 없는 일"이라고 일축했다.

법원행정처의 입장 변화를 기다리던 추가조사위는 결국 결정을 내릴 수밖에 없었다. 2017년 12월 26일 임종헌 컴퓨터 하드디스크를 제외한 나머지 하드디스크에 대한 조사에 들어갔다.* 추가조사위는 "수차례 서면과 대면 방식으로 당사자들의 동의를 구하려 했지만 얻지 못했다" 며 "동의 없이 조사하기로 했다"라고 밝혔다. 다만 "저장매체에 있을 수 있는 개인적인 문서와 비밀침해의 가능성이 큰 이메일은 조사 범위에서 제외했다"고 했다.[16]

> 당초 추가조사위 위원들은 3~4주면 임무를 마칠 수 있을 거라고 생각했어요. 대법원장의 명령에 따른 조사이고, 행정 영역에서 사용된 컴퓨터들이기 때문에 당연히 동의와 관계없이 조사할 수 있다고 본 거죠. 하지만 추가조사위원 일부도 '동의를 받아야 하지 않느냐'는 얘기를 했고, 또 논란을 남기지 않는 게 좋으니까 계속 포기하지 않고 설득을 했던 겁니다. 그렇게 한 달을 보낸 다음에 더이상은 힘들다고 보고, 논의한 끝에 동의가 없더라도 열어보기로 한 거죠. 조사 대상과 방법을 한정하고, 당사자들에게 참여하고 의견을 진술할 수 있는 기회를 준다면 물적 조사로 사적 정보가 누설되거나 비밀이 침해될 개연성은 없다고 봤습니다.
> (대법원 관계자)

* 컴퓨터 조사에 착수한 후에도 추가조사위는 임종헌 하드디스크에 대한 조사 의지를 꺾지 않았다. 2018년 1월 8일 공문을 통해 재차 인도해줄 것을 요청했으나 법원행정처는 같은 달 12일 거부 입장을 밝혔다.

'기획1심의관 컴퓨터' 미스터리

추가조사위는 업무용 컴퓨터 3대의 HDD와 SSD를 조사하기로 했다. 김민수 전 기획1심의관과 임효량 당시 기획1심의관, 이규진 전 양형위원회 상임위원이 사용한 컴퓨터였다. 당초 이인복 진상조사위에서 법원행정처에 요구했던 컴퓨터는 임종헌, 이규진, 김민수 세 사람의 것이었다. 추가조사위 조사 단계에서 임효량의 컴퓨터가 새롭게 포함됐다.

그 이유는 조사 과정에서 임효량의 컴퓨터가 교체된 사실이 파악됐기 때문이었다. 2017년 2월 인사로 임효량은 김민수가 쓰던 기획1심의관 컴퓨터를 넘겨받았다. 그는 전산정보관리국에 컴퓨터의 128GB SSD를 256GB SSD로 교체해줄 것을 요청했다. 전산정보관리국은 256GB SSD가 포함된 새 컴퓨터를 임효량에게 제공했다.

임효량은 담당 부서를 통해 김민수가 사용하던 컴퓨터 SSD에 있던 업무용 파일을 새 컴퓨터의 SSD로 복사한 뒤 기존 SSD의 파일들을 삭제하도록 했다. 또 김민수 컴퓨터의 HDD를 떼어내 새로 받은 컴퓨터에 옮겼다. 새 컴퓨터의 HDD는 김민수 컴퓨터에 들어갔다.*

이 과정을 거치면서 임효량의 새 컴퓨터에는 김민수 컴퓨터의 HDD와 SSD 파일들이 들어갔다. 반면 기존의 김민수 컴퓨터는 새 HDD와 파일들이 삭제된 SSD뿐이었다. 문제의 파일들은 임효량 컴퓨터에서

---

* 이같은 사실은 특별조사단 조사보고서(8면)에 기재돼 있다.

쏟아져나왔다.* 만일 추가조사위가 김민수 컴퓨터만 열어봤다면 이렇다 할 소득이 없었을 수도 있었다.

그렇다면 임효량은 컴퓨터를 왜 교체한 것일까. 컴퓨터 용량을 늘리려다 빚어진 '의도치 않은 결과'일까. 중요 파일들을 안전한 컴퓨터로 옮기기 위해 '의도된 결과'일까. 그 배경은 조사가 이뤄지지 않았다.

컴퓨터 조사 방식은 단순했다. 추가조사위에서 사전에 정한 검색어가 한 개 이상 포함된 파일을 추출했다. 검색어는 인권법, 인사모, 중복가입, 학술대회, 상고법원, 대외비, 성향, 동향, 대책, 대응, 리스트, 强性(강성), 국제인권법연구회 회원 이름 등이었다.[17]

당사자들에게 조사 예정일 2~3일 전에 참여 여부를 물었다. 참여한 이는 없었다. 법원행정처는 공문으로 참관을 요청했다가 참관하지 않겠다는 취지의 공문을 다시 보내왔다.**

그런데 하드디스크들에서 암호가 설정된 파일들이 발견됐다. 기획조정실 심의관 등의 컴퓨터 하드디스크에서 찾아낸 정상 파일*** 중 460개, 유실 파일**** 중 300개가 암호로 잠겨 있었다. 이 중 5개 파일에는

---

* 특별조사단의 3차 조사 결과 김민수 전 심의관 컴퓨터의 경우 검색어가 추출된 문서 파일은 SSD에서만 499개(전체 2,363개)가 나왔다. HDD에서는 당연히 아무것도 나오지 않았다. 임효량 심의관 컴퓨터의 경우 HDD에서 검색어 추출 파일 22,110개(전체 305,255개), SSD에서 검색어 추출 파일 6,389개(전체 16,833개)가 각각 나왔다.(조사보고서 9~10면)

** 추가조사위는 외부 유출 논란을 차단하기 위해 모든 방법을 총동원했다. 컴퓨터를 인터넷망에 연결하지 않은 채 조사했다. 조사실 주변에 공익근무요원을 배치해 출입을 엄격히 통제했다. 또 CCTV 2대를 설치해 24시간 녹화를 계속했다.

*** 삭제되지 않고 남아 있던 파일로 원 파일명의 확인이 가능함.

**** 삭제됐던 것을 복구한 파일로 원 파일명의 확인이 불가능함.

'인권법연구회 대응 방안' '국제인권법연구회 대응 방안 검토[임종헌 수정]' 등의 제목이 달려 있었다.

추가조사위에서 당사자들에게 암호 제공을 요청했으나 응한 사람은 없었다. 기술적으로 암호를 푸는 데는 문제가 없었다. 암호 파일들이 조사 범위 안에 있는지가 고민이었다. 파일을 열어보기 전에는 조사 범위인 '블랙리스트 의혹'에 해당하는지를 알 도리가 없었다. 또 암호를 풀려면 검찰 포렌식센터 같은 기관에 의뢰해야 하지만 파일 내용을 외부로 유출하지 않는다는 행정처와의 약속을 지켜야 했다. 암호 파일들은 열지 못한 채 조사를 마칠 수밖에 없었다.

이러한 한계 속에서도 하드디스크 조사를 해낸 것 자체에 큰 의미가 있었다. 의혹의 문건들이 쏟아져나왔다. '판사 뒷조사'를 뒷받침하는 문건들이 나왔고, 상상도 못하던 원세훈 사건 관련 문건이 튀어나왔다. 사법행정권 남용이 '재판 거래' 의혹으로 확대되는 계기였다.

판사들이 '판사 뒷조사'에 충격을 받았다면 시민들은 '재판 거래' 의혹에 경악했다. 원세훈 문건이 나오면서 법원 내부에서 처리할 수 있는 단계를 넘어서게 됐다. 당시 법원행정처에서는 조사 범위를 둘러싼 논란이 있었다.

"원세훈 사건 관련 문건은 조사 범위에 없었다. 추가조사위가 당초 정해진 대상 범위를 넘어 조사 결과를 발표했다."

추가조사위 입장은 달랐다. 추가조사위가 조사에 착수하면서 '판사들에 대한 동향 파악이나 성향 분석과 관련된 문건이 나오면 문건 전체를 공개하기로' 했다는 얘기였다. 이 원칙에 따라 추출된 문건 하나하나를 놓고 공개 여부를 논의했다.

원세훈 선고 관련 각계동향 문건은 2015년에 작성된 것이어서 조사 대상 시기(2011~17년)에 포함됩니다. 사실 해당 문건의 핵심 내용이 BH(청와대)와의 문제인 건 맞지만 분명히 판사들에 대한 동향 파악이 들어가 있습니다. 그래서 논의 끝에 공개하기로 한 겁니다. 추가조사위 조사 결과 발표에 포함되지 않았다가 뒤늦게 공개된 문건이 2건 있었는데요. 통상임금 판결 관련 문건은 판사 동향이나 성향 분석 같은 게 없어서 논의를 거쳐서 공개하지 않기로 한 거고요. 긴급조치 판결 재판장 징계 검토* 문건은 블랙리스트와 비슷한 성격이긴 한데, 정확히 따지면 판사 성향 분석이라기보다는 특정 판결에 대한 징계를 검토한 것이어서 공개하지 않는 게 옳다는 의견이 우세했어요. 추가조사위 조사 결과 발표는 면밀한 검토와 토론을 거친 것이어서 문제될 게 없습니다. (추가조사위 관계자)

---

* 2015년 9월 서울중앙지법 민사11부(재판장 김기영 부장판사)는 국가에 대해 1970년대 긴급조치 9호로 처벌받은 송모씨와 가족들에게 1억 원을 배상하라고 판결했다. "긴급조치 9호 발령은 대통령의 헌법 수호 의무를 위반한 것으로서 고의 내지 과실에 의한 위법행위에 해당한다." 이 판결은 "유신헌법에 근거한 대통령의 긴급조치권 행사는 고도의 정치성을 띤 국가행위로서 (…) 민사상 불법행위를 구성한다고 볼 수 없다"는 같은 해 3월 대법원 판결에 정면으로 배치되는 것이었다. 법원행정처는 '대법원 판례를 정면으로 위반한 하급심 판결에 대한 대책'문건을 통해 재판장 징계를 검토했다.

'행정처의 조직원'으로 진실 은폐에 가담한 판사들

2018년 1월 22일 추가조사위는 조사보고서를 발표했다. 이 보고서로 양승태 코트의 민낯이 드러났다.

가장 먼저 벗겨진 가면은 법원행정처의 '블랙리스트 의혹 은폐'였다. 이인복 진상조사위의 1차 조사 당시 행정처 실장과 심의관들이 조직적인 은폐에 나섰음이 확인됐다. 이규진 당시 상임위원이 1차 조사에서 제출했던 문건 2건 외에 대책 문건 5건이 추가로 발견되면서다.* 당시 이규진이 행정처 실장들과의 대책 논의 결과에 따라 문건 2건만 진상조사위에 제출하고, 추가 문건의 존재와 논의 사실에 대해서는 함구하기로 한 사실이 드러났다.

이규진 선에서 책임지기로 한 것은 그가 '이탄희 판사에게 판사 뒷조사 파일이 있다는 취지의 실언을 하는 바람에 이번 사태가 야기된 것에 따른 전적인 책임을 져야 한다는 법원행정처 내부 분위기가 강했기'[18] 때문이었다. 관련자들이 "판사 동향 파일 같은 건 없다"라고 진술한 것도 모두 거짓말이었다.

추가 확보된 문건들을 통해 법원행정처가 국제인권법연구회와 인사모에 대해 체계적인 대응책을 검토했음이 밝혀졌다. 2017년 1월 국제

* 이 추가 문건들은 대부분 임종헌 전 법원행정처 차장의 지시로 기획조정실에서 작성되어 기획조정실장과 임종헌 전 차장에게 보고된 다음 실장회의와 처장 주관 주례회의에서 논의됐다.(추가조사위 조사보고서 8면)

인권법연구회 운영위원회에서 공동학술대회를 3월 25일에 개최하기로 의결한 뒤에는 로드맵까지 마련했다.[19] 그해 1월부터 5개월에 걸친 와해 로드맵이었다. 회장 등의 공식 문제제기(1월 하순) → 회장 등 사퇴 및 탈퇴(2월 중순) → 중복가입 해소(3월 초순) → 연구회 일반 회원들 동요 및 탈퇴(3월 중순) → 인사모 등 고립화 분위기 조성(3월 하순) → 연구회 예산 삭감 등 지원 제한(5월) 순이었다.

이처럼 치밀한 계획에 따라 2017년 2월 이탄희에게 '중복가입 탈퇴' 조치가 연구회를 겨냥한 것임을 부정하는 논리를 전파하라고 지시했던 것이다. 당시 이탄희가 불법행위의 공범이 될 수 있다는 판단으로 지시를 거부하고 사직서를 낸 것은 정당했음이 확인됐다. 1차 조사에서 이규진의 과장된 이야기를 듣고 '사직 해프닝'을 빚은 것으로 그려졌던 이탄희로서는 명예가 회복되는 순간이었다.

법원행정처 판사들로선 진실 은폐에 가담했다는 사실이 드러난 것이었다. 대법원장(양승태)이 지시한 진상조사 과정에서 그저 방어 차원의 진술거부권을 행사하는 데 그친 수준이 아니었다. 적극적이고 조직적으로 사실과 다른 조사 결과가 나오도록 조작했다.

더욱이 '판사 뒷조사 파일'을 발설한 이규진에게 모든 책임을 지우기로 말을 맞춘 것은 범죄에 가까운 행태였다. 이 짬짜미에 법원행정처의 주요 실장과 심의관들이 공모했다. "당신이 일으킨 일이니 당신 말고 누가 책임지겠느냐" "행정처가 살려면 당신이 책임지는 수밖에 없다"라고 말하는 광경이 눈에 선하다.*

여기에서도 공적 가치와 조직논리의 문제를 확인할 수 있다. 진실을 밝혀야 한다는 것은 공적 가치다. 진상이 드러나 조직이 피해를 입는 상황을 막아야 한다는 것은 조직논리다. 조직논리에 따라 행동하는 것은 '조직원'적인 행동이다. 자신이 경험한 사실 그대로를 말하는 것이 당연한데도 판사들은 법원행정처의 조직원으로 행동했다.**

미국에서 이런 사실이 드러난다면 어떻게 될까. 거짓말을 했다는 사실 하나로 탄핵당할 가능성이 크다. 한 연방법원 판사는 인사청문회에서 거짓 진술한 사실이 오랜 시간이 지난 후 드러나 탄핵되기도 했다.

공적인 절차에서 거짓말을 하면 공적 가치에 대한 배신으로 보고 무겁게 징계하는 것이 정상적인 사회다. 진실을 밝히기 위해 재판하는 판사들이 이런 행태를 보였다는 것은 훨씬 더 심각한 일이다. 판사들이 조직논리 밑에서 거짓을 너무나 쉽게 여기는 것을 어떻게 보아야 할까.

진실을 향한 대단한 집착이 있어야 판사라고 할 수 있다. 두 개의 입장이 부딪치는 상황에서 무엇이 진실인지 마지막 순간까지 헷갈리는 것이 재판이다. 진실에 대한 집착이 있는 판사라면 스스로 거짓말하는

---

* 임종헌 전 차장 구속 연장 심문(2019.5.8)에서 검찰은 "이규진 전 상임위원은 검찰 조사에서 '양승태 대법원장과 고영한 처장이 징계절차가 개시되기도 전에 곧 복귀시켜주겠다는 취지로 말했고, 부장 심의관들이 혼자 떠안고 가라고 자신을 설득한 사실이 있다'고 진술했다"라고 말했다. 이에 대해 임 전 차장 변호인은 "이규진이 부장 심의관들과 나눈 이야기를 피고인(임종헌)은 알지 못한다"라고 했다.

** 대법원 진상규명 과정에서 판사가 사실대로 말하지 않는 모습은 반복해서 나타난다. 「원세훈 전 국정원장 판결 선고 관련 동향」 문건을 작성한 정다주 전 기획조정심의관은 추가조사위 조사에서 "해당 문건을 본 적도 없고, 문건의 양식도 행정처가 사용하는 양식이 아니다"라고 부인했다. 그는 이후 특별조사단 조사에서 "내가 작성한 것이 맞다"라고 시인했다.

것에 살을 베이는 듯한 고통을 느껴야 한다. 결코 진실 앞에 가벼워져서는 안 된다.

'왕당파' '주류'의 시각으로 이뤄진 사찰 활동

판사들에 대한 동향 파악과 대책을 담은 문건들은 그 정도에서 그치지 않았다. 법원행정처가 판사들의 사법행정 참여, 소통 기구로 사법행정위원회를 구성하기로 하면서 위원 추천권자인 고등법원장에게 추천 희망 법관들에 대한 정보를 제공하기로 한 사실도 확인됐다.*

송○○ 판사가 2016년 1월 인사모 모임에서 사법행정위원회에 참여할 판사를 판사회의에서 선출할 필요가 있다고 발표하면서였다. 기획조정실 문건[20]은 인사모 모임을 '핵심 그룹'과 '주변 그룹'으로 분류하면서 핵심 그룹으로 우리법연구회 부장판사 6명, 평판사 5명, 국제인권법연구회 부장판사 1명의 이름을 기재했다.

기획조정실은 이어 추가 문건[21]을 통해 "핵심 그룹의 사법행정위원회에 대한 지속적인 폄하 → 사법행정위원회가 '의례적 기구' '들러리'라는 프레임 구축 중"이라고 보고했다. 문건은 "각 고등법원장이 이른

* 이후 3차 조사에서 특별조사단은 "고등법원장들의 후보자 추천 확정 전에 후보자 추천 명단의 일부 정보를 제공한 것으로 보인다"고 했다. 특별조사단 조사에서 임종헌 전 차장은 "사법행정위원회의 구심축 역할을 할 만한 분들을 추천하기는 하였으나 후보자 추천 명단을 제공한 사실은 없다"고 진술했다.(조사보고서 70~71면)

사법행정위원회 위원 후보자 추천

(적색 1순위, 청색 2순위, 흑색 3순위)

1	김○○	[redacted]	[redacted]	[redacted]	[redacted]	[redacted]	前 우리법 노동법	▶기본적으로는 보수 성향이지만, 우리법연구회 회장 역임 - 송○○ 판사가 믿고 따르는 선배 ▶사법연수원 인권법학회 지도 교수(2004~2006) - 35~38기까지 진보 성향 법관에게 영향력(예: 홍○○ 판사)
2	노○○	[redacted]	[redacted]	[redacted]	[redacted]	[redacted]	前 우리법	
3	박○○	[redacted]	[redacted]	[redacted]	[redacted]	[redacted]	前 우리법	
4	오○○	[redacted]	[redacted]	[redacted]	[redacted]	[redacted]	前 우리법	▶우리법연구회 회장 역임, 온건한 성향
5	이○○	[redacted]	[redacted]	[redacted]	[redacted]	[redacted]	前 우리법	▶[redacted]지역법관 ☞ [redacted]지역 법관들에게 신망 두텁다고 함
6	박○○	[redacted]	[redacted]	[redacted]	[redacted]	[redacted]	젠더법 인권법	▶여성친화적 가치관과 소탈한 성품으로 여성법관들에게 신망 ▶[redacted]
7	윤○○	[redacted]	[redacted]	[redacted]	[redacted]	[redacted]	젠더법	▶(-)사법정책심의관
8	고○○	[redacted]	[redacted]	[redacted]	[redacted]	[redacted]	인권법	▶온건하고 합리적인 성품으로 여성법관들에게 신망 있음 ▶강한 리더십 발휘하거나 활동 범위 넓은 편은 아님 ▶夫 [redacted]○○ 전 부장판사
9	이○○	[redacted]	[redacted]	[redacted]	[redacted]	[redacted]	젠더법	▶소장 법관들과 활발히 교류하면서 소장 법관들 의사를 대변해 주는 젊은 스타일의 부장으로 신망 높음 ▶夫 [redacted]○○ 前부장판사
10	윤○○	[redacted]	[redacted]	[redacted]	[redacted]	[redacted]	前 우리법	▶(-)법원행정처 공보관 ▶진보 성향 젊은 법관들에게 상당한 영향력 보유
11	김○○	[redacted]	[redacted]	[redacted]	[redacted]	[redacted]	前 우리법 인권법 노동법	▶(-)민사정책심의관, 재판연구관(부장판사) ▶진보 성향 젊은 법관들에게 상당한 영향력 보유
12	김○○	[redacted]	[redacted]	[redacted]	[redacted]	[redacted]	前 우리법	▶(-)민사정책심의관 ▶진보 성향 젊은 법관들에게 상당한 영향력 보유
13	신○○	[redacted]	[redacted]	[redacted]	[redacted]	[redacted]	젠더법	▶(-)사법연수원 정책연구교수, 夫 [redacted]○○ 재판관 ▶여성 후배들 사이에 신망 두텁고, 여성문제에 있어 진보적 성향 있으나, 정치적으로는 진보적 성향 뚜렷하지 않음
14	최○○	[redacted]	[redacted]	[redacted]	[redacted]	[redacted]	前 우리법	▶우리법연구회 회장 역임, 온건한 성향
15	문○○	[redacted]	[redacted]	[redacted]	[redacted]	[redacted]	現 우리법	▶[redacted], 强性
16	문○○	[redacted]	[redacted]	[redacted]	[redacted]	[redacted]	인권법 젠더법	▶(-)사법정책심의관 ▶소탈하고 젊은 리더십으로 소장 법관에게 인기 많음 ▶위원 위촉 자체로 사법행정위원회 흥행에 도움
17	장○○	[redacted]	[redacted]	[redacted]	[redacted]	[redacted]	現 우리법	▶(-)민사판례연구회 회원, 사법연수원 정책연구교수
18	김○○	[redacted]	[redacted]	[redacted]	[redacted]	[redacted]	現 우리법 노동법	▶송○○ 판사와 가까움 ▶(-)夫 [redacted]○○ 부장판사
19	이○○	[redacted]	[redacted]	[redacted]	[redacted]	[redacted]	前 우리법	▶진보 성향 법관들에 대한 영향력은 弱함 ▶(-) 사법연수원 기획교수
20	이○○	[redacted]	[redacted]	[redacted]	[redacted]	[redacted]	現 우리법	▶2010년 우리법연구회 명단공개 무렵 가입하여 비교적 활발하게 활동
21	이○○	[redacted]	[redacted]	[redacted]	[redacted]	[redacted]	前 우리법 인권법	▶(-[redacted] ▶진보 성향 젊은 법관들에게 상당한 영향력 보유
22	정○○	[redacted]	[redacted]	[redacted]	[redacted]	[redacted]	現 우리법 인권법 젠더법	▶진보 성향 젊은 법관들에게 상당한 영향력 보유, 强性 ▶夫 [redacted]○○ 변호사([redacted]) ▶(-)전략적 사고에 능함
23	장○○	[redacted]	[redacted]	[redacted]	[redacted]	[redacted]	前 우리법	▶前 청와대 행정관 ▶(-)지원장, [redacted]지법 기획법관 ▶우리법 연구회 그룹의 핵심 ▶진보 성향 법관들에게 강력한 영향력 보유 ▶전략적 사고에 능하나, 주장이 강경한 편은 아님

법원행정처 문건 「사법행정위원회 위원 후보자 검토」(2016.3.28) 일부.

바 '왕당파'로 불리는 법관(예: 행정처 심의관, 기획법관·공보관, 수석부 배석판사, 해외 유학 선발 경력 등을 보유한 법관) 위주로 위원 추천할 경우 핵심그룹에게 공격기회 제공하는 셈"이라고 설명했다.

"핵심 그룹과 유대관계가 있으면서도 균형감각을 갖춘 법관 등을 적극적으로 발굴해 고등법원장에게 정보 제공함으로써 핵심 그룹의 악의적 폄하 시도를 선제적으로 방어할 필요가 있다."

후보자 이름·연수원 기수 등 인적사항과 소속 연구회, 성향을 분석해 후보자 추천 명단을 작성했다. 추천순위는 색깔로 표시했다. 1순위는 적색, 2순위는 청색, 3순위는 흑색이었다.

또다른 문건[22]은 '진보 성향 법관 후보군을 사전 검토하였듯, 이른바 주류의 논리를 대변할 수 있는 법관 후보군도 사전 검토하여 대항마로 포함될 수 있도록 각 고등법원과 사전 협의하는 방안'을 제시했다. 당시 법원행정처에서 사법행정위원회 구성 방침을 밝히자 좋은 취지로 받아들이고 적극적으로 참여하자는 일선 법원 판사들이 많았다. 이같은 문건 내용이 밝혀지면서 판사들이 느끼는 배신감은 컸다.

'핵심 그룹' '주변 그룹' '왕당파' '주류' '대항마'…

법원이나 판사와 어울리지 않는 용어들이 거리낌 없이 사용됐다. 공안적 사고가 법원행정처 내부에 얼마나 팽배했다는 말인가. '왕당파'와 '비왕당파', '주류'와 '비주류'를 나누는 이분법적인 사고로 세상을 파악하는 것 아닌가.

이런 세계관에서는 다양한 성향과 취향이 공존할 수 없다. 두 세력의 대결구도만이 우리가 사는 세상의 본질이고, 두 세력 외에는 주변 세력들만이 있을 뿐이다. 그나마 주류의 기준도 재판을 잘하느냐가 아니었다. 법원행정처 심의관, 일선 법원 기획법관·공보관 등 판사의 본업인 재판 업무와 관련 없는 기준으로 주류를 분류해냈다.

對外秘

각급 법원 주기적 점검 방안

2016. 8. 기획조정실

● 「공식적」 점검의 외관 필요

- 비공식적 정보수집 사실이 드러날 경우 **'법관 사찰'**, **'재판 개입'** 등 큰 반발이 예상되므로, 철저한 보안 유지 필요
- 대외적으로는 공식적으로 수집한 정보를 바탕으로 점검이 진행된다는 외관 필요함

법원행정처 문건 「각급법원 주기적 점검 방안」(2016.8.24) 일부.

이런 이분법적인 어휘들은 대법원장과 법원행정처의 집단사고를 반영하고 있다. "보고서가 좋은 평가를 받으려면 보고받는 사람이 평소 사용하거나 좋아하는 어휘를 동원해야 한다." 행정처 심의관들 사이에서 통용됐던 말이다. 처음 행정처에 가면 문건 첨삭 지도를 받기도 했다. 보고서에 쓰인 어휘들은 최대한 정제된 것이다. 보고받는 사람이 평소에 어떤 생각을 하고 있었는지를 보여준다.

양승태 코트의 판사 동향 파악이 어떻게 전개됐는지를 종합적으로 보여주는 것이 문건 「각급법원 주기적 점검 방안」이다. 2016년 8월 기획조정실에서 작성된 이 문건은 양승태 코트의 치밀한 조직관리를 보

여준다. 특히 “공식·비공식적 방법을 망라한 광범위한 정보 수집이 필요하다”라며 외관(外觀)의 필요성을 강조했다.

외관을 갖출 필요성을 강조한 것은 작성자 스스로 반발에 직면할 수 있음을 인식하고 있었다는 이야기다. ‘대외적인 외관’까지 거론했다는 점에서 기만적이고 공작적인 냄새를 지우기 어렵다.

비공식적 방법을 통한 정보 수집으로는 ‘거점 법관’을 통한 정보 수집, SNS·게시판을 통한 정보 수집과 함께 ‘전산시스템 개발을 통한 조기경보 체제 구축’을 제시했다. 전산시스템까지 개발해 경보 체제를 구축하겠다는 계획에서 사법부의 안보를 지키겠다는 의지를 새삼 확인하게 된다.

문건들을 보면 국정원 수준의 감시 활동을 펼친 양승태 법원행정처의 활동상이 여실히 드러난다. 법관들과 익명 카페인 ‘이판사판야단법석’과 여성법관 전용 네이버 카페 ‘유스티티아’ 등이 주요 대상이었다.

로그인이 가능한 아이디와 비밀번호를 확보해 게시글을 지속적으로 수집했다. 정보 수집을 목적으로 회원가입을 한 경우도 있었다. 문제될 가능성이 높은 판사들에 대해서는 당사자의 소셜미디어는 물론이고, 부장판사인 경우 그 배석판사나 참여관·실무관의 소셜미디어까지 점검하도록 했다. 충격적인 것은 이러한 문건을 만들고 실제 정보 수집 활동을 한 이들이 판사라는 사실이다.

이판사판야단법석 카페의 경우 문제의 소지가 있는 주요 게시글과 댓글을 집중적으로 파악해 보고했다.[23] 예를 들어 원세훈 항소심 선고에 대한 게시글과 관련 댓글을 분석하면서 중요하다고 판단되는 부분

'이판사판야단법석' 다음(Daum) 카페 현황 보고

1. 검토 배경

▣ **판사들이 회원인 인터넷 포털사이트 커뮤니티 등장**

● 다음(Daum) 포털사이트에 판사들이 회원인'이판사판야단법석'카페 개설

● 여러 판사들이 회원 가입하여 익명으로 **사법부 관련 현안, 법관인사, 특정 판결 등 다양한 주제**에 대한 **의견 개진**

● 정치적 편향성을 드러내거나 지나치게 직설적인 표현 등 **부적절한 게시 글 존재**
(이하 생략)

▣ **원○○ 형사사건 선고 관련**

☑ '원○○ 항소심 선고' (2015. 2. 9.자 게시글)
[게시글 일부]
"2시간 동안 판결을 읽고 계신 듯 한데, 그러면 결국 실형인가요? 지금까지 나온 속보 문구를 종합하면, 집행유예 선고하기엔 너무 이상한데..."
[댓글 22개] ⇨ 대부분 실형 선고에 찬성한다는 취지
"징역 3년 법정구속, 속이 시~원한다!!"
"간만에 속이 확 풀리는 소식이네요"
"김○○ 부장님도 조금이나마 위로가 되셨으면 좋겠어요"
"아~ 판사답다..."

법원행정처 문건 「'이판사판야단법석' 다음(Daum) 카페 현황 보고」(2015.2.14) 일부.

은 굵은 글자로 표시했다.

개별 판사들에 관한 문건들은 코트넷 게시글, 언론 투고 같은 해당 판사의 동향을 분석하고 대응 방안을 제시하는 데 주력했다. 눈에 띄는 것은 판사들의 성향을 '비주류 활동가 성향' '정세 판단에 밝은 전략가형' '선동가, 아웃사이더 비평가 기질' '학생운동 경력' 등으로 묘사한 대목들이다. 이 중 '좋은 재판 연구회' 활동을 하던 박○○ 판사에 대한

동향 보고에는 이런 대목이 있다.

> 박 판사의 경우 학생운동 집행유예 전력이 있으나 '초임지가 서울중앙임에도 재판연구관이 되지 못한 것 때문에 사법행정에 비판적인 측면이 있으므로, 단독판사회의 의장 출마시 슬로건인 좋은 재판, 행복한 판사 관련 활동에 집중할 것'이라는 평 있음.[24]

인사 불만 때문에 사법행정에 비판적이다? 이러한 시각은 법원행정처 문건뿐 아니라 언론 보도에서도 재생산된다. 사람이 무슨 활동을 하면 욕구 불만 때문이고, 결국은 헤게모니 싸움이고, 자리다툼일 뿐이라는 식이다.

역시 보고서에는 보고하는 사람과 보고받는 사람의 인식이 드러나기 마련인가. 이익을 주면 충성하고 이익을 주지 않으면 비판한다는, 다시 말해 '세상은 곧 이익의 먹이사슬'이라는 세계관이다.

그런 측면도 없지 않겠지만 그 잣대 하나로 모든 것을 설명하는 태도는 위험하다. 인사 불만이 문제의식을 자극하고 키울 수는 있어도 인사 불만 때문에 없던 문제의식이 새롭게 생기지는 않는다. 인사에 따른 충성과 불만으로 세상을 바라보는 것은 매우 위험한 일이 될 수 있다. 또 다른 문건[25]에서는 한 판사의 코트넷 자유게시판 글과 활동 등을 분석한 뒤 이같이 제시했다.

■ 정세 판단에 밝은 전략가형

- 속칭 '낄 때, 안 낄 때' 판단이 밝아, 자신에게 불이익이 오지 않을 이슈에 대해서는 강한 어조로 비판, 그 반대의 경우에는 침묵

'낄 때, 안 낄 때'를 잘 안다는 것이 정세 판단이나 전략과 대체 무슨 상관일까. 개인의 이익과 불이익에 따라 행동하는 것을 '전략적'이라고 보는 것일까.

더 심각한 문제는 특정 판사의 게시판 글을 분석해 너무도 쉽게 개인의 성향을 판단한다는 사실이다. 한 사람의 성향이나 인격이 글 몇 개로 추출되고 분석될 수 있는가. 인간의 내면을 바라보는 시각이 너무 얕은 수준 아닌가.

'태풍의 눈'이 된 원세훈 문건

추가조사위 조사에서 압권은 역시 「원세훈 전 국정원장 판결 선고 관련 각계 동향」 문건이었다. '김동진' '동향'이라는 키워드로 검색한 결과였다. 작성 시점은 원세훈 사건 항소심 선고* 다음 날인 2015년 2월

* 2015년 2월 9일 서울고법 형사6부(재판장 김상환 부장판사)는 공직선거법과 국정원법 위반 혐의로 기소된 원세훈 전 국정원장에 대해 "혐의가 모두 인정된다"며 징역 3년을 선고하고 그를 법정구속했다. 앞서 1심 재판부는 원 전 원장의 공직선거법 위반 혐의에 대해서는

10일이었다.

단순히 동향 수집에 그친 문건이 아니었다. 항소심 선고를 전후해 BH(청와대)와 재판 관련 정보 및 의견을 교환하고, 청와대의 희망에 대한 사법부 입장을 상세히 설명한 것으로 나타났다. 판결 선고 전 청와대 문의에 따라 담당 재판부의 의중을 파악하거나 파악해 알려주려 한 사실도 드러났다.

원세훈 전 원장의 선거법 위반 혐의를 유죄로 판단한 항소심 판결 후 우병우 당시 민정수석이 전원합의체에 회부해줄 것을 희망했다는 데서 양측간의 거래 의혹이 제기됐다. 실제 대법원은 원세훈 사건을 전원합의체에 회부했다. 항소심 판결 5개월 만인 2015년 7월 13 대 0 의견으로 원심을 파기하고 서울고법으로 되돌려보냈다. '원심(항소심) 판단은 핵심 증거인 국정원 직원 이메일 첨부파일의 증거능력이 부인됨으로써 더이상 유지될 수 없다.'*

"전원일치 판결이고 새로 판례를 만든다는 의미도 크지 않은데 왜 소부(小部)에서 하지 않고 전원합의체에서 한 것이냐." 전원합의체 판결이 나오자 납득하기 어렵다는 지적이 나왔다. 대법원장·대법관 13명 전원이 참여하는 전원합의체 판결은 대법관 4명의 소부 판결보다 권위와 무게감에서 몇 배 더 강력한 메시지를 준다.

이 「각계 동향」 문건에 대해 추가조사위는 "사법행정권이 재판에 직

무죄로 판단하고 국정원법 위반 혐의만 적용해 징역 2년 6월에 집행유예 4년을 선고했다.

* 문제의 첨부파일은 '시큐리티' '425지논' 파일이었다. 서울고법 형사6부는 이 파일들을 증거로 국정원 심리전단 직원들이 트위터 계정 269개를 사용·관리했다고 판단했다.

원○○ 전 국정원장 판결 선고 관련 각계 동향

1. BH

■ **판결 선고 전 동향** ⇨ **촉각**을 곤두세움

- BH의 **최대 관심 현안** ⇨ 선고 전 **'항소기각'을 기대**하면서 법무비서관실을 통하여 법원행정처에 **전망을 문의**
- **법원행정처** ⇨ **'매우 민감**한 사안이므로 직접 확인하지는 못하고 있으나 **우회적·간접적인 방법으로 재판부의 의중을 파악하려고 노력하고 있음'을 알리는 한편**, 재판 결과에 관하여서는 **'1심과 달리 결과 예측이 어려우며, 행정처도 불안해하고 있는 입장임'을 알림**
  - 위와 같은 내용 그대로 **민정 라인을 통하여 보고**됨

■ **판결 선고 후 동향** ⇨ **내부적**으로 크게 **당황**, **외부적**으로는 **침묵** 속에 이○○ **청문회 주력**

- 전반적 분위기 ⇨ **크게 당황**하며 앞으로 전개될 정국 상황에 관하여 **불안**해하는 상황
  - 특히 **우○○ 민정수석** ⇨ 사법부에 대한 **큰 불만을 표시**하면서, 향후 **결론에 재고의 여지가 있는 경우**에는 **상고심 절차를 조속히 진행**하고 **전원합의체에 회부**해줄 것을 희망
  - 이에 대하여 **곽○○ 법무비서관** ⇨ **전원합의체 회부**는 오히려 **판결 선고 지연을 불러올 가능성** 있음을 피력
- **법원행정처** ⇨ 법무비서관을 통하여 **사법부의 진의**가 **곡해되지 않도록 상세히 입장을 설명**함
  - **법무비서관** ⇨ 법원행정처 입장을 BH 내부에 **잘 전달하기로** 함, 그리고 향후 **내부 동향을 신속히 알려주기로** 함

6. 향후 대응 방향

■ **판결 결과 분석** 필요

- 항소심 판결과 1심 판결을 **면밀히 검토** ⇨ **신속 처리 추진**
  - 기록 접수 전이라도 특히 **법률상 오류 여부** 면밀히 검토 ⇨ **공직선거법 제270조의 재판 기간에 관한 강행규정[3개월]** 최대한 준수하여 신속 처리

법원행정처 문건 「원세훈 전 국정원장 판결 선고 관련 각계 동향」(2015.2.10) 일부.

간접적으로 관여하거나 재판에 상당한 영향을 미칠 개연성이 있고, 재판의 공정성을 훼손할 우려가 있다"라고 지적했다. 이 조사보고서에 담기진 않았지만 원세훈 사건 말고도 제2, 제3의 재판 거래 의혹 관련 문건들이 확보된 상태였다.

성과가 명확했지만 한계도 명확했다. 조사보고서는 판사 동향 관련 문건들에 대해 "그 대응 방안이 실현되었는지 또는 인사상의 불이익 조치가 있었는지 여부를 떠나 그러한 경위와 목적으로 작성되었다는 자체만으로도 법관의 독립에 부정적 영향을 미칠 개연성이 있다"라고 말했다. 이런 표현에 그친 것은 컴퓨터에 있던 문건들이 누구 지시로 어떻게 작성됐고, 실제로 실행됐는지에 관한 조사가 이뤄지지 못했기 때문이었다.

'사법부 블랙리스트'의 끊임없는 변태(變態)

이탄희와 양승태 코트의 대결이 이어지고 있었다. 승부를 가르는 것은 '판사 블랙리스트'의 존재 여부였다. 이탄희는 그때까지 공개적으로 "블랙리스트가 있다"라고 주장한 적이 없었다. 임종헌·이민걸과의 전화 통화에서 "'판사 뒷조사 파일'의 본질은 블랙리스트와 같다"라고 말한 것이 '블랙리스트'로 보도됐다.

진상조사위의 1차 조사보고서는 블랙리스트 의혹에 대해 '법원행정처 기획조정실 컴퓨터에 판사들을 뒷조사한, 비밀번호가 걸려 있는 파일이 존재한다는 내용임'이라고 규정했다. 언론 보도 내용을 그대로 실었다. 그렇게 해놓고 결론 부분에서는 "기조실 컴퓨터의 판사들 뒷조사 파일은 결국 위(이규진 상임위원이 제출한) 두 문건을 말하는 것으로 보이고, 위 두 문건 이외에 전체 판사들 동향을 조사한 이른바 '사법부 블랙리스트'가 존재할 가능성을 추단케 하는 다른 어떠한 정황도 확인되지 않았다"[26]라고 설명했다.

의혹은 '기조실 컴퓨터에 판사 뒷조사 파일이 있느냐'였는데, '전체 판사들 동향을 조사한 블랙리스트 정황은 없다'고 답한 것이다. A가 있는지 물었는데 B는 없다고 결론 내리고 조사를 끝냈다. 블랙리스트 개념 자체가 조사보고서에 의해 하나 더 붙은 셈이다.

이후 블랙리스트 개념은 한번 더 확장된다. 한 언론이 어느 판사의 발언이라며 "인사상 불이익을 검토하지 않으면 블랙리스트라고 보기 어렵다"라고 보도했다. 그다음부터 블랙리스트 개념은 '인사상 불이익 조치 검토'로 확장된다. 추가조사위의 2차 조사 결과 발표 후 보수 언론은 인사상 불이익 조치를 검토한 문건이 없다는 데 초점을 맞췄다. '블랙리스트는 없었다'는 제목을 일제히 기사 위에 올렸다.

반면 추가조사위는 '판사 블랙리스트'가 확인됐다고 판단했다.

> 추가조사위가 판사 블랙리스트를 조사한 것은 형사처벌을 목적으로 한 게 아닙니다. 사법행정권 남용을 조사한 거죠. 형법상 직권남용이 되면 블랙리스트이고, 안되면 블랙리스트가 아닌 건가요? 블랙리스트는 '요주의 인물'에 대한 뒷조사나 사찰을 말하는 겁니다. 판사들의 동향을

분석하고 관리한 문건들이 블랙리스트죠. 반드시 가로세로로 된 격자 형태의 리스트로 돼 있어야 하는 건 아니지 않습니까. 성향 분석, 동향 파악이 다 사찰에 해당하는 거고요. (추가조사위 관계자)

이후 특별조사단의 3차 조사에서 인사상 불이익을 검토한 문건이 나왔다. 그러자 특별조사단은 "인사상 불이익이 실행되지 않았다"라며 블랙리스트는 없다고 발표했다. 끊임없이 개념을 바꿔가면서 '블랙리스트는 없다'를 강조하는 방향으로 흘러간 것이다. 대립구도 자체에 집중해 보도하는 것은 진보 언론도 다르지 않았다. 보수 언론과 진보 언론 모두 흑 아니면 백의 '진실게임'처럼 보도했다.

이탄희는 그 대결구도 속에 계속 끼어들어갈 수밖에 없었다. 그는 조사위원 후보자 모임에 나가서 설명을 했고, 전국법관대표회의 제도개선특위 일을 지원했다. 어떤 식으로든 판사들의 활동에 관여하고 있었다. 법원 내부의 대립구도에 참여하고 있었던 것이다.

법관사회는 누군가 전면에 나서면 그를 경원시하는 분위기가 강하다. 서기호 판사 재임용 탈락이나 이정렬 부장판사 징계 때도 판사들 반응이 바뀌어가곤 했다. 사건이나 메시지 자체에 대한 토론은 사라지고, 메신저에 대한 품평만 남았다. 그 사람 성격이 이상하다, 외골수다, 말투가 마음에 안 든다… 이탄희의 고민은 안으로, 안으로 내연(內燃)해야만 했다.

추가조사위 조사 결과 발표(1월 22일)를 며칠 앞뒀을 때였다. 2월 정기인사에서 김명수 대법원장 체제에 대한 반발로 최대 80명의 법관이 사표를 낼 것이라는 보도가 눈길을 끌었다. 그 원인으로 정권 교체 후 첫 정기인사라는 상징성, 판사 뒷조사 문건(블랙리스트) 의혹을 둘러싼 법원 내분, 고등부장 승진 문제 등 세 가지가 꼽혔다. 서울중앙지법의 한 부장판사가 "기수 중에서도 1, 2등만 하던 판사들이 '양승태 패거리, 적폐 판사라는 막말을 더 이상 듣기 싫다'며 사표를 낼 거라고 했다"고 전했다는 내용도 담겼다.[27] 가뜩이나 민감한 상황에서 법원 내부의 갈등이 더욱 부각되기 시작했다.

추가조사위 발표가 나온 다음 날(1월 23일)이었다. 조사보고서에 대한 반발은 전혀 예상치 못한 곳에서 터져나왔다. 대법관 13명이 원세훈 전 국가정보원장 재판 관련 「각계 동향」 문건에 대해 입장문을 발표했다.

"사건의 중요성까지 고려해 전원합의체에서 논의할 사안으로 분류하고 관여 대법관들의 일치된 의견으로 판결을 선고했다. 재판에 관해 사법부 내·외부 누구로부터 어떠한 연락도 받은 사실이 없음을 분명히 한다. 일부 언론 보도는 사실과 달라 사법부 독립과 재판 공정성에 관한 불필요한 의심과 오해를 불러일으키는 것으로 깊은 우려와 유감을 표명한다."

이 13명의 대법관 중 원세훈 사건 전원합의체 재판에 참여한 사람은 고영한 김창석 김신 김소영 조희대 권순일 박상옥 등 7명이었다. 이기택 김재형 조재연 박정화 안철상 민유숙 등 6명의 대법관은 당시 합의에 참여하지도 않았는데 입장 발표에 이름을 올렸다.

대한민국의 최고 재판관이라는 이들이 법원의 부끄러운 문건들이 쏟아져나온 데 대해 사과하지도, 반성하지도 않았다. 진지한 설명도 없이 무조건 '사실이 아니다'라고 선언했다. '신성한 대법원'을 지켜야겠다는 결의 말고는 어떠한 것도 느껴지지 않았다.

하루 뒤인 1월 24일 김명수 대법원장은 과거 법원행정처의 판사 동향 파악 등에 대해 공식 사과했다.

"사법부에 대한 국민의 신뢰에 큰 상처를 준 것에 대해 대법원장으로서 마음 깊이 사과드린다. (…) 조사 결과를 보완하고 공정한 관점에서 조치 방향을 논의해 제시할 수 있는 기구를 조속히 구성하겠다."

대법원장의 대국민 사과로 3차 조사가 불가피해졌다. 김 대법원장은 대국민 사과 다음 날인 25일 법원행정처장에 안철상 대법관을 임명했다. 김소영 법원행정처장이 임명된 지 7개월 만이었다. 행정처장 교체는 상당한 변화를 예고했다.

안철상 신임 처장은 이용훈 대법원장 시절 비서실장을 지낸 것 말고는 행정처 근무 경험이 없었다. 이 때문에 법원행정처 개혁의 적임자라는 평가도 있었다. 안철상은 과연 의혹의 실체를 규명하고 행정처를 개혁할 수 있을 것인가.

이탄희는 2월 정기인사에서 헌법재판소 파견 발령을 받았다. 추가조사위 조사 결과가 나오면서 그의 진술이 사실로 밝혀졌다. 길고 컴컴한 터널과도 같은 1년이었다. 그는 오랜만에 코트넷에 글을 올렸다.

> (…)
>
> 늦었지만 진심으로 감사드립니다.
>
> 그리고 또 존경합니다.

이번 일을 통해 법원에 좋은 변화가 있다면 그것은 온전히 판사님들이 애쓰신 덕분입니다.

생각해보면 제가 한 일은, 제 명예를 지키기 위해 부정한 일을 거부한 것, 그리고 조사 기구의 요청에 응하여 경험한 사실을 있는 그대로 진술한 것이 전부입니다.

지난 1년간 많이 배웠습니다.

외적 명예가 명예의 전부가 아니라는 것을 배웠고,

정직하게 말하고 견디는 법을 배웠습니다.

좋은 가치를 좇는 법을 배웠고,

무엇보다, 내면 깊은 곳의 소리를 무시하지 않는 법을 배웠습니다.

앞으로의 1년은 더 밝고 더 단단한 한 해가 되기를 소망합니다.

(…)

5

행정처, 행정처를 조사하다

—3차 조사

'삼세판'이라는 말은 왜 있을까. 첫 번째는 몰랐다고, 두 번째는 실수라고 변명할 수 있다. 세 번째는 무슨 말로도 변명이 안된다. '실수'가 반복되면 수준이 된다. 수준이 그것밖에 안되는 것이다. 그 사실을 인정하고 받아들여야 한다. 아무리 발버둥 쳐도 수준은 달라지지 않는다.

더 물러설 곳이 없었다. 세 번째 진상조사였다. 2018년 2월 12일 김명수 대법원장은 사법행정권 남용 의혹을 규명하기 위한 조사 기구를 구성했다. 안철상 법원행정처장을 단장으로 하는 특별조사단이었다. 김명수 대법원장은 조사 대상과 범위, 방법에 관한 모든 권한을 특별조사단에 위임하고 철저한 조사를 지시했다.

특별조사단의 목적은 조사단 스스로 밝혔듯 '사법부 스스로의 힘으로 진상을 규명하고, 사안을 해결함으로써 사법부에 대한 신뢰를 회복하는 것'이었다.[1] "철저한 물적·인적 조사를 실시하고 공정한 관점에서 조치 방향을 논의·제시하는 것을 원칙으로 삼겠다"라고 강조했다.

검찰은 사태를 주시하고 있었다. 참여연대 등이 양승태 전 대법원장과 고영한 전 법원행정처장, 임종헌 전 차장 등을 직권남용 혐의로 고발한 사건이 서울중앙지방검찰청(서울중앙지검) 공공형사수사부에 배당된 상태였다.

"사법부의 자체적인 진상 조사를 지켜보고 수사 여부를 결정하겠다."

검찰은 움직이지 않고 있었다. 전직 대법원장이 조사 대상이 될 사건에 대법원을 무시하고 독자적으로 수사에 나서기는 어려웠다. 그렇다고 마냥 기다려줄 수도 없었다.

특별조사단의 이상한 조사 방식

특별조사단은 안철상 처장에 노태악 서울북부지법원장, 이성복 서울중앙지법 부장판사, 구태회 사법연수원 교수, 법원행정처의 김흥준 윤리감사관, 정재헌 전산정보관리국장까지 6명이었다. '더이상의 진상 조사는 없다.' 법원행정처장이 조사단장을 맡음으로써 김명수 코트의 의지를 선언한 것으로 평가됐다.[2]

법원 내부에서는 법원행정처가 진상 조사의 중심이 된 데 대해 우려가 나왔다. 전국법관대표회의 현안조사소위 위원장이었던 최한돈 부장판사 등 대표회의 쪽 판사들이 참여했던 추가조사위원회와는 조사 기구의 성격이 다른 게 사실이었다. 당시 대표회의 의장이었던 이성복 부장판사가 주목을 받았다.

> 이성복 부장은 상징성이 있는 분인데 특별조사단에 들어간다고 해서 주변에서 만류했습니다. 구성원 상당수가 보수적인 성향이고, 안철상

처장 역시 주류적인 생각을 갖고 있어서 괜히 행정처 중심의 조사에 들러리를 서는 거 아니냐고요. 이 부장은 욕을 먹더라도 내가 먹겠다고 했죠. 이 부장 생각엔 그래도 잘되지 않겠느냐는 믿음을 갖고 있었던 거 같습니다. 김흥준 윤리감사관이 다른 분들보다는 열린 분이고, 대표회의 간사였던 김도균 윤리감사기획심의관도 워낙 깐깐한 성격이고. 첫 회의에서 안철상 처장께서 원칙대로, 있는 대로 다 조사하겠다고 하니까 저희도 기대를 걸었죠. (고등법원 판사)

조사는 큰 무리 없이 진행됐다. 특별조사단은 임종헌 전 차장 등으로부터 각자 사용하던 공용 컴퓨터 저장매체 등 물적 조사에 대한 동의를 받았다. 2차 조사(추가조사위 조사) 때와 같은 대치 국면은 없었다. 2월 26일부터 고려대 디지털포렌식연구센터의 지원을 받아 임종헌 전 처장과 이규진 전 양형위 상임위원, 김민수·임효량 전 기획1심의관 등 4명의 컴퓨터를 조사했다.

추가조사위원회가 열어보지 못했던 760개의 암호 설정 파일도 전수조사했다. 특별조사단은 임 전 차장과 김민수·임효량 전 심의관 등이 함께 사용하던 암호를 확보했다. 간곡한 요청에도 버티던 그들이 왜 암호까지 내준 걸까.

2차 조사에서 기획1심의관 컴퓨터가 열려버리니까 임종헌 차장 컴퓨터를 못 보게 막을 필요가 사라져버린 거예요. 컴퓨터에 있는 문건들이 거의 중복됐거든요. 임 차장은 문건을 받으면 다시 기획조정실에 줘서 종합해서 보고서를 만들라고 했어요. 그러니 기조실 컴퓨터에 모든 게 다 있죠. 암호 걸린 파일들도 별 내용이 없었어요. 중요도에 따라서 암호를 설정한 게 아니라, 별 생각 없이 어떤 문건엔 넣고, 어떤 문건에는 안 넣고 한 거예요. 한마디로 법원행정처가 외부 감사를 안 받아보니까 아무 걱정도 안 했던 겁니다. 설마 누가 우리 컴퓨터를 보겠느냐고… (전 법원행정처 간부)

관련자들이 일제히 컴퓨터 조사에 동의하자 어떤 결과가 나오든 고발하지 않겠다는 사전 약속 같은 게 있었던 것 아니냐는 추측이 나왔다.

물적 조사에 동의해주면 어떻게 해주겠다? 그건 있어서도 안 되고, 있을 수도 없는 얘깁니다. 고발이나 수사 관련해 무슨 약속이라도 했다가 나중에 드러나면 대법원이 그걸 어떻게 감당합니까. 임종헌 차장이나 심의관들이 컴퓨터 조사에 동의하고 암호를 내준 건 다른 이유가 있어요. 보세요. 조사 기구의 성격이 2차 조사 때와는 완전히 다르잖아요. 특별조사단의 3차 조사는 법원행정처에서 하는 거니까 어느 정도는 믿고 동의해준 거예요. '가재는 게 편'이라고, 행정처는 어찌됐든 행정처 편이라는 암묵적인 믿음 같은 게 있었던 것 아닐까, 저는 그렇게 봅니다. (지방법원 부장판사)

이상한 대목이 하나 있었다. 특별조사단원들이 직접 조사를 벌인 게 아니었다. 처음부터 끝까지 실질적인 조사는 모두 윤리감사관실 심의관들이 했다. 조사단원들은 조사 계획을 보고받고, 조사 후 결과를 보고받아 논의하는 선에 머물렀다.*

특별조사단 회의가 열린 것은 출범한 2월 21일, 중간 보고를 받은 4월 11일, 조사보고서를 작성한 5월 25일, 세 차례였다. 법원행정처에 근무하는 조사단원들과 달리 비(非)행정처 조사단원들은 조사가 어떻게 흘러가는지 파악하기 힘들었다. 행정처 차원의 조사라는 성격이 더 명확해졌다.

조사 결과 임종헌·이규진·김민수·임효량 등 4명의 컴퓨터에서 34만여 개의 문서 파일이 쏟아져나왔다. 모든 파일을 살펴볼 수는 없었다. 키워드 검색을 통해 문제 파일들을 추출해냈다. 추가조사위원회에서 사용했던 검색어에 일부를 더하고 뺐다. 이판사판, 이사야**, 유스티티아, 원세훈, 국정원, 국가정보원이 추가됐다.[3]

4월 16일부터는 임종헌 전 차장과 이민걸 전 기획조정실장 등 19명을 대면 조사했다. 심준보 전 사법정책실장, 홍승면 전 사법지원실장 등 23명에 대해선 서면 조사했다. 고영한 대법관 등 2명은 방문 청취했다.

조사단은 같은 달 24일 양승태 전 대법원장에게 사실관계에 대해 답변해줄 것을 요청했다. 양 전 대법원장은 거절했다. 조사 결과 발표를 하루 앞둔 5월 24일 답변을 재차 요청했다. 이번엔 그가 출국한 상태여

---

* 이같은 조사는 특별검사(특검) 수사 방식이었다. 특검 수사에서 많은 경우 실제 조사는 수사팀장이 하고, 특검은 조사 결과를 보고받고 판단하는 역할을 한다. 특별조사단은 특검인 동시에 수사 결과를 평가하는 재판부 역할까지 했다.

** 이판사판야단법석 카페의 줄임말.

서 접촉이 이뤄지지 않았다.[4]

'사법부'는 누구를 가리키는가

「상고법원의 성공적 입법추진을 위한 BH와의 효과적 협상추진 전략」. 특별조사단이 확보한 문건 가운데 가장 큰 충격을 준 것이었다. 문건 오른편 위쪽에는 '대외비(對外秘)' 빨간색 마크가 선명하게 찍혀 있었다.

정당의 정세분석 자료를 방불케 하는 이 문건이 작성된 때는 2015년 11월 19일. 19대 국회가 막바지를 향해가던 시점이었다. 그토록 열과 성을 다했던 상고법원 법안이 자동 폐기를 앞두고 있었다. 청와대의 반대 기조가 흔들림이 없는 상황에서 최후의 담판을 모색할 필요가 있었던 것일까. 작성자는 심의관이 아니었다. 임종헌 차장이었다.

문건이 제시한 청와대 상대 압박 카드는 '독립적이고 독자적으로 사법권을 행사하겠다는 의지를 표명하자'였다. 마땅히 해야 할 사법권의 독립적인 행사를 무슨 대단한 무기처럼 쓰자는 이야기였다.

이 '압박 카드'에는 법원이 얼마나 큰 권한을 지니고 있는지 스스로 인식하고 있음이 드러난다. '당장은 아쉬운 소리를 하고 있지만 진짜 법대로 하면 우리(법원)가 우위에 있다'라는 마음이 엿보인다. '권한을 당신들을 위해 쓸 수도 있지만 당신들을 공격하는 데 쓸 수도 있다. 그러니, 우리 뜻을 받아들이라'라는 것 아닌가.

對外秘

상고법원의 성공적 입법추진을 위한 BH와의 효과적 협상추진 전략

2015. 11. **법원행정처 차장**

▣ **[압박 카드] BH 국정운영기조를 고려하지 않는 독립적, 독자적 사법권 행사 의지 표명**

● 우선, 그 동안 **사법부가 VIP와 BH의 원활한 국정운영을 뒷받침하기 위해** 권한과 재량 범위 내에서 최대한 **협조해 온 사례**를 상세히 설명

- ①합리적 범위 내에서의 **과거사 정립(국가배상 제한 등)**, ②**자유민주주의 수호와 사회적 안정**을 고려한 판결(**이석기, 원세훈, 김기종 사건 등**), ③**국가경제발전**을 최우선적으로 **염두**에 둔 판결(**통상임금, 국공립대학 기성회비 반환, 키코 사건 등**), ④**노동개혁에 기여**할 수 있는 판결(**KTX 승무원, 정리해고, 철도노조 파업 사건 등**), ⑤**교육 개혁에 초석**이 될 수 있는 판결(**전교조 시국선언 사건 등**) 등을 통해 직간접적으로 **VIP와 BH에 힘을 보태 옴** ⇨ 협력 사례의 구체적 내용은 **[별첨 자료 3]**

- **국가적·사회적 파급력이 큰 사건**이나 **민감한 정치적 사건** 등에서 BH와 **사전 교감**을 통해 **비공식적으로** 물밑에서 **예측불허의 돌출 판결이 선고되지 않도록 조율**하는 역할 수행

● 그러나 사법부 최대 현안이자, 개혁이 절실하고 시급한 **상고법원 추진이 BH의 비협조로 인해 좌절**될 경우, 사법부로서도 더 이상 **BH와 원만한 유대관계를 유지할 명분과 이유가 없다**는 점을 **명확히 고지**해야 함

● 비록 **원론적 차원의 중립적 사법권 행사 의지 표방**이라 하더라도, **단호한 어조와 분위기로 민정수석에게 일정 정도의 심리적 압박은 가할 수 있을 것임**

법원행정처 문건 「상고법원의 성공적 입법추진을 위한 BH와의 효과적 협상추진 전략」(2015. 11.19) 일부.

압박 카드를 그냥 쓰자는 것도 아니었다. 그간 대법원의 주요 판결들이 'VIP(대통령)와 BH(청와대)의 원활한 국정운영을 뒷받침하기 위해 협력해온 사례'임을 앞세워서 쓰자는 것이었다. 'BH와 사전 교감을 통해 예측불허의 돌출 판결이 선고되지 않도록 조율하는 역할을 수행'했다는 것은 또 무슨 말인가.

이 문건이 더 심각한 이유는 행정처 차장이 작성했다는 데 있다. 차장이 작성했다면 이 보고서를 읽는 사람은 대법원장이나 법원행정처장밖에 없다. 차장이 직접 작성할 정도라면 대법원장일 가능성이 크지 않을까. 2015년 11월 문건이 작성된 후 실제로 청와대를 상대로 압박 전술을 구사했는지는 현재까지 빈칸으로 남아 있다.*

법원행정처 문건들에서 두드러지는 것은 사법부를 대표하는 대법원장의 위상이다. 원세훈 사건 항소심 선고를 하루 앞둔 2015년 2월 8일이었다. 당시 기획조정실에서 작성해 보고한 「원세훈 전 국정원장 사건 관련 검토」에선 1심 선고 당시의 BH 반응을 다음과 같이 설명한다.

■ 원세훈 1심 판결 당시 반응 → 환영·안도

BH → 비공식적으로 사법부에게 감사 의사를 전달하였다는 후문[5]

---

* 특별조사단은 양승태 대법원장이나 임 차장 등이 일련의 대법원 판결에 실제로 영향을 미쳤는지, 청와대에 압박 카드를 활용했는지 조사를 벌이지 않았다. 조사단은 "설령 그러한 협력이나 압박 카드 활용이 실제로 이루어지지 않았다고 하더라도 청와대가 대법원이나 행정처가 그러한 역할을 실제로 수행하고 있음을 믿게 하고 앞으로 더욱 심한 재판 관여 내지 간섭을 일으키게 할 수 있는 부적절한 내용"이라고 설명했을 뿐이다.(보고서 176~77면)

'BH'가 비공식적으로 감사 의사를 전달했다는 '사법부'는 무엇을 의미할까. 비공식적으로 감사의 뜻을 주고받을 수 있는 것은 사람밖에 없다. 그렇다. 대법원장이다. 사법부에는 3000명이 넘는 판사들이 있지만 문건을 보고하고 보고받은 이들의 머릿속에 '사법부'는 오로지 대법원장 한 명뿐이었다. 사법부가 '대법원장을 정점으로 하는 위계조직'이라는 관념 없이는 절대 나올 수 없는 표현이다.

'사법부가 협조했다' '사법부가 조율했다' '사법부가 이니셔티브를 쥐고 있다'…

다른 문건들에도 '사법부'는 쉬지 않고 등장한다. 대법원장은 사법부의 가장(家長)이다. 가장이 칭찬받으면 그 집안이 칭찬받은 것이 된다. 그 집에 있는 사람들은 모두 가장에게 딸린 가족이다. 집안엔 당연히 하나의 목소리만 있어야 한다.

신기하지 않은가. 대법원장을 중심으로 생각하니 다 같은 일을 하는 '한 식구(食口)'다. 누가 요리를 하든, 설거지를 하든 상관이 없다. 대법원 양형위원회 상임위원이 헌법재판소 대응 업무를 맡아 법원행정처 실장회의에 참석한다. 기획조정실과 인사총괄심의관실, 윤리감사관실 사이에 인사자료가 '통관 절차' 없이 오간다.

대법원장은 판사부터 대법관까지 모두의 인사권을 쥐면서 가장을 넘어 제왕적인 권력을 갖게 된다. 대법원장의 심기(心氣)와 의중(意中)이 법원에서 중대한 이슈가 되는 것은 그래서다. 행정처 문건에 '왕당파'라는 표현이 괜히 나온 게 아니다.

이런 인식은 문건들 곳곳에서 나타난다. 2014년 12월 작성된 「전교조 법외노조 통보처분 효력 집행정지 관련 검토」. 이 문건은 서울고법의 '법외노조' 통보처분 효력 집행정지 결정에 고용노동부가 재항고한 상황에서 향후 진행 방향과 그에 따른 파급 효과를 분석했다. 조사보고서는 다음과 같이 설명한다.

> 재항고가 기각될 경우 대법원의 상고법원 입법 추진 등에 대한 견제·방해가 있을 것으로 예측한 후 재항고 기각은 양측에 모두 손해가 될 것이고, 재항고 인용은 양측에 모두 이득이 될 것이며 결정 시점은 대법원의 이득을 최대화할 시점으로 통진당 위헌정당해산심판 선고기일 이전에 결정하는 것으로 검토하고 있음.[6]

여기에서 '양측' 중 한쪽은 청와대임이 확실하다. 남은 한쪽은 법원일까? 법원을 가리킨다면, 재항고를 기각해 전교조가 본안 소송 끝날 때까지 합법적인 노조 지위를 유지하는 것이 왜 법원에 손해가 되는가. 상고법원 추진에 유리한지 여부로 법원의 '손해'와 '이득'을 나눈다는 게 말이 되는가? 그게 진정 법원을 위한 길인가?

'법원'으로는 도무지 해석이 되지 않는다. 청와대의 맞은편에 서 있는 한쪽은 대법원장 혹은 대법원장 중심의 대법원일 수밖에 없다.

브레인스토밍에서 보는 '악의 평범성'

> 여러 가능한 방안을 브레인스토밍하듯 아이디어 차원에서 작성한 것으로서, 이슈를 확인하고 적절한 방안을 찾아가기 위한 내부 문서였습니다.

임종헌 전 법원행정처 차장은 자신의 1차 공판(2019.3.11)에서 행정처에서 작성된 문건들에 대해 이렇게 말했다. 그 숱한 문건들은 임 전 차장의 말대로 '브레인스토밍'을 위한 것일까?

답은 '그렇다'이다. 문건의 목적은 브레인스토밍이었다. 심의관들의 역할 자체가 브레인스토밍이었고, 아이디어를 내는 것이었다.[*] 하지만 브레인스토밍이 임종헌의 말처럼 실행을 배제하는 것은 아니다. 브레인스토밍을 토대로 법원행정처 실장회의에서 논의했고, 대법원장과 법원행정처장이 최종적인 정책결정을 했다. 실행자는 카운터 파트너가 누구냐에 따라 정해졌다.[**]

---

* 브레인스토밍이라는 단어가 처음 나온 것은 대법원 자체 조사 과정에서였다. 심의관들은 보고서 작성 경위에 대해 "임 차장 등의 지시에 따라 브레인스토밍이나 아이디어 차원에서 작성하게 된 것"이라고 말했다.

정다주 전 기획조정심의관은 임종헌 전 차장 재판[7]에서 문건 작성에 관해 다음과 같이 말했다.

> 대체로 결론은 지시한 내용을 넣고 최대한 문서작업을 빠르게, 정확하게 하되, 그 내용에 있어서 보고서로 보이기 위해, 보고서화하기 위해 필수적으로 중간중간에 논리적으로나 내용적으로 빠진 부분에 대해선 채워넣을 수밖에 없는 작업입니다.

우리가 브레인스토밍이라는 말에서 발견하는 건 '악의 평범성'이다. 심의관들은 자신의 역할을 '브레인스토밍일 뿐'이라고 축소한다.*** 그럼으로써 도덕적으로 크게 비난당할 일은 아니지 않느냐고 위안을 삼는다.

'나는 지시를 받은 대로 한 것뿐이다.' '내가 아니더라도 다른 누군가 했을 일이다.' '아이디어를 낸 다음부터, 내 손을 떠나고 난 다음부터 어떻게 되는지는 내 책임이 아니다.'

** 상대방이 고등법원장이면 법원행정처장이 전화를 하고, 지방법원장이나 수석부장이면 법원행정처 차장이나 기획조정실장이 전화를 했다. 지방법원 부장판사에 대해선 대학이나 사법연수원 동기인 총괄심의관이 전화했다. 대법원장이 나설 때도 있었다. 청와대에 들어가 대통령과 면담할 때였다.

*** 법정에 나온 법원행정처 심의관들은 "문건 작성 당시에는 문제의식을 갖지 못했다"라고 말했다. 시진국 전 기획1심의관은 임종헌 전 차장 재판에서 "심의관으로 재직하면서 사법행정권 행사로 재판의 공정성과 독립성을 침해할 수 있다고 우려한 적이 있느냐"라는 질문에 "그런 우려를 한 적이 없다"라고 했다. 정다주 전 기획조정심의관은 "(재판에 영향 줄 수도 있다는) 그 부분까지 깊이 생각해본 적이 없다" "실현 가능성을 깊이 생각하지 못했다"라고 했다.

그러나 문건들이 없었다면, 심의관들의 브레인스토밍이 없었다면 어떻게 됐을까. 무엇 하나 제대로 실행되긴 어려웠을 것이다. 양승태 대법원장이 짜증을 내고, 청와대가 대법원을 전화로 압박하고, 임종헌 차장은 열심히 뛰어다녔겠지만 재판과정이 오염되는 일은 없었을 것이다. 상고법원 로비가 무슨 군사작전처럼 추진되기는 어려웠을 것이다. '사법행정권 남용'이라는 시스템을 정교하게 작동시킨 것은 문건들이었다.

그뿐이 아니다. 문건 작업이라는 브레인스토밍을 통해 계획을 세우고 실행자를 정하면서 책임자들이 직접 나서지 않아도 되는 구조가 만들어졌다.* 문건이 있었기에 대법원장, 법원행정처장, 차장이 전면에 노출되는 걸 막을 수 있었다. 행정처 문건들은 행정처 간부와 판사들이 분업을 함으로써 얼마나 많은 일이 가능한지 보여줬다.

문건을 받아보는 수뇌부의 양심도 무뎌졌을 것이다. 체계적인 지원을 받으면서 '이건 지극히 정상적인 일'이라고 스스로를 기만했을 것이다. 그렇게 서로가 서로의 핑계가 되면서 서로의 수준을 낮춰갔다.

---

* 양 전 대법원장 측은 수사와 재판 과정에서 대부분의 문건에 대해 본 기억이 없다고 주장했다. 그는 검찰 조사에서 상고법원 추진과 전교조 법외노조 사건 등 관련 문건들에 대해 "보고받은 바 없다" "보고받은 기억이 나지 않는다" "보고했을 것 같지 않다"라고 말했다(2019.6.12. 양승태·박병대·고영한 4차 공판 검찰 서증조사). 김민수 전 기획1심의관은 16차 공판(2019.7.19)에서 상고법원 입법 추진 보고서 등과 관련해 "임종헌 차장이 (대법원장 등에게) 보고를 올리고 지시받을 것이라 생각하고 그 전제하에 보고서를 작성했다"라고 말했다. 그는 "임종헌 차장은 문건 검토 배경과 결론 부분을 자세하게 설명하거나 포스트잇에 적어서 주면서 '보고서를 작성하라'고 했다" "박병대 처장이 상고법원 홍보방안이나 국정운영 협력사례 관련 판례 번호를 적어 A4용지로 출력한 뒤 임 차장을 통해 심의관에게 전달했다고 들었다"라고 했다. 차장과 처장이 문건 작성 과정에 참여했다는 것은 문건들이 양 전 대법원장을 향하고 있음을 뒷받침하는 정황이다.

"조선일보가 게시판 주위를 킁킁거리고 있어요"

법관들의 익명 카페인 이판사판야단법석 카페(이사야)에 대한 대응 과정은 또다른 차원에서 놀라움을 준다.

2015년초 법원행정처 기획조정실은 이사야를 주시하고 있었다. '상고법원' '원세훈 재판' '대법관 제청' 등 민감한 사안에 대한 의견이 거침없이 오가고 있었기 때문이다.

같은 해 2월 15일 기획조정심의관 발령을 받아 법원행정처 근무를 앞두고 있던 박상언 서울중앙지법 판사는 임종헌 당시 기획조정실장 지시로 문건[8]을 작성해 보고했다.* 이사야에 대한 대응 방안으로 네 가지를 제시했다. 그중 추가 검토가 필요한 방안으로 제시한 것이 '법관 전체에 익명 글 작성 관련 주의 공지를 하는 방안'이었다. 임종헌 실장이 이를 다시 다른 사람에게 검토시키면서 문건은 한 단계 업그레이드 된다.**

---

* 특별조사단은 '임종헌 당시 기조실장은 2015년 2월 수원지법 이모 부장판사의 정치 편향, 막말 익명 댓글이 언론에 보도된 이후 법관들만으로 구성되고 익명으로만 글을 올리게 되어 있는 이사야의 민감한 게시 글이 유출, 공개될 경우 더 큰 파장이 있을 수 있다면서 선제적 대응 방안을 검토하기 시작했다'라고 설명했다.(조사보고서 84면) 2015년 2월 14일 작성된 「이판사판야단법석 다음(Daum) 카페 현황 보고」는 카페의 자발적 폐쇄를 유도하는 방안 등을 제시했다.

** 「인터넷상 법관 익명게시판 관련 추가 검토」. 이 문건은 작성자가 나오지 않는다. 조사보고서는 "임종헌 기조실장이 제3자에게 검토를 지시하여 2015년 2월 21일경 보고받은 문서"라고 표현한다. 보고서 상단에 법원 마크가 있지만 '기획조정실' 등 부서명은 없다.

인터넷상 법관 익명게시판 관련 추가 검토

- 표현의 자유는 '위축효과(Chilling Effect)'가 큰 기본권으로서, 익명게시판 자체가 문제될 여지가 있다는 점에 대한 의문을 제기하는 것만으로도 스스로 그 표현을 억제할 것으로 예상되는바, 굳이 '선배 법관'을 확보하지 아니하더라도 위 카페에 가입되어 있는 법관 중 현재의 문제점을 인식하고 이를 공유하고 있는 법관을 통하여 '이○○ 부장판사 사건을 통하여 법관이 익명으로 활동하는 것 역시 매우 조심하여야 할 필요가 있다'는 취지의 글을 게시하도록 함(철저히 익명으로 운영되는 카페이므로 위 글을 게시하는 법관도 큰 부담을 느끼지 않을 수 있음) → 위 글의 게시 자체로 회원들에게 경각심을 불러일으킬 수 있음

법원행정처 문건 「인터넷상 법관 익명게시판 관련 추가 검토」(2015.2.21) 일부.

'표현의 자유는 위축효과가 큰 기본권'이라는 표현이 역설적이다. 이 표현은 헌법 교과서에 반복해서 등장한다. 하지만 문건에서 쓰인 용도는 교과서와 정반대다. 교과서에선 툭 건드리기만 해도 위축될 수 있으니 손을 대선 안 된다는 뜻인데, 문건 작성자는 '이 정도만 건드리면 충분히 위축시킬 수 있다'라는 의미로 쓰고 있다. 아는 사람이 더한다고 했던가.

같은 달 박상언 심의관의 전임자인 정다주 판사가 임종헌과 통화하다가 "이사야 카페에 게시 글 자진 삭제를 유도하는 글을 올려보겠다"

라고 말한다.[9] 당시 그는 법원행정처에서 일선 법원 재판부로 복귀한 상태였다. 같은 달 26일 정 판사는 이사야에 게시할 글 초안을 이메일로 임종헌 기조실장에게 보낸다. 글의 제목은 '이사야...우리가 스스로 지켜봐요...'. '민감한 글은 일정 기간 게시한 뒤 펑(자진 삭제) 하자'는 내용이었다.*

장문의 글은 두 차례에 걸쳐 이사야 게시판에 게시된다. 다음 날인 금요일(2월 27일)에 올라온 글의 소제목은 '1. 새뱃돈 사건'. 글은 '네이버에 소위 중산층 이상 사는 엄마들이 정말 거리낌 없는 이야기를 나누는 게시판' 이야기로 시작한다. 회원제 비공개 카페인 이 게시판이 '남편 욕, 시어머니 욕도 후련하게들 쏟아내는 표현의 자유를 누리다' 언론에 보도돼 발칵 뒤집혔다는 이야기다.

이렇게 익명 게시판에 대한 불안감을 조성한 뒤 궁금증을 남기고 글을 끝맺는다. 두 번째 글은 이틀 뒤인 3월 1일 올라온다. 소제목은 '2. 법복 입은 가면무도회'와 '3. '소 잃으면 외양간 버리자' 대신에 우리도 펑?'이었다.

> 탐 크루즈가 나온 '아이즈 와이드 셧'이란 영화 아시죠? 유명한 가면무도회 장면이 있어요. 좀 야한!... 저는 요새 그 이미지가 종종 떠올라요. 우린 이 카페에서 가면무도회를 즐기고 있는 거죠. 서로 누구인

---

* 해당 문건의 파일명은 '(150226)이판사판게시글초안[정다주].hwp'이다.

지 모르는 채 속이야기를 편히 풀어놓죠.

근데 최근의 이 모 부장님 상황을 보면서 전 그런 걸 깨달았어요. 우리가 즐기는 무도회는 아이즈 와이드 셧에서처럼 밀폐된 저택에서 인간 대 인간으로 만나는 게 아니라는... 우린 뻥 뚫린 들판에서 또는 대로 옆 공원에서, 가면은 썼으되 법복을 입고 우리 신분은 노출시킨 채라는 것을... '이판사판야단법석'이라는 타이틀을 단 게시판 아래에서는 우리는 판사로서 이야기하는 거니까요.

그리고 당장 보세요. 조선일보 기자가 저희 게시판 주위를 킁킁거리고 있어요. 우린 이 공간이 밀폐된 방음시설이라고 믿었지만, 실상은 유리박스 같은 곳이에요. 인터넷에서 '익명'이란 건, 사실 ISP* 들이 소비자를 유인하기 위한 속임수에 불과하다면 심한 표현일까요? 여기 들어올 때 로그인 안 하셨어요? 요샌 '로그인 유지' 기능 때문에 점점 무감각해져요. 심지어 기자들이 '귀대기'까지 시도하고 있는 거죠. 우리가 여기서 전관예우가 어떻고, 이 모 부장님이 어떻고 이야기하는 걸 들어보려고요.

(…)

아까 언급한 맘들 카페에선 '펑'이라는 문화가 있어요. 연옌찌라시 올리고 나서 주로 하던 건데, 이제는 보편화되었어요. 뭐냐면 좀 민감한 글은 글을 올리면서 올리는 사람이 '이 글은 몇 분 후에 펑합니다' 라고 예고해요. 그럼 그 한정된 시간동안만 다양한 댓글, 의견을 주고

* 개인 또는 기업에게 인터넷 접속 서비스, 웹사이트 구축 등을 서비스하는 회사.

받고, 약속된 시간이 되면 글쓴이가 글을 자삭(자진 삭제)하는 거예요. 시어머니 욕, 19금 이야기, 연옌스캔들 이야기도 그래서 가능해요.

우리도 스스로 보기에 '판사가 이러이러한 글을 올렸다'라고 기사가 난다면 뭐하다 싶은 글은 평하기로 하는 게 어떨까요. 꼭 이 게시판에 우리 생각들을 축적시켜놓을 필욘 없잖아요. 나중에 추억 삼아 볼 일도 없고.

글구 운영진도 스스로 평하지 않는 글에 대해서는 과감하게 삭제를 해주세요. 전 제가 이 공간의 일원으로 멍하니 있다가 팬시리 동료들한테 미안해지는 상황은 싫습니다.

다들 한번 생각해주세요. 이런 글 '운영건의' 게시판이 맞지만, 거긴 아무도 안 들여다볼 거 같고. 우리 카페 유지하려면 지금처럼은 어려울 거 같아요. 너무 안이하게 생각할 일이 아닌 거 같아요. T.T

정다주 판사는 게시 글에 대한 반응을 체크해 임종헌 실장에게 보고한다. 정 판사는 3월 2일 임 실장에게 보낸 이메일에서 두 차례에 걸쳐 올린 제안 글에 대해 '긍정적인 반응이 다수'라고 말했다. 2월 27일 게시 글의 경우 '문체에 은근 중독성이 있어요. 다음 글 꼭 이어서 써주세요~^^' 등의 댓글 내용도 전한다.

3월 1일 게시글에 대해서도 공감과 관심을 나타내는 댓글 내용을 보고한다. '대책 강구에 머리를 굴리게 되는군요.' '판사들의 양식을 믿자...라는 건 지나치게 나이브한 생각으로 보입니다.'

정다주는 다음 날에도 이메일을 통해 변동 상황을 보고한다. 그는 '자진 삭제를 예정한 게시 글이 게재되기 시작했다. 회원들에게 제안이 이미 받아들여진 것으로 보인다'라고 설명한다.[10]

특별조사단은 문제의 글이 정다주의 배우자인 김○○ 판사의 아이디와 패스워드를 통해 이사야에 게시된 사실을 확인했다. 김 판사는 같은 해 2월 3일, 그러니까 글을 올리기 3주 전에 카페 가입 신청을 한 것으로 나타났다.

정 판사와 김 판사는 특별조사단 조사에서 "익명으로 작성되는 글의 문제점에 대해 이야기를 나누던 중 민감한 글은 일정 기간 게시 후 자진 삭제해 게시 글 유출에 대비하자는 취지에서 게시 글을 카페에 올리게 됐다"라고 말했다. 법원과 판사들을 걱정하는 마음에서 쓰게 된 글이라는 취지였다. 김 판사는 "정 판사가 임종헌 실장에게 게시 글 초안을 전달한 사실은 알지 못했다"라고 했다.*

이에 대해 특별조사단은 "김 판사가 이사야에 가입신청을 한 지 한 달도 지나지 않아 익명으로 작성하는 글의 문제점을 충분히 인식하고 그 문제점을 해소하려는 적극적인 행위로 나아갔다는 것은 쉽게 수긍하기 어렵다"라고 판단했다.

---

* 특별조사단 조사보고서 85면. 정다주 판사는 2019년 7월 24일 양승태 전 대법원장 등의 18차 공판에 증인으로 나와 문제의 글에 관해 진술했다. "임종헌 당시 기조실장 지시를 받고 작성한 게 아니다. 임 실장과 통화하다 내가 먼저 그런 취지로 글을 써보겠다고 한 것이다. 익명 글의 유출 위험에 대해 문제의식을 가져오다 누군가 카페에 이런 제안을 해야 한다고 생각했다." 정 판사는 "내 글을 찬찬히 보면 오히려 카페 활동이 위축되는 게 바람직하지 않다는 얘기다. 내 글의 방향대로 해야 카페가 유지될 수 있다고 생각했다"라고 했다.

법원행정처가 익명 카페에 유독 민감하게 반응했던 이유는 뭘까. 법원 내부의 다른 의견이 외부로 나가는 것을 극도로 싫어했기 때문이다. 다른 목소리가 나가면 대법원장의 리더십이 타격을 입고, 사법부 전체의 권위가 내려앉는다는 것이 행정처의 기본 인식이었다. 다른 목소리가 있는 게 그 조직이 건강하게 살아 있다는 증거임을 모르는 데가 양승태 코트뿐일까.

행정처의 집요한 압박 버텨낸 판사

기획조정실은 이후에도 이사야의 동향을 지속적으로 체크한다. 2015년 4월에 작성된 문건[11]에는 이사야에 게시된 민감한 글과 댓글 수, 주제를 주 단위로 분석한 내용이 등장한다. 향후 계획으로는 '카페 전반에 대한 추가 대응 방안 시행 시까지 신속보고 태세 유지 필요'라고 제시한다.

같은 해 7월 24일 기획조정실은 '이사야 익명 카페의 개설자인 홍예연 판사를 상대로 카페 운영방식 개선을 권유할 예정'이라며 대응 방안을 보고한다.[12] 민감한 주제에 대해 법관들의 의견 교환이 필요하다면 1주 정도 자유롭게 논의한 뒤 해당 글을 비공개로 전환함으로써 유출 위험을 최소화하도록 유도하자는 것이었다. 문건은 만약 홍 판사가 권유에 응하지 않을 때에는 이사야 게시판을 '코트넷화(化)' 하는 방안을 검토해야 한다고 말한다.*

계획은 홍예연 판사와 소속 법원장의 면담으로 실행된다. 김동오 인천지법원장은 8월 12일 홍 판사를 법원장실로 불렀다. 기획조정실 문건[13]은 '법원장 제안'과 '개설자 입장'으로 두 사람의 대화 내용을 보고한다. 문건은

---

* '행정처 심의관과 각 법원 기획법관, 수석부장판사 등이 대거 이사야에 가입해 적극 나서서 설명하면 실명이 드러나는 코트넷과 비슷한 수준의 의견표명만이 이뤄지거나 일부 성향의 법관만이 민감한 글을 올리게 될 것'이라는 설명이다.

법관 익명 카페 개설자와 소속 법원장 면담 후속조치

1. 면담 결과

▣ **8. 12. 인천지방법원장과 익명 카페 개설자인 홍○○ 판사 면담**

▣ **법원장 제안**

● 카페 게시글에 복사방지기능 등 설정으로 유출 방지하고, 일정 기간이 지나면 글을 비공개로 하는 방안 등을 제안하고, 필요한 경우 카페 운영에 대한 전산적 기술적 지원을 약속

▣ **개설자 입장**

● 자신은 카페 운영자에 불과하므로, 카페 회원 전체의 의견 수렴 후 조치 여부 결정하여야 한다고 답변

법원행정처 문건 「법관 익명 카페 개설자와 소속 법원장 면담 후속조치」(2015.8. 14) 일부.

이어 '홍 판사 본인이 비공개 전환 등의 조치를 원하지 않는 입장이어서 공지 글의 수위나 설득력이 약할 우려가 있다'라며 적정한 수위의 초안을 제공할 필요성을 제기한다.

기획조정실 심의관이 작성한 공지 글 초안은 '법원의 어른인 선배 법관으로부터 우리 이사야에 관한 부탁 말씀 내지 조언을 들었습니다'로 시작된다. 그리고 다음과 같은 흐름으로 전개된다.

이사야가 폐쇄공간이라 해도 언젠가는 유출을 피할 수 없다 → 예를 들어, 전관예우 논의를 하면서 '전관예우를 기대하는 많은 판사가 법원에 근무중' '불가능한 결론이 나왔다' 같은 댓글이 있었다 → 이 사실이 보도되면 법원은 전관예우에 따라 불가능한 재판을 하는 조직이 되고 만다.

특별조사단 조사 결과 홍 판사는 법원장과 면담 후 법원장으로부터 이사

야에 게시할 공지 글 초안을 전달받았으나 카페에 게시하지 않았다.

법원행정처의 집요한 설득과 법원장의 제안에 얼마나 고민이 됐을까. 공지 글 초안까지 전달받았을 때의 마음은 어땠을까. 그럼에도 끝내 뜻을 굽히지 않은 판사의 용기가 대단하지 않은가.

김명수 행정처, 양승태 행정처를 조사하다

특별조사단 조사보고서에 실린 법원행정처 문건들은 충격의 연속이었다. 그러나 막상 평가 부분에선 행정처가 '양승태 코트'에 들어와 잘못된 길을 걸었음을 안타까워하는 마음이 느껴진다. 심하게 관료화된 행정처를 더 그릇된 방향으로 이끈 인물이 임종헌 전 차장이라고 조사보고서는 설명한다.

특히 임종헌 차장이 차장으로 보직 변경된 뒤에는 양승태 대법원장의 대법관 제청 패턴에 비추어볼 때 임종헌 차장이 대법관으로 제청될 가능성이 무척 높다고 심의관들은 인식하였을 것으로 보임. 그에 따라 심의관들은 임종헌 차장으로부터 보고 지시를 받게 되면 임종헌 차장이 선호하는 문서 스타일, 예컨대 공격적이고 전략적인 문구, 정세 분석과 정무적 판단, 극단적인 방안까지 포함하는 다양한 시각에서의 대응 방안 검토, 로드맵의 예시 등을 보고서에 넣으려고 노력하였고, 그 과정에서 심의관들이 평소 생각하였던 헌법적 가치나 원칙은 무시되거나 외면되는 경우가 적지 않았던 것으로 판단됨. 이번 사태에서 확인된 문서들 중 실제 실행된 사례는 손가락으로 꼽을 정도이지만 작성된 문서들이 주는 충격이 큰 이유는 이와 같은 임종헌 차장이 선호하는 문서 스타일과 무관치 않음.[14]

문건을 작성한 법원행정처 심의관들은 보고서에서 '평소 생각했던 헌법적 가치나 원칙은 무시되거나 외면되는 경우가 적지 않았던' 피해자다. 또 '임 전 차장이 선호하는 문서 스타일'을 따라하다보니 문건이 그런 식으로 작성됐다. 그 '스타일'이 문제일 뿐 행정처 전체의 문제는 아니라는 인상을 준다. 조사보고서는 국민을 충격에 빠뜨린 '사법농단' 사태를 임종헌 개인의 캐릭터 문제로 일축한다.

이런 결론이 나온 이유는 뭘까. 양승태 전 대법원장을 조사하지 못했기 때문이다. 박병대 전 법원행정처장도 서면 조사에 그쳤다. 문제의 문건들은 임 차장에게 보고하기 위한 것이라는 선에서 급브레이크를 밟았다.

가려진 '윗선' 부분이 복원된다면 '임종헌 대(對) 법원행정처'가 아니라 '법원행정처 대 전체 사법부'가 된다. 법원행정처가 임종헌의 일탈을 막지 못한 게 아니라 전체 사법부가 법원행정처의 일탈을 막지 못한 것이다. 전체 사법부가 행정처의 영향력에 그만큼 취약했던 것이다.

사법부 전체의 문제를 법원행정처 내부의 문제로 보는 것은 행정처를 건드릴 수 없는 기본 상수로 놓기 때문이다. 그 구조적 문제점을 외면하기 때문이다. '법원행정처가 관료화된 것'이 문제가 아니다. 행정처는 관료조직이다. 그 관료조직의 상명하복 관계 속에 판사들을 밀어넣은 것이 문제의 핵심이다.

조사단이 '총평'에서 가장 앞에 세운 것은 '사법부 블랙리스트' 의혹이었다.

이번 사태를 촉발시킨 의혹은 행정처가 법관들의 뒷조사를 한 파일이 기조실 컴퓨터 내에 존재하는지 여부였고, 조사한 결과 사법행정에 비판적인 법관들에 대한 성향, 동향, 재산관계 등을 파악한 파일들이 존재하였음은 확인할 수 있었음. 다만 비판적인 법관들에 대해 리스트를 작성하여 그들에 대하여 조직적, 체계적으로 인사상의 불이익을 부과하였음을 인정할 만한 자료는 발견할 수 없었음.

그러나 재판과 관련하여 특정 법관들에게 불이익을 줄 것인지 여부를 검토한 것이나 사법정책에 비판적인 법관들에 대한 성향, 동향, 재산관계 등을 파악하였다는 점만으로도 헌법이 공정한 재판의 실현을 위해 선언한 재판의 독립, 법관의 독립이라는 가치를 훼손하려는 것으로서 크게 비난받을 행위라고 하지 않을 수 없음.[15]

특별조사단은 기존에 없었던 '조직적·체계적 인사상 불이익을 부과하였음'이라는 새로운 요건을 추가함으로써 블랙리스트 의혹이 빠져나갈 수 있도록 뒷문을 열어준다. 마치 토끼를 마술사의 모자 속에 넣은 뒤 사라지게 하듯이. 이로써 세 차례에 걸친 대법원 진상 조사에서 '사법부 블랙리스트'는 부정된다. 계속해서 '사법부 블랙리스트'의 개념을 바꿔가며 그 존재를 외면하는 과정이었다.

조사보고서는 잘못에 대한 깊은 반성을 촉구하면서도 의혹 관련자에 대해선 '형사상 조치는 없다'는 입장을 분명히 한다.

> 특별조사단은 조사 대상이 된 사법행정권 남용 사례에 대하여 형사적 구성요건 해당성 여부를 검토하였으나, 전문분야연구회 중복가입 해소 조치와 관련한 직권남용죄 해당 여부는 논란이 있고,* 인터넷 익명게시판 게시 글과 관련한 업무방해죄는 성립되기 어려운 것으로 보이며, 그 밖의 사항은 뚜렷한 범죄 혐의가 인정되지 않는 것으로 판단되어, 그 관련자들에 대한 형사상 조치를 취하지 않기로 함.[16]

강제 수사를 하지 못해 조사 결과에 빈 구멍들이 많았다. 결론에서 이야기할 수 있는 것은 "형사상 조치를 할 증거가 부족하다"거나 "형사상 조치를 하려면 증거가 더 필요하다"였다. 그런데 "형사처벌이 어렵다"로 직행했다. 늘 재판을 하다보니 결론을 내려야 한다는 강박이 있었던 것일까. 아니면 이 정도 선에서 마무리지어야 한다는 마음이 앞선 것일까.

펜은 펜을 쥔 손을 넘어서지 못한다. 조사보고서는 조사 주체의 문제를 말해주고 있다. 법원행정처 중심의 진상 조사라는 태생적 한계였다. 법원행정처의 존재나 구성 방식 같은 것들은 털끝 하나 건드리지 않았다. '행정처 시스템은 틀릴 수 없다'라는 전제에서 양승태 행정처의 문제점을 밝히려 했다.

* '중복가입 해소' 조치에 대해 조사보고서는 '특별조사단 내에서는 직권남용죄에 해당한다는 견해와 직권남용 혹은 의무 없는 일을 하게 한 것으로 평가하기는 어렵다는 견해가 모두 있었으나 특별조사단에서 형사책임을 묻는 적극적 조치로 나아가기에 충분치 않은 상황이라는 점에 대해서는 의견이 일치됐다'고 말했다.(조사보고서 59면)

'김명수 행정처'가 '양승태 행정처'를 조사하고 평가한 것이라고 지적할 수밖에 없다. 특별조사단 조사보고서는 김명수 코트의 행정처가 과거의 행정처와 얼마나 다를 수 있을지 의구심을 품게 한다.

'양들의 침묵' 강요한 물의야기 법관 관리

검찰 수사에서 '물의야기 법관'[*]들에 대한 법원행정처의 특별 관리가 드러났다. 대표적으로 송승용 판사에 대한 인사 불이익을 꼽을 수 있다. 송 판사는 2015년부터 2017년까지 3년 연속 물의야기 법관으로 분류됐다. 코트넷 게시판에 계속해서 사법행정을 비판하는 글을 올렸다는 이유였다.[**] 2015년 2월 정기인사를 앞두고 인사총괄심의관에게 지시가 내려왔다.

"송 판사를 형평순위 A그룹에서 순위를 낮춰 최하위 G그룹으로 분류하고, 비선호 법원으로 배치하라."

송승용 본인은 헌법재판소나 부산지법 동부지원에서 근무하길 희망했

---

* '물의야기 법관'은 성추행이나 음주운전 등을 저지른 판사들이었으나 양승태 코트에 들어와 사법행정에 비판적이거나 대법원 입장과 배치되는 판결을 한 판사 등이 추가됐다. 법원행정처는 매년 정기인사가 있을 때마다 물의야기 법관 관련 보고서를 작성해 별도 관리했다. 또 문책성 전보인사 후 해당 판사가 배치된 법원에 부정적인 인사 내용을 전달해 사무분담과 근무평정에 불리한 영향을 받도록 했다. 물의야기 법관으로 분류되면 계속 동일한 소스에 의해 평가받게 되는 셈이었다.

** 송승용 판사는 코트넷 게시 글을 통해 근무평정으로 인한 판사의 예속화를 우려했고(2011년 7월), 김병화 대법관 후보자 임명 제청을 철회해야 한다(2012년 7월)고 주장했다. 2014년 8월엔 대법관 임명 제청과 관련해 "다음번 제청 때는 인권이나 노동, 환경에 대한 감수성을 지닌 법조인에게 문호를 개방했으면 한다"라고 제안했다.

으나 그를 대구지법 포항지원에 배치하는 인사안이 작성됐다. 강형주 당시 법원행정처 차장 결재 단계에서 인사심의관들의 반대에도 불구하고 더 멀리 떨어진 창원지법 통영지원으로 보내기로 했다.* 창원지법원장에게는 부정적 인사정보가 전달됐다. 인사심의관들까지 반대할 정도라면 얼마나 비정상적인 인사였다는 말인가.**

문유석 부장판사도 '물의야기 법관' 중 한 명이었다. 문 판사는 2014년 8월 중앙일보에 「딸 잃은 아비가 스스로 죽게 할 순 없다」라는 시론을 기고했다. 세월호특별법 제정을 촉구하는 내용이었다.

2015년 1월 법원행정처는 문 판사가 '신문 기고로 사법행정에 부담을 줬다'며 그를 물의야기 법관으로 분류했다. 2016년 2월 정기인사에서 그는 서울행정법원을 1순위로 하는 희망원을 냈으나 서울동부지법으로 전보됐다. 이 과정에서 양승태 대법원장 등은 「물의야기 법관 인사조치 검토(2016년 정기인사 정책결정)」를 보고받은 뒤 수기(手記, 손으로 씀)로 결재했다. 당시 임종헌 차장은 서울동부지법원장에게 다음과 같은 인사정보를 전달했다.

> 과도할 정도로 언론에의 기고활동, 저술활동이 많음. (…) 묵묵히 헌신하기보다는 개인적인 각광을 선호하는 것은 아닌지, 지나친 개인주의적 성향을 가지고 있는 것은 아닌지 하는 점에서 주시할 필요가 있음.

---

* 인사심의관실 컴퓨터에는 당시 상황을 기록한 '차장님 수정' 파일, '정기인사 후기' 파일이 있었다.

** 송 판사는 2017년 2월 정기인사에서도 불이익을 받았다. 그는 격오지 법원인 통영지원에 근무해 선순위 희망법원에 배치돼야 함에도 희망했던 안양지원이 아닌 수원지법으로 전보됐다.

'개인적인 각광 선호'라는 말에서 판사들이 대외활동을 하거나 이른바 '튀는 판결'을 하는 것을 경원시하는 시각이 느껴진다. 양승태 코트에선 '매명(賣名)을 한다'는 말도 자주 나왔다. '헌신' '각광 선호' '매명' 같은 단어들마저도 정해진 어법과 다르게 사용되곤 했다.

임종헌은 재판 과정[17]에서 자신이 법원장에게 보낸 메모의 당사자 문 판사에 관해 이렇게 말했다. "공명심이 있는 것으로 보여질 여지가 있어서 사회적으로 중요한 사건이 많은, 정책 형성형 사건이 많은 행정법원에서 재판하는 것은 부적절하다는 의견이 있어서 실무자들이 나름대로 합리적인 중론을 갖고 검토한 것 아닌가 생각한다." 검찰은 그의 주장을 다음과 같이 반박했다.

> 문유석 판사 인사조치안을 보면 본인이 희망한 1순위인 행정법원을 배제하면서 그 이유로 '공명심 있는 것으로 보이므로 사회적 중요사건이 많은 행정법원은 부적절. 본인이 강력히 희망하므로 배제하는 것만으로 인사상 불이익으로 느껴질 수 있음'이라고 기재돼 있다. 문 판사에 대한 인사 불이익은 본인으로 하여금 정부정책에 어긋나는 글을 언론에 게재하면 불이익을 받을 수 있다는 걸 깨닫게 하고 다른 법관들에게도 문 판사처럼 정부 정책에 어긋나는 글을 게재하면 인사 불이익의 위험성이 있다는 인식을 갖게 해 결국 표현의 자유를 제약하려는 목적하에 이뤄진 것이 확인된 것이다.

양승태 코트의 행정처는 인사의 힘이 어디에서 나오는지 알고 있었다. 조직논리의 관점에서 인사의 목적은 '조직원 관리'다. '시범 케이스'를 만들어 비슷한 일이 되풀이되지 않도록 경고해야 한다. 제대로 경고가 되려면 본인이 알게 하고, 남들도 알게 해야 한다.

인사는 정식으로 제기하기 껄끄러운 문제다. 치사하고 창피한데다 이기적으로 보일까 겁난다. 당사자는 가만히 있는데 남들이 끼어들기도 어렵다. 분명히 존재하지만 말하기 힘든 인사의 힘으로서 누군가를 코너로 밀어붙일 때 '양들의 침묵'은 현실이 된다.

인사관리의 그물은 양승태 코트 후반으로 갈수록 촘촘해졌다. 2016년부터는 인사모 등 국제인권법연구회 핵심 회원들을 별도 관리하기 시작했다. 대법원 인사관리시스템*에 접속해 개별 법관에 대한 인사 특기사항을 저장하는 메모란에 36명의 활동 내역을 입력해놓았다. '국제인권법연구회 핵심 멤버' '인권과 사법제도 소모임 참가' 등이 기재돼 있었다.

2017년 3월 12일 인사심의관들은 대법원 인사관리시스템에서 국제인권법연구회 핵심 회원 활동 내역을 삭제했다. 양 대법원장이 이인복 전 대법관에게 '판사 뒷조사' 의혹 진상 조사 권한을 위임하겠다고 발표하기 하루 전이었다.

---

* 이 시스템은 법관 인사 업무를 담당하는 대법원장과 법원행정처장, 차장, 인사심의관들만 접속이 가능했다.

대법원장의 '특별한 소신'

"판사들의 동향을 파악한 문서는 발견됐지만 블랙리스트라 할 수 있을지는 모르겠다. 형사처벌 대상으로 고발하거나 하는 형사적 조치를 취할 사안은 없는 걸로 나왔다."

특별조사단 조사보고서가 공개된 2018년 5월 25일 밤, 안철상 법원행정처장은 대법원 청사를 나가며 기자들에게 말했다.

주말이 지나고 월요일(5월 28일) 아침, 김명수 대법원장이 출근길에 밝힌 입장은 안철상 처장과 달랐다. 김 대법원장은 "검찰에 수사를 맡길 생각이 있느냐"는 기자들의 질문에 "그런 부분까지 모두 고려하겠다"라고 말했다.

"저 역시 이번 조사단의 조사 결과와 의견에 관해 다른 의견(검찰 고발)이 있다는 것을 잘 알고 있습니다. 주위 분들의 의견까지 모두 모아 합당한 조치와 대책을 마련할 수 있도록 노력하겠습니다."[18]

안 처장이 '수사할 사안이 아니다'라면 김 대법원장은 '수사 가능성을 검토하겠다'였다. 두 사람의 입장이 상반되게 나오게 된 과정에는 김 대법원장의 '특별한 소신'이 있었다. 그는 안철상 처장이 대법원장실에 조사보고서를 들고 오기 전까지 조사 결과를 전혀 모르고 있었다. 특별조사단 조사 후 처리 방향에 관해 안 처장과 조율하지도 않은 상태였다.

김 대법원장은 특별조사단이 구성된 다음부터 아예 보고를 받지 않으셨어요. 본인이 모든 조사 권한을 특별조사단에 일임하겠다고 하셨잖아요. 외부 영향 받지 말고 독립적이고 중립적으로, 알아서 조사해라, 나는 일점일획도 개입 안 하겠다고 선언하신 거죠. 정말 거짓말 못하고, 모사 꾸미는 것 못하시는 분이라… 그렇게 얘기해놓고 그 말을 지키신 겁니다. 조사 과정에서 대법원장이 보고받고, 한마디라도 하면 조사에 영향을 미칠 수 있다고 생각하신 것 같아요. 영향을 미치는 것과 돌아가는 상황을 아는 것은 다른 건데, 김 대법원장은 의식의 오염까지 걱정할 정도로 결벽에 가깝게 생각하셨어요. 안철상 처장과 다른 업무로 계속 만나고 대화했지만 특별조사단에 관해선 일절 물어보지 않았죠. 안 처장도 아무 얘기 안 하고요. (당시 대법원 관계자)

김 대법원장은 조사보고서를 주말 동안 읽으며 처음 접하는 사실들에 충격을 받았다. 그는 그해 연말 기자단 만찬에서 같은 테이블에 앉은 기자들에게 이렇게 회고했다.

"아무것도 모른 상태에서 조사보고서를 읽었는데 (조사보고서를) 보는 순간 이게 뭐지, 하고 충격을 받았다. 그때, 이건 수사할 수밖에 없겠구나 생각했다."

일선 법원 판사들도 다르지 않았다.

조사보고서를 보는 순간 큰일 났다, 사법부 무너졌다, 우린 이제 뭐 먹고 사냐, 그런 말이 나올 정도였어요. 내용은 너무 적나라하게 나왔는데 조사보고서 결론은 그냥 임종헌 개인 일탈이라는 거예요. 하늘이 무너지는 참담함을 느꼈는데 그분들(특별조사단)은 어떻게 그렇게 담담할 수 있었던 건지… 미리 결론부터 내리고 조사에 들어간 거 아니면 설명이 안 돼요. 안철상 처장은 본인이 전형적으로 재판만 하는 판사로 외길을 걸었으니까, 그냥 문건에만 존재하는 얘기일 뿐 전혀 실행된 게 아니라고 확신을 했던 거 같아요. 한 발짝 떨어져서 보면 되는데, 국민들이나 언론, 사건 당사자들이 어떻게 볼지는 생각하지 못한 거죠.(지방법원 부장판사)

고위 법관들 중엔 김명수 대법원장의 '수사 가능성 검토'에 실망감을 나타내는 이들도 있었다.

특별조사단 결론은 매우 부적절하지만, 그렇다고 범죄로 보기는 어렵다는 거잖아요. 무슨 실행 문서도 아니고 검토하는 문서일 뿐인데, 문서를 그렇게 작성했다고 해서 어떻게 다 범죄가 되느냐, 이런 얘기거든요. 문건에 적힌 대로 된 거라곤 '중복가입 해소' 공지한 것 정도 아닌가요? 당시 특별조사단에서 사법지원실에 물어봤는데 '판례를 보면 직권남용으로 보기 어렵다'는 답을 받았다고 해요. 대법원장께서 특별조사단장인 안철상 처장에게 전권을 위임하면서 그 결론을 수용하겠다고 하셨잖아요. 저희는 대법원장께서 당연히 조사단 결론을 수용하실 줄 알았어요. 그런데 대법원장이 결론 수용하는 걸 보류하고 다시 한번 생각해보겠다, 하는 순간 검찰 수사를 안 받을 수가 없게 돼버린 겁니다.(고등법원 부장판사)

김 대법원장은 어느 쪽에서도 긍정적인 평가를 받지 못하게 됐다. 진상 규명이 자신의 권한이자 책임인데도 '나는 전권을 위임하고 객관성과 중립을 지키겠다'는 소신을 지킨 결과였다. 김명수의 소신은 대법원장의 '제왕적 권력'과 대법원장의 '정상적 권한'을 구분하지 못한 데서 나온 것 아닐까.

권력과 권한을 구분하지 못하는 대법원장의 모습은 이후에도 계속해서 나타난다. 필요한 권한을 꼭 필요한 때, 필요한 곳에 쓰는 게 리더십의 요체다. 그러지 않을 거라면 권한을 대안적인 기구에 넘겨주기라도 해야 한다. 김 대법원장은 권한을 넘기지 않고 계속 보유하되 그 행사를 자제하고, 사태를 인내하며, 의견을 수렴해가는 것을 새로운 시대의 리더십으로 여겼다. 법원은 내부의 혼란을 정리하지 못한 채 표류해야 했다.

메시지엔 공백이 없다. 반드시 다른 메시지가 들어와 그 공백을 채운다. 대법원장의 메시지가 사라진 자리에 다른 프레임들이 들어오기 시작했다.

법원과 검찰의 '조직 싸움', 사법부 적폐청산, 코드 사법의 사법부 장악…

법원은 사분오열되어갔다. 분열의 언어를 제공해준 것은 정치권과 언론이었다.

검찰 수사로 한정돼버린 과거 청산의 길

5월 30일 김명수 대법원장은 담화문을 냈다. 김 대법원장은 사법부를 대표해 사과한 뒤 "사법발전위원회 등과 각계의 의견을 종합해 관련자들에 대한 형사상 조치를 최종적으로 결정하고자 한다"고 밝혔다.

> 조사 수단이나 권한 등의 제약으로 그 조사결과에 일정한 한계가 있었고, 모든 의혹이 완전히 규명되지 않았다는 평가가 있다는 것도 알고 있습니다. 그러나 최종 판단을 담당하는 대법원이 형사조치를 하는 것은 신중할 수밖에 없는 것도 사실입니다. 이에 저는 '국민과 함께하는 사법발전위원회' '전국법원장간담회' '전국법관대표회의' 및 각계의 의견을 종합하여 관련자들에 대한 형사상 조치를 최종적으로 결정하고자 합니다.[19]

뒤이어 양승태 전 대법원장이 모습을 드러냈다. 2017년 9월 퇴임한 지 9개월 만이었다. 양 전 대법원장은 6월 1일 오후 2시 10분쯤 경기 성남의 자택 인근 놀이터에서 기자들과 만났다. 그가 밝힌 것은 두 가지였다.

"대법원장으로 재직하면서 대법원 재판이나 하급심 재판에 부당하게 간섭·관여한 바가 결단코 없다."

"상고법원에 반대하는 사람이나 재판에서 특정한 성향을 나타냈다는 사람에게 편향된 조치를 하거나 불이익을 준 적이 전혀 없다."

그는 "이 두 가지는 제가 양보할 수 없는 한계"라고 강조했다.[20]

> 대법원의 재판은 정말 순수하고 신성한 것입니다. 그것을 함부로 그렇게 폄하하는 것은 저는 견딜 수가 없습니다. 대법원의 재판 신뢰가 무너지면 나라가 무너집니다. 지금까지 한번도 대법원 전체를, 그렇게 재판을 의심받게 한 적이 없었습니다. 혹시 국민 여러분께서 이번 일에서 대법원 재판에 대해서 의구심을 품으셨다면 정말 그런 의구심을 거두어 주실 것을 제가 앙망합니다. (…)
>
> 법관을 인사상 또는 인사상 아니라도 어떤 사법행정 처분에 있어서도 법관을 불이익을 주는 것은 단호히 잘못된 것이라고 생각하고 단호히, 아예 그런 것은 생각을 하지 않는 그런 사항입니다. 누구라도 그것 때문에 불이익을 받은 사람, 편향된 대우를 받은 사람은 없습니다.

같은 날 의정부지법 단독판사회의는 전국 법원 가운데 처음으로 "성역 없는 엄정한 수사가 필요하다"라고 의결했다.

분수령은 6월 5일이었다. 이날 서울고법 부장판사회의에서 "김명수 대법원장 등이 이번 사태를 고발하거나 수사의뢰해선 안 된다"라는 의견을 모았다.

> 조사 결과 드러난 사법행정권의 부적절한 행사가 사법부 신뢰를 훼손하고 국민에게 혼란과 실망을 안겨준 점에 대해 책임을 통감한다. 대법

원장·법원행정처·전국법원장회의·전국법관대표회의 등이 형사고발, 수사의뢰, 수사촉구 등을 할 경우 향후 관련 재판을 담당하게 될 법관에게 압박을 주거나 영향을 미침으로써 법관과 재판의 독립이 침해될 수 있음을 깊이 우려한다.[21]

고발이나 수사의뢰가 유죄 판단을 전제로 한다는 점에서 향후 재판에 영향을 미칠 수 있다는 논리였다. 고등부장들이 '고발·수사의뢰 불가' 입장을 밝히자 선택지가 수사냐, 아니냐로 압축됐다. 전국 법원장들도 6월 7일 열린 간담회에서 "사법부가 직접 형사고발이나 수사의뢰 등의 조치를 취하는 것은 적절하지 않다"고 대법원장에게 건의했다.[22]

그런 가운데서도 사태를 어떻게 풀어야 할지를 놓고 다양한 논의가 이어지고 있었다. 6월 8일 민중기 서울중앙지법원장은 기자 간담회에서 '국정조사 후 탄핵심판'이 대안이 될 수 있다고 제시했다. "국회가 나서서 진상규명을 하는 방법이 있다. 국정조사를 하고 문제가 있는 법관은 헌법상 탄핵을 할 수 있다. 내부 징계는 정직까지가 한계다."[23]

같은 달 11일 전국 변호사 2015명은 '사법농단' 규탄 시국선언문에서 책임자 처벌·징계와 함께 탄핵을 요구했다. 하지만 논의는 보다 강렬한 '수사 여부'로 모아졌다. 같은 날 전국법관대표회의는 10시간의 격론 끝에 '형사절차를 포함한 성역 없는 진상 조사'로 결론 내렸다.

1. 우리는 법관으로서 이번 사법행정권 남용 사태에 관하여 책임을 통감하고, 국민 여러분께 머리 숙여 사죄드린다.

2. 우리는 이번 사법행정권 남용 사태로 주권자인 국민의 공정한 재판에 대한 신뢰 및 법관 독립이라는 헌법적 가치가 훼손된 점을 심각하게 우려한다.

3. 우리는 이번 사법행정권 남용 사태에 대하여 형사절차를 포함하는 성역 없는 진상 조사와 철저한 책임 추궁이 필요하다는 데 뜻을 같이 한다.

4. 우리는 사법행정권 남용 사태가 되풀이되지 않도록 근본적이고 실효적인 대책을 조속히 마련하여 실행할 것을 다짐한다.[24]

이렇게 검찰 수사라는 외길로 가닥이 잡히면서 법관 탄핵은 후순위로 밀렸다. 탄핵심판은 징계의 연장선에서 공직으로부터 파면하는 절차일 따름이지만, 한국사회에서는 과도한 정치적 의미가 덧붙는다. 그로 인한 논란과 파장, 부담을 우려해 꼭 필요한 탄핵 논의가 생략되곤 한다. 이번 사태에서도 법관 탄핵 절차가 진행되지 않으면서 헌법적 가치에 관한 토론은 누락됐다. '공정한 재판을 받을 국민의 권리'와 '재판의 독립'이라는 두 개의 큰 가치는 점차 부차적인 것으로 축소돼갔다.

같은 달 15일 김명수 대법원장은 담화문을 냈다. 김 대법원장은 '사법농단' 의혹에 대한 수사가 진행될 경우 협조하겠다고 했다. 문구 하나하나를 고심한 흔적이 역력했다.

재판은 무릇 공정하여야 할 뿐만 아니라 그 외관에 있어서도 공정해 보여야 하기에, 이른바 '재판거래'는 대한민국 법관 그 누구도 상상할 수 없다는 저의 개인적 믿음과는 무관하게 재판을 거래의 대상으로 삼으려 하였다는 부분에 대한 의혹 해소도 필요합니다.

이에 저는 비록 최종 판단을 담당하는 기관의 책임자로서 선불리 고발이나 수사의뢰와 같은 조치를 할 수는 없다 하더라도, 이미 이루어진 고발에 따라 수사가 진행될 경우 미공개 문건을 포함하여 특별조사단이 확보한 모든 인적·물적 조사 자료를 적법한 절차에 따라 제공할 것이며, 사법행정의 영역에서 필요한 협조를 마다하지 않겠습니다.[25]

'일동'이라는 이름으로 발표된 대법관들의 입장문

같은 날 오후 4시10분 '대법관 일동'이라는 이름의 입장문이 기자들에게 배포됐다. 대법원장 담화문이 나온 뒤 2시간 30분 만이었다. 대법관 일동은 "사법에 대한 국민의 신뢰가 훼손되고, 큰 혼란과 실망을 안겨드린 데 참담함을 느끼며 국민 여러분께 송구스럽다"며 자신들의 입장을 밝혔다. 다섯 달 전(2018년 1월) 추가조사위 결과 발표 직후 집단 의사표현을 했던 그들이 왜 또다시 나선 걸까.

재판의 본질을 훼손하는 재판거래 의혹에 대하여는 대법관들은 이것이 근거 없는 것임을 분명히 밝히고, 이와 관련하여 국민에게 혼란을 주는 일이 더이상 계속되어서는 안 된다는 깊은 우려를 표시합니다. (…)

사법불신을 초래한 사법행정 제도와 운영상의 문제점에 대해서 철저한 사법개혁이 조속히 이루어져야 한다는 데 의견을 같이하였습니다. 아울러 사회 일각에서 대법원 판결에 마치 어떠한 의혹이라도 있는 양 문제를 제기한 데 대하여는 당해 사건들에 관여하였던 대법관들을 포함하여 대법관들 모두가 대법원 재판의 독립에 관하여 어떠한 의혹도 있을 수 없다는 데 견해가 일치되었습니다. (…)

2018.6.15.

대법관 일동

재판거래 의혹은 근거가 없다. 대법원 재판의 독립에는 어떠한 의혹도 있을 수 없다. '대법관 일동'의 입장문은 흡사 보름 전 양승태 전 대법원장의 기자회견을 반복하는 듯했다. 차라리 '양승태의 복화술'이라고 해야 하지 않을까. 재판이 신성해야 한다는 것이지, 어떤 행동을 하더라도 신성한 것으로 간주돼야 하는 것은 아니다. 모든 절차, 과정, 결론에 작은 흠결도 없어야 신성한 것이다.

입장문에는 '대법관 일동(一同)'이라는 다섯 글자만 나와 있었다. 입장문 발표에 참여한 대법관들의 이름은 적혀 있지 않았다. 몇 명인지도 나와 있지 않았다. 기자들의 문의에 대법원이 답했다. "현직 대법관 13명 전원이다."

'대법관 일동' 뒤에 얼굴을 감춘 13명은 누구인가. 그들의 이름을 적어본다. 고영한 김창석 김신 김소영 조희대 권순일 박상옥 이기택 김재형 조재연 박정화 안철상 민유숙.

맨 앞의 고영한 대법관은 '판사 뒷조사 파일' 의혹이 제기됐을 당시 법원행정처장이었다. 그는 의혹 보도 직후 "법원행정처는 판사(이탄희)에게 연구회 활동과 관련해 어떠한 지시를 한 적이 없다"라며 이탄희의 개인적 사유로 겸임해제 발령을 한 것으로 발표했다. 사법행정권 남용 의혹의 당사자이기도 했다. 양승태·김명수 대법원장 교체기에 법원행정처장을 지낸 김소영 대법관의 이름도 발견할 수 있다.

정말 '일동'에 참여했는지, 눈을 의심해보지 않을 수 없는 이름도 있다. 안철상. 법원행정처장이자 특별조사단 단장으로 사법행정권 남용 의혹 조사를 지휘했던 바로 그다. 그가 어떻게 대법관 일동 속에 들어갈 수 있는가. 그간의 진상규명 자체를 해프닝으로 만드는 것 아닌가.

가장 큰 문제는 2차 조사 때와 마찬가지로 문건에 나온 재판들을 경험하지 않은 대법관들까지 가세했다는 사실이다. 그들은 자신들이 알 수 없는 일에 무슨 근거로 끼어든 것인지 설명해야 했다. '사실'을 토대로 '합리적 의심'을 거쳐 '공정한 결론'을 내야 하는 재판관으로서의 자질을 의심하지 않을 수 없다.

독립된 헌법기관인 대법관들에게 '일동'이라는 단어는 전혀 어울리지 않는다. 대법관들이 조직원처럼 행동했다는 비판을 피할 수 없다. 그들 중 단 한 명도 분노하며 "무슨 일이 있었는지 밝혀야 한다"고 말하지 않았다. 대법관들마저 조직의 권위를 지키는 데 있어선 폐쇄된 하나의 가족, '대법원 가족'이라는 느낌을 지울 수 없다.

앞으로 사법행정권 남용 사건 재판이 대법원에 올라오면 이들에게 맡길 수 있을까. 이 정도면 '일반인의 관점'에서 불공정한 재판을 할 수 있다는 의심을 할 만한 사정이 있다고 봐야 하는 게 아닐까.*

대법원장의 '수사 협조' 표명과 동시에 주사위는 던져졌다. 이제 법원 안에서 문제를 해결할 수 있는 기회는 사라졌다. 전적으로 외부의 손에 맡기게 됐다. 그것도 거칠고 투박한 '수사'라는 손에.

수사가 필요한 부분과 필요하지 않은 부분을 구분해야 했다. 필요한 부분은 검찰 수사에 맡기고, 남은 부분은 법원 내부에서 엄중하게 징계해야 했다. 국회에서는 법관 탄핵소추를 통해 헌법재판소에서 탄핵심판이 진행되도록 해야 했다. 검찰 수사가 모든 논의를 삼켜버리지 않도록 수사/징계/탄핵의 범위를 확정짓는 것이 중요했다.

수사로 책임을 묻기로 하면서 법원 자체의 자정(自淨) 대신 검찰 수사가 스포트라이트를 받게 됐다. 수사가 이어지면서 검찰이 주체가 되고 법원은 대상이 돼버렸다. '법원 대 검찰'로 프레임이 전환돼버렸다. 이 대립구도 속에 법원을 망가뜨렸던 조직논리가 대상포진처럼 되살아나기 시작했다.

---

* 2019년 1월 대법원 2부(주심 노정희 대법관)는 임우재 전 삼성전기 고문이 이부진 호텔신라 사장과의 이혼소송 항소심 재판부를 변경해달라며 낸 기피신청 재항고 사건에서 기각 결정한 원심을 깨고 사건을 서울고법에 돌려보냈다. 재판부는 "일반인으로서 당사자의 관점에서 불공정한 재판에 대한 의심을 가질 만한 객관적인 사정이 있으면 실제 법관에게 편파성이 존재하지 않거나 공정한 재판을 할 수 있는 경우에도 기피가 인정될 수 있다"라고 말했다. 앞서 임 전 고문은 이혼 소송을 맡은 서울고법 가사3부 재판장 강민구 부장판사가 과거 장충기 전 삼성 미래전략실 차장과 문자메시지를 주고받은 점 등을 고려할 때 불공정 재판을 의심할 객관적 사정이 있다며 기피신청을 했다.(「대법 "임우재-이부진 이혼 소송, 재판부 바꿔라" 파기환송」, 뉴시스 2019.1.4)

6

아무도 부끄럽다
말하지 않았다

'사법농단' 사태를 법원 스스로 해결할 수 있다는 기대는 무산되고 말았다. 공은 검찰로 넘어왔다. 대상이 판사들이라고 해서 검찰 수사의 방식이 달라질 리 없었다. 수사 과정에서 파열음이 커졌다. 그 파열음이 전부인 양 말하는 목소리도 커지기 시작했다.

2018년 6월 18일 서울중앙지검 특수1부는 사법행정권 남용 의혹에 대한 수사에 착수했다. 수사팀장은 한동훈 3차장검사였다. 당시 '사법농단' 사태와 관련해 검찰에 접수된 고발은 전국철도노조 KTX 열차승무지부, 키코 공동대책위원회 등 17개 단체가 낸 것을 비롯해 20여 건에 달했다.[1]

헌법재판소 파견 근무 중이던 이탄희 판사는 수사 개시와 함께 검찰 조사를 받았다. 문자로 소환 통보를 받았다. 조사 날짜는 6월 20일. 시민으로서 당연히 조사를 받겠다고 생각해온 터라 검찰 출석에 큰 고민은 없었다. 조사가 13시간 정도 이어졌다. 검찰은 '판사 뒷조사 파일' 의혹을 주로 조사했다.

뒤이어 긴급조치 판결로 징계 검토 대상에 올랐던 김기영 서울동부지법 부장판사 등에 대한 피해자 조사가 진행됐다. 2017년 2월 '중복가입 탈퇴' 조치와 관련해 국제인권법연구회 판사들도 참고인 조사를 받았다.

검찰의 조직논리 대 법원의 조직논리

수사 초기 가장 큰 문제는 대법원 자체조사 때와 마찬가지로 컴퓨터 확보였다. '의혹 관련자들의 컴퓨터 하드디스크 실물을 제출하라.' 신경전이 이어지다 관련 파일들을 임의 제출받거나 검찰 수사팀이 대법원에 가서 하드디스크 원본을 이미징(복제) 하는 쪽으로 선회했다. 대법원 청사 내에 마련된 별도 공간에서 법원행정처 관계자 입회하에 하드디스크에 대한 조사를 진행했다.

컴퓨터 조사 과정에서 검찰과 법원행정처의 피 말리는 신경전이 이어졌다. 일단 수사가 시작되자 검찰은 기존에 수사하던 관성대로 가능한 모든 것을 조사 대상으로 삼으려 했다. 검찰이 '외과 수술'처럼 필요한 범위만 수사하길 기대했던 행정처로선 방어에 급급할 수밖에 없었다.

법원의 조직논리 문제로 수사가 시작됐다면 수사를 움직이는 것 역시 검찰의 조직논리였던 것일까. 법원 판사들 눈에는 수사 검사들의 모습이 한 건이라도 더 찾아내 검찰 수뇌부의 인정을 받으려는 것으로 비쳐졌다.

피의사실 공표를 둘러싼 논란은 검찰 수사 내내 거듭됐다. 조사 과정에서 드러나는 혐의 사실들이 거의 실시간으로 신문이나 방송에 나왔다. 언론 보도를 통해 수사 효과를 극대화하려는 '밴드왜건'*이었던 것일까.

검찰은 임종헌 전 차장 자택·사무실에 대한 압수수색에서 퇴직 전 자료를 백업해둔 USB(이동식 저장장치)를 확보했다. 임종헌은 문건 파일을 모두 폐기했다고 주장했으나 실제로는 USB에 담아 직원에게 맡겨두고 있었던 것으로 드러났다.[2] 문제의 USB에는 8,600여 건의 문건 파일이 담겨 있었다.

임 전 차장에 대한 압수수색영장 외에는 검찰이 청구한 압수수색 영장이 법원에서 무더기로 기각됐다. 이례적인 기각 사유들이 눈길을 끌었다.

"재판의 본질적인 부분을 침해할 수 있다."

"상관인 임종헌 전 차장의 지시를 따른 것일 뿐이다."

"법원행정처의 임의제출로 받을 수 있어 영장이 필요 없다."

검찰은 "전·현직 법원 핵심 관계자에 대한 강제 수사는 허용하지 않겠다는 것"이라고 강하게 반발했다.[3] 특히 양승태 전 대법원장과 박병대 전 법원행정처장 등에 대한 압수수색영장은 연거푸 기각했다. "공모 부분에 대한 소명이 부족하다." '법원의 제 식구 감싸기'라는 비판 여론이 커지면서 점차 영장이 발부되기 시작했다.[4]

전·현직 판사들에 대한 본격적인 소환 조사가 시작됐다. 8월 23일 검

---

* 퍼레이드의 맨 앞에 있는 밴드들이 탄 마차를 밴드왜건(Band wagon)이라고 부른다. 밴드왜건 뒤에 긴 행렬이 이어진다. 이를 빗대어 선거에서 우세를 보이는 후보 쪽으로 투표자들이 몰리는 현상 등을 '밴드왜건 효과'(bandwagon effect)라고 한다.

찰은 이규진 전 양형위원회 상임위원을 소환했다. 9월 12일에는 이민걸 서울고법 부장판사, 유해용 변호사(전 대법원 수석재판연구관), 김현석 대법원 수석재판연구관이 검찰에 나왔다. 모두 100명이 넘는 판사들이 피의자나 참고인 신분으로 소환 조사를 받았다. 압수수색을 둘러싼 갈등에 검찰의 압박 조사가 겹쳐지면서 법원 내 여론이 흉흉해졌다. "검찰이 이런 식으로 조사하는 줄은 몰랐다"라는 불만이 터져나왔다.

그래도 수사를 시작할 때는 환부만 도려내는 쪽이었다고 봐요. 수사가 진행되면서 계속해서 확대돼갔죠. 9월말, 그리고 11월말에 한 번씩 수사가 확 커지는 느낌이 들었어요. 추가 자료 요구도 않던 문제를 어느 순간부터 집중적으로 시작했고… 검찰도 거칠게 수사한 건 부인할 수 없을 겁니다. 소환에 응하지 않으면 피의자로 부르겠다고 하고, 조사 과정에서도 참고인에서 피의자로 신분이 바뀔 수 있다고 을러대고… (고등법원 부장판사)

검찰이 기획해서 수사를 한 것도 아니고 법원 스스로 자초한 일 아닙니까. 부작용을 가지고 본질인 것처럼 말하면 안 되죠. 조사 받으며 모멸감을 느낀 판사들이 많겠지만 판사라고 (검사들이) 조심은 했을 겁니다. 다른 사람들 데려와서 수사하는 게 아니니까 종전의 수사기법들이 동원됐겠죠. 그래도 수사가 너무 심하다, 뭐다, 얘기하는 건 국민들 보기에 좀 민망합니다. 진즉에 잘했어야죠, 진즉에. 반성할 생각은 하지 않고 "검찰이 이 기회에 법원을 잡으려고 한다" 이렇게 음모론적으로 말씀하

시는 분들, 이해할 수가 없습니다. (지방법원 부장판사)

10월 15일 임종헌 전 차장이 서울중앙지검 청사 앞 포토라인에 섰다. 그는 "우리 법원이 현재 절체절명의 위기 상황에 처해 있는 데 대해 무거운 책임감을 느끼고 국민 여러분께 죄송하다"라고 말했다.

"법원을 위해 헌신적으로 일했던 동료 후배 법관들이 현재 어려운 상황에 처해 있는 것에 대해 너무 안타깝게 생각합니다. 제기된 의혹 중 오해가 있는 부분에 대해서는 적극적으로 해명하겠습니다."[5]

서울중앙지검 수사팀이 임종헌에 대한 구속영장 청구서를 법원에 접수시킨 것은 8일 후인 10월 23일이었다. 직권남용권리행사방해, 직무유기, 공무상비밀누설, 위계에 의한 공무집행방해, 허위공문서작성 및 행사, 특정범죄가중처벌법상 국고손실… 혐의가 꼬리에 꼬리를 물었다. 검찰은 영장에 양 전 대법원장과 박병대 전 법원행정처장 등을 공범으로 적시했다.

같은 달 26일 임종헌에 대한 영장실질심사가 6시간 동안 진행됐다. "혐의가 무거운 만큼 구속수사가 필요하다." 검찰은 증거물을 파워포인트 슬라이드로 띄우며 강조했다. "내부 징계·탄핵감은 될 수 있지만 형사처벌을 받을 일은 아니다." 임 전 차장 측은 혐의를 전면 부인했다.[6]

다음 날 새벽 2시쯤 서울중앙지법 임민성 영장전담 부장판사는 구속영장을 발부했다. "범죄사실 중 상당한 부분에 대해 소명이 있고, 피의자의 지위 및 역할, 현재까지 수집된 증거자료, 수사의 경과 등에 비추어볼 때 증거인멸의 우려가 있으므로…"[7]

2019년 1월 11일 양승태 전 대법원장이 검찰에 소환됐다. 양 전 대법원장은 서울중앙지검에 출두하기 앞서 서초동 대법원 정문 앞에서 기자회견을 했다.

"양승태는 대법원이 아닌 검찰 포토라인에 서라." 전국공무원노동조합 법원본부 조합원들이 정문 앞에서 외쳤다. 양 전 대법원장은 흔들림이 없었다. 5분간 입장 발표를 했다. 그는 "이 모든 것이 저의 부덕의 소치로 인한 것이고 따라서 그 모든 책임은 제가 지는 것이 마땅하다"라며 이렇게 말했다.

다만 이 자리를 빌어 제가 국민 여러분에게 우리 법관들을 믿어주시기를 간절히 호소하고 싶습니다. 절대다수의 법관들은 국민 여러분에게 헌신하는 마음으로 사명감을 갖고 성실하게 봉직하고 있음을 굽어 살펴주시길 바랍니다. 사건에 관련된 여러 법관들도 각자 일을 수행하는 과정에서 양심에 반하는 일을 하지 않았다고 하고 저는 그 말을 믿고 있습니다. (…) 모쪼록 편견이나 선입견 없는 공정한 시각에서 이 사건이 소명되길 바랄 뿐입니다.

대법원 정문 앞에서 입장을 밝힌 이유는 뭘까. 양 전 대법원장은 "전 인생을 법원에서 근무한 사람으로서 법원을 한번 들렀다 가고 싶은 마음이 있었다"고 했다. "부당한 인사 개입이나 재판 개입은 없었다는 것은 여전히 같은 입장이냐"라는 질문엔 "변함없는 사실"이라고 답했다.

"편견이나 선입관 없는 시선에서 이 사건을 봐주기 바랍니다."[8]

그의 행동은 오히려 '전직 대법원장에게 너무한다'라는 선입관을 심기 위한 것 아니냐는 비판을 받았다. 대법원 앞에서 다시 승용차를 타고 서울중앙지검에 도착한 그는 포토라인에 멈추지 않고 지나갔다.

전직 대법원장의 이례적인 대법원 정문 앞 기자회견은 자신이 사법부를 대신해 검찰의 탄압을 받고 있다는 이미지를 연출했다. 양 전 대법원장은 세 차례 검찰 조사를 받는 과정에서 조서를 꼼꼼히 열람했다. 밤늦게까지 조사를 받은 다음 날 검찰청에 다시 가서 조서를 열람하기도 했다. 세 차례 검찰 조사를 받은 시간(27시간)보다 조서를 확인한 시간(36시간)이 더 길었다. 재판 과정에서의 치열한 법리 다툼을 예고하는 것이었다.

1월 18일 검찰은 양 전 대법원장에 대해 구속영장을 청구했다. 서울중앙지법 명재권 영장전담 부장판사는 같은 달 24일 구속영장을 발부했다. "범죄사실 중 상당 부분 혐의가 소명되고 사안이 중대하다. 현재까지의 수사진행 경과와 피의자의 지위 및 중요 관련자들과의 관계 등에 비추어 증거인멸의 우려가 있다."[9]

대한민국 법원사에 '전직 대법원장 구속'이라는 초유의 기록이 적히는 순간이었다. 8개월 동안 숨 가쁘게 수사가 전개되는 동안 양승태 전 대법원장은 물론이고 다른 법관 누구도 국민 앞에 진심 어린 반성과 사과를 하지 않았다. "송구하다" "부덕의 소치다" "모든 책임을 지겠다" 같은 상투적인 말 대신 자신이 무슨 잘못을 했고, 왜 그런 잘못을 했는지 구체적인 언어로 인정하고 용서를 구하는 모습은 보이지 않았다.

이탄희 판사의 두 번째 사표

2018년 2월 법원 인사에서 헌법재판소로 파견된 이탄희는 마음이 여전히 무거웠다. 정기인사 발표 하루 전, 3차 조사를 위한 특별조사단 구성이 발표됐다. 조사단 구성을 앞두고 법원 내에서는 진상규명을 주장해온 판사들을 중심으로 '외부 인사들이 주축이 되지 않는 한 제대로 된 조사가 되기 어렵다'는 의견이 확산됐다.

두 차례의 조사를 거치는 동안 많은 법원행정처 판사들이 사실과 다르게 진술했음에도 조사위원들 역시 판사들이다보니 제대로 캐묻지 못했다는 지적이 많았다. 2차 조사 결과가 발표된 직후 원세훈 전 국가정보원장 재판에 관여하지 않은 대법관들까지 '원세훈 재판에 관해 사법부 내·외부 누구로부터 어떠한 연락도 받은 사실이 없다'라는 입장을 내자 외부위원이 필요하다는 목소리는 더욱 높아졌다. 이런 의견은 김명수 대법원장에게도 전달됐다.

그러나 발표된 특별조사단 명단에 외부위원은 없었다. 불안감이 일었다. 일부 언론에서는 '사법부 블랙리스트는 없다'며 논란을 벌이고 있었다. 젊은 판사들은 미리 대비하고, 대응도 해야 한다고 생각했다. 이탄희는 판사들의 구심점 역할을 해야 했다. 그를 믿고 하는 일이라고 말하는 판사도 있었다. 이탄희는 앞으로의 방향을 고민하고, 이야기 나누고, 글을 쓰느라 매 주말을 보내다시피 했다.

2차 조사 결과가 나왔을 때 '내 역할은 여기까지다'라고 말하고 빠지는 방법도 있었겠죠. 하지만 그렇게 안되더라고요. 책임을 져야 한다는 생각이 컸습니다. 그 책임은 저를 믿고 함께 싸워준 젊은 판사들에 대한 책임이기도 했고, 이 사건이 역사적인 일인데 그냥 물러설 수는 없다는 공적인 책임이기도 했어요. 첫해 1년 동안 싸우면서 깨달은 것은 진실이 저절로 드러나진 않는다는 사실이었어요. 판사회의만 해도 열지 못하게 방해하는 사람들이 많았어요. 시간이 길어지면서 결국 진실을 덮으려는 세력과의 싸움이 되었죠. 그 자세한 이야기를 할 때가 올 수도 있겠지만… 그런 일들을 겪으며 '내가 이런 역할을 계속해가면 판사의 정체성과는 점점 멀어지는데' 하는 생각이 들기 시작했어요. (이탄희)

때로는 판사들이 헌법재판소 앞으로 찾아와 격한 심정을 토로했다. 다들 모범생이었다. 재판하면서 스트레스도 받는데 언론의 공격을 받고, 판사 개개인의 실명이 보도에 등장하면서 민감하게 받아들였다. 이탄희는 정서적 지지를 하는 역할도 중요하다는 것을 알게 됐다. 일이 여의치 않을 때는 직접 나서야 한다는 생각도 강박처럼 지니고 있었다.

진상조사위의 1차 조사가 끝났을 때 사직해야 하는 것 아닌가 고민했는데, 특별조사단의 3차 조사가 끝난 후에도 마찬가지였다. 전국법관대표회의에서 '수사 촉구'든, '국정조사'든 아무것도 나오지 않으면 자신이 책임져야 한다는 생각을 했다. 2018년 11월 전국법관대표회의가 탄핵 결의를 할 때는 회의중 한 판사가 보내준 '표결합니다' 문자를 받고 마음을 부여잡았다.

만약 탄핵 결의 투표를 해서 부결되면 어떻게 될까. 그러면 탄핵 결의를 추진했던 판사들이 엄청난 비난을 받을 텐데, 그러면 나는 어떻게 해야 되는가. 그때는 뭔가 내가 방패막이로 쓰여야 되겠다는 생각을 했던 것 같아요. 뭔가 보호막의 역할을 해야 한다는 거였죠. (이탄희)

판사사회의 기대와 요구가 이어지는 상황이었다. 그는 법원이 제자리를 찾는 데 도움이 되는 일이라면 피하지 않았다. 하지만 마음 한구석에선 자신이 생각하던 판사의 모습과는 다른 사람이 돼가고 있다는 생각이 점점 커져갔다. 엄중한 상황에서 개인의 고민을 말하긴 어려웠다. 판사로서의 정체성과 운동하는 사람으로서의 정체성은 양립하기 어려웠다. 재판 자체는 계속하고 싶었지만 법복을 입고 법대(法臺, 재판부가 앉는 자리)에 올라가서는 안 되겠다는 생각이 자꾸 들었다.

저라고 판사 자리에 대한 미련이 왜 없었겠습니까. 2년을 어떻게 버텼는데… 한번 결단을 해봤어도 다시 흔들리는 게 사람 마음이더라고요. 그래도, 기준을 낮추지는 말자, 내가 선택한 것이다, 그동안 마음 고생한 것은 그냥 안고 가자, 그렇게 생각을 정리했어요. 그러고 나니 오히려 피하지 말고 나가는 날까지 올바른 입장을 견지해야겠다는 다짐을 하게 됐죠. 도덕적인 편안함이라고 해야 할까요? '법원에 아무것도 바라지 않겠다' 이런 거죠. 그 마음이 없었으면 중도에 포기했을지도 몰라요. (이탄희)

많은 이들이 양승태 전 대법원장 구속으로 모든 일이 해결된 것처럼 생각했지만, 젊은 판사들이 공유하는 가치와 이상은 보다 본질적인 것이었다. 법원이 바뀌어야만 했다. 국민의 눈높이를 그대로 맞출 수는 없어도 이제는 정말 달라졌구나, 하는 신뢰를 받으며 재판하고 싶었다. 그래야만 이제까지의 노력이 의미있을 것 같았다.

있는 힘을 다했지만 현실은 기대에 못 미쳤다. 인적 구성이 바뀌고, 새 대법원장에게 모든 권한을 주었는데 뭐가 달라졌느냐는 말이 나왔다. 물론 얻은 것도 있었다. 김 대법원장이 대국민 담화문을 통해 법원행정처 탈(脫)판사화를 약속하고 국민의 눈높이에 맞는 투명한 사법행정을 구현하겠다고 공언했다.

2018년 2월 정기인사를 앞뒀을 무렵이었다. 이탄희는 당시 법원행정처 고위 간부로부터 기획1심의관으로 오라는 제의를 받았다.

"이 판사, 명예회복을 해야 하지 않겠어요?"

이탄희는 되물었다.

"제가 법원행정처 탈판사화를 이야기해왔는데 행정처에 들어가서 되겠습니까?"

이탄희는 자신이 기획1심의관으로 법원행정처에 들어가는 것보다 법원 개혁이 잘 이뤄져서 행정처가 없어지는 계기가 된 사람으로 자신이 기록되길 바랐다. 자신을 믿고 지지해준 젊은 판사들도 그걸 원한다고 믿었다.

드라마 같은 2년의 시간은 그렇게 흘러갔다. 2019년 2월 정기 인사를 앞두고 이탄희는 대법원에 사직서를 냈다. 사법농단에 대한 검찰 수사가 마무리될 즈음이었다.

1월 29일 이탄희는 코트넷에 글을 올렸다. 판사들에게 법복을 벗는 마음을 전하고 싶었다. 그는 "지난 시절 행정처를 중심으로 벌어진 헌법에 반하는 행위들은 건전한 법관사회의 가치와 양식에 대한 배신이었다고 생각한다"며 다음과 같이 적었다.

판사가 누리는 권위는 독립기관으로서의 권위라고 생각합니다. 조직원으로 전락한 판사를 세상은 존경해주지 않습니다. 누군가의 말대로, 성운처럼 흩어진 채로 모여 있어야 하는 것이 우리의 숙명이라고 생각합니다. 미래의 모든 판사들이 독립기관으로서의 실질을 찾아가길 기원합니다. 제 경험으론, 외형과 실질이 다르면 단단해지지 않습니다. 나의 생각을 다른 사람의 입을 통해 들어야 하는 것은 아닙니다. 항상 더 큰 공적인 가치가 무엇인지 고민했으면 좋겠습니다.

저는 우리의 미래가 어둡다고 생각하지 않습니다. 지난 2년간 배운 것이 많습니다. 한번 금이 간 것은 반드시 깨어지게 되어 있다는 것, 그리고 결국 인생은 버린 사람이 항상 이긴다는 것을 저는 배웠습니다. 깨진 유리는 쥘수록 더 아픕니다. 하루라도 먼저 내려놓고 다시 시작하는 것이 좋습니다. 저도 무엇을 하든, 처음부터 다시 시작하는 마음으로 생활하겠습니다. 저 자신에게 필요한 일이 무엇인가부터 먼저 생각해보려 합니다.

그동안 마음으로 응원하고 지지해주신 너무나 많은 분들, 그 한분 한

분께, 다시 한번 진심으로 감사했습니다. 최소한밖에 하지 못하고 일어나게 되어 미안합니다.

다시 뵐 때까지 항상 건강하세요.

—판사 이탄희 올림

그의 사직은 사법농단에 관여된 판사들에게 스스로 사직하라는 메시지였다. 그래야 법원이 새롭게 시작할 수 있다. 140여 명에 달하는 판사들이 댓글로 그를 배웅했다.

김명수 대법원장에게서 만나고 싶다는 연락이 왔다. 마지막 인사도 드릴 겸 여럿이 함께 갔다. 김 대법원장은 이탄희에게 말했다.

"이 판사, 사직서를 철회할 방법은 없겠어?"

이탄희는 고개를 저었다.

"대법원장님 말씀은 고맙습니다만… 판사로서의 생명이 다한 것 같습니다."

대법원장은 잠시 침묵하다가 말했다.

"정 그렇다면, 법원을 위해 희생했다고 생각하시게."

그 순간 자리에 동석해 대화를 지켜보던 부장판사가 울컥했는지 고개를 숙였다. 그는 대법원장을 만나고 나온 뒤에도 이탄희를 붙잡고 "너도 나가기 싫으면서 왜 그러느냐"고 아쉬워했다. 이탄희는 답하지 않았다.

대신 이탄희는 법관 징계는 직업윤리를 다시 세우는 차원에서 제대로 처리되어야 한다고 말했다. '세상이 판사에게 요구하는 엄격한 기준을 적용해서 법관직을 내놓는 것이다. 대법원장이 그 기준을 사법농단 판사들에게 다시 낮춰서 적용하면 안 된다'라는 의미였다. 국민들 눈에 자신들이 어떻게 비치는지 알아야 한다. 그래야 같은 판사들로부터의 평판만 좋으면 된다는 잘못된 문화도 바꿀 수 있다. 하지만 상황은 이 탄희의 바람과 다르게 전개됐다.

양승태 "법원에 대해 이토록 잔인한 수사를…"

2019년 2월 26일 오후 2시 서울중앙지법 311호 법정. 흰 와이셔츠에 검은색 양복 차림의 양승태 전 대법원장이 법정 안으로 들어왔다. 그가 외부에 모습을 드러낸 건 구속수감 후 33일 만이었다. 좀 야위었을 뿐 건강한 모습이었다. 양 전 대법원장은 변호인들과 인사를 나눈 뒤 의자에 등을 기대고 앉았다.

서울중앙지법 형사합의35부(재판장 박남천 부장판사) 심리로 열린 이날 재판에서 검찰과 변호인이 거센 공방을 벌였다.

"피고인이 보석으로 석방되면 공범으로 기소된 피고인들이나 전·현직 법관에 부당한 영향을 줘 진술을 조작하거나 왜곡할 우려가 크다."(검찰)

"피고인이 구속이냐, 불구속이냐가 전·현직 법관의 진술에 어떻게 영향을 미친다는 것이냐. 방어권 행사를 위해 보석이 필요하다."(변호인)

이들의 공방이 끝난 뒤 재판장이 "마지막으로 피고인 본인이 하고 싶은 말이 있으면 해보시라"고 했다. 양 전 대법원장이 "자리에 앉아서 해도 되겠느냐"고 묻자 재판장은 "그렇게 하시라"고 답했다. 양 전 대법원장은 며칠 전 같은 구치소에 수용돼 있는 사람이 자신의 방 앞을 지나가면서 한 얘기부터 꺼냈다.

> 대한민국 검찰이 정말 대단하다, 우리는 법원에서 재판을 받고 있어서 법원을 하늘같이 생각하고 있는데, 검찰은 법원을 꼼짝 못하게 하고 전 대법원장을 구속까지 시켰으니 정말 대단하구나, 이렇게 얘기했습니다. 저는 그 사람들 이야기에 전적으로 동감합니다.

한번 대법원장은 영원한 대법원장인가. 그는 여전히 자신을 '사법부'로 여기고 있었다. 자신에 대한 수사와 구속을 검찰이 법원을 들쑤신 것으로 말하고 있었다.

양 전 대법원장은 "검찰은 조물주가 무에서 유를 창조하듯이 300여 페이지 되는 공소장을 만들어냈다"라며 검찰 수사의 문제점을 질타했다. 그는 "정의의 여신상이 손에 든 천칭(저울)"을 이야기하며 "형평과 공평이라는 형사소송법 이념" "실체적 진실 구현" "정의가 실현되는 법정"을 강조했다.

5월 29일 서울중앙지법 417호 법정에서 열린 1차 공판에서도 양승태 전 대법원장은 거침이 없었다. 오전 재판에서 "모든 공소사실은 근거가 없는 것이고 어떤 것은 정말 소설 픽션 같은 이야기"라고 했던 그는 오후 재판에서 강도 높게 검찰을 비판했다.

그는 자신에 대한 검찰 수사를 '사찰'이라고 규정했다. "통상적 수사가 아니라 내 취임 첫날부터 퇴임한 마지막 날까지 모든 직무 행위를 샅샅이 뒤져서 그중에 뭔가 법에 어긋나는가 하는 걸 찾아내기 위한 수사였다." 그는 "어떤 특정 인물을 반드시 처벌해야 하니 처벌할 거리를 찾아내야 한다는 것이 사찰"이라고 했다.

> 동서고금을 막론하고 삼권분립을 기초로 하는 이 민주정(民主政)을 채택하고 시행하는 나라에서 법원에 대해 이토록 잔인한 수사를 한 사례가 대한민국밖에는 어디 더 있는지 제가 묻고 싶습니다. (…) 대한민국이 정말 법의 지배가 이뤄지고, 법이 모든 사람을 간절하게 보호해서 그 아래 평화와 번영을 누리는 자유민주주의로 유지될 것이냐, 아니면 무소불위로 흐르는 검찰의 칼날에 숨을 죽이고 혹시 그 칼날이 자기한테 향해 있다고 전전긍긍하며 떨며 살아야 할 검찰 공화국이 될 것인가, 최근에 이루어지는 몇 건의 재판이 바로 이런 앞날을 결정하게 되리라고 저는 생각을 합니다.

양 전 대법원장은 조오현 시인의 시 「마음 하나」*를 인용한 뒤 "도를 넘은 공격에 대해서 이런 마음 하나로 견뎌왔다"는 말로 마무리했다. 25분간의 발언 동안 분노, 울분, 냉소 같은 격한 감정들이 소용돌이친

---

* 양 전 대법원장이 인용한 시 구절은 다음과 같다. "그 옛날 천하장수가/온 천하를 다 들었다 다 놓아도//모양도 빛깔도/향기도 무게도 없는//그 마음 하나는/끝내 들지도, 놓지도 못했다."

듯했다.

그는 자신이 받은 수사가 부당하다고, 공평하지 않다고 인식했을 것이다. "무에서 유를 창조하듯" 공소장을 만들어내고, "취임 첫날부터 퇴임한 마지막 날까지 모든 직무 행위를 샅샅이 뒤지는" 검찰 수사에 경악했을 것이다.

양승태의 지적이 모두 틀렸다고 생각하지는 않는다. 한국 검찰은 무차별 포격으로 목표물을 격침시키는 것을 중요한 능력으로 여긴다. 죄질을 더 나쁘게 만들기 위해 과도하게 수사하고 기소한다. 상대적으로 작은 문제들까지 바닥을 긁어서 공소장에 넣는다.

하지만 그의 말을 듣는 내내, 뭔가 빠졌다는 느낌이 들었다. 그게 뭘까? 재판이 끝나고 법정을 나와 법원 계단을 내려갈 때쯤 그게 무엇인지 떠올랐다. 그것은 반성의 한마디였다.

그가 법관으로 살았던 42년간, 형사법정에는 무슨 일이 있었나. 유신시대, 잔혹하게 고문당한 이들이 판사 양승태의 법정에 들어와 억울함을 호소할 때 그는 어떻게 판결했나. 비교할 수 없을 만큼 훨씬 심했을 '소설 같은 공소장'으로 유죄를 선고하지 않았나. "검찰 공화국"이라는 말이 나온 게 어제오늘의 일인가.

직접 '피고인'이 되고서야 뒤늦게 검찰 수사의 진면목을 알게 됐을 수도 있다. 그렇다면 그동안 검사들에 의해 기소돼 자신에게 재판을 받았던 숱한 피고인들이 느꼈을 고통에 대해서도 한마디쯤은 해야 하는 것 아닌가?*

"제가 그동안 검찰 수사의 문제를 제대로 알지 못한 채 재판을 하고,

유죄 판결을 했다는 것이 부끄럽습니다. 제게 재판받은 피고인들에게 송구한 마음이라는 말씀부터 드립니다."

"부끄럽다" "송구하다"고 말하기 어렵다면 "제가 했던 재판들을 되돌아보게 됐다"라고는 해야 하는 것 아닌가. 나는 그 한마디가 반드시 있어야 한다고 믿는다. 그래야 검찰 수사의 문제를 지적할 수 있는 윤리적 징검다리가 생긴다.

보석 심문과 1차 공판, 이 두 차례의 발언에서 양 전 대법원장의 모든 것이 드러난다. "이토록 잔인한 수사를 법원에 대해 하고 있다." 그는 계속해서 '법원 대 검찰'의 대립구도 속에 자신을 위치시키고 있다.

'내게 유죄가 선고되는 것은 곧 법원에 유죄가 선고되는 것이다.'

법원을 그릇된 방향으로 이끌었던 조직논리를 다시 스스로를 지킬 방패로 삼고 있다. 나는 그가 전직 대법원장이 아니라 인간 양승태로 법정에 서서 스스로를 방어하길 바란다.

그날 법정에서, 그의 존재 자체가 증거가 될 수도 있다는 예감이 들었다. 형사처벌이나 유·무죄를 판가름하는 증거가 아니라 '사법농단'이라는 위헌적 상황이 있었음을 뒷받침해주는 증거.

그가 현직 대법원장으로서 저토록 직설적으로, 호소력 있게 지적할 때 판사들이 얼마나 위축됐을까. 그가 목소리에 감정을 실어 말하면 법

---

* 양승태 전 대법원장은 재일동포 김동휘 씨 사건 등 4건의 간첩조작 사건에서는 배석판사로, 강희철 씨, 오재선 씨 간첩조작 사건에서는 재판장으로 재판을 했다. 6건 모두 재심을 통해 무죄가 선고됐다. 오재선 씨의 경우 1심 재판에서 "경찰의 고문으로 허위 자백을 했다"라고 호소했으나 재판장이었던 양 전 대법원장은 오씨에게 징역 7년을 선고했다.

원행정처 간부와 심의관들이 얼마나 심각하게 받아들였을까. 대법원장님께서 저렇게 말씀하시면 당연히 사법정책에 반영해야 한다고 알아서 움직이지 않았을까.

대법원장 양승태가 힘주어 말한 한마디 한마디를 행정처 차장 임종헌은 시스템으로 만들었다.* 양승태가 '법원에 대한 애정'으로 목소리를 높였던 이슈들이 하나하나 문건으로 작성돼 판사들에게 날아갔다.

존재 자체가 상황을 만든다는 건 얼마나 두려운 일인가. 존재 자체가 증거가 된다는 건 얼마나 아찔한 일인가.

임종헌에게 법이란 무엇이었나

2019년 3월 11일 오전 10시 서울중앙지법 417호 법정. 임종헌 전 법원행정처 차장에 대한 1차 공판이 열렸다. 임 전 차장은 검찰의 공소사실을 전면 부인했다.

> 사법행정권 남용과 직권남용의 경계를 어떻게 볼 것인가가 이 사건 재판의 핵심인데, 검찰의 경계선은 이 재판에서 결코 수용될 수 없고 수용돼서는 안 된다고 생각합니다. 최종 판단과 경계선을 긋는 것은 재판

* 양승태 전 대법원장은 검찰 조사에서 "임 차장은 굉장히 유능한 사람으로 '챙겨보라'고 따로 지시해야 할 사람이 아니다"고 진술했다.(2019.6.12. 4차 공판, 피의자신문조서에 대한 검찰 서증조사)

부의 몫입니다. 페테르 루벤스의 「시몬과 페로」*라는 그림이 있습니다. 잘 알다시피 이 그림은 늙은 노인이 젊은 여인의 젖을 빠는 그림입니다. 처음 접한 어떤 사람은 포르노라고 하고, 어떤 사람은 성화(聖畫)라고 합니다. 우리가 보기엔 영락없는 포르노입니다. 그러나 그 노인과 여인의 관계는 아버지와 딸입니다. 포르노가 아닌 성화입니다. 피상적으로 보이는 것만이 사실이 아니고, 자기 생각과 다르다고 해서 틀린 게 아닙니다.

임종헌은 자신의 행동을 '성화'에 비유함으로써 자신이 벌인 일에 종교적 의미를 부여했다.

나는 희생양이다. 내가 했던 것은 일종의 성전(聖戰)이다. 사법부를 외부로부터 지키는 일, 정부 부처들과의 관계를 잘 맺는 일, 그것은 악이 아니라 선이다. 당신들이 '사법행정권 남용'이라고 부르는 것도 마찬가지다. 겉보기에는 잘못된 범죄나 정치권력과의 유착처럼 보일 수 있다. 맥락을 알고 보면 사법부를 위해 최선을 다한 것뿐이다. '피상적으로 보이는 것만이 사실이 아니다.'

언뜻 들으면 진실을 말하는 듯하다. 과연 그럴까? "헌법적 차원에서 부적절했지만, 형사처벌까지 받을 범죄를 저지른 건 아니다"라고 말할 수는 있을 것이다. 하지만 '포르노와 19금(禁) 영화' 정도로 비교할 수 있는 상황을 '포르노와 성화'로 과장하는 것은 지나치다. 양승태 코트

---

* 로마 시대의 여성 페로는 아버지 시몬이 역모로 몰려 굶어죽는 형벌을 선고받게 되자 아버지를 살리기 위해 매일 감옥으로 면회를 가서 아버지에게 자신의 모유를 먹인다. 이 사실을 알게 된 로마의 권력자는 페로의 효심에 감동해 시몬을 석방한다.

에서 임종헌 자신이 주도했던 일들은 어떠한 변명으로도 용인될 수 없다. 어떻게 '성스러운 그림'이라고 말할 수 있는가.

임종헌은 4월 15일 재판에서 강제징용 재상고 사건을 이용해 법관의 재외공관 파견을 성사시키려 했던 것 아니냐는 의혹에 대해 이렇게 말했다.

"외교부와 피고인은 두 가지 문제를 전혀 대가관계로 인식하지 않았습니다. 남녀간에 썸만 타고 있는데 이걸 확대해석해서 불륜관계라고 주장하는 것과 마찬가지입니다."

'불륜관계와 썸'은 '포르노와 성화'와 마찬가지다. 자신의 행위가 이상하게 비쳐질 수 있어도 범죄로 볼 수는 없다는 얘기다. 이해하기 쉬운 비유로 언론에 제목거리를 던져줌으로써 법정 밖 여론에 호소하는 듯한 인상을 준다.*

사법행정권 남용 재판에 정치적 프레임을 들이대려는 이들에겐 '포르노-성화' '불륜-썸' 같은 표현들이 잘 먹혀든다. 양승태 전 대법원장과 임종헌 전 차장 모두 뛰어난 정무적 감각을 지닌 사람들이다. 스스로 여론 몰이의 희생양이라고 하면서도 여론을 활용하려는 느낌이 강하다.

임종헌 전 차장은 피고인석에 가만히 앉아 있지만은 않는다. 변호인

---

* 임종헌 전 차장 변호인은 2019년 3월 11일 1차 공판에서 "대통령마저 기념식(사법부 70주년 기념식을 의미) 손님으로 와서 '사법농단' '재판거래'라는 단어를 사용했다. 프레임에 갇혀 진실은 온데간데없고 피고인은 이미 괴물 같은 중범죄자가 돼버렸다. 부정적 여론을 등에 업고 사법부는 국정농단 세력과 같이 규정됐다"라고 말했다.

못지않게 적극적으로, 때로는 공격적으로 재판에 임했다.

5월 8일 서울중앙지법 408호 법정. 임종헌의 구속 연장 여부를 결정하기 위한 심문이 열렸다. 임종헌은 추가 기소된 공소사실을 부인하면서 그 사유를 설명했다. 그는 2015년 3월 당시 서기호 의원 재판 관여 협의와 서영교·전병헌·이군현·노철래 의원 관련 재판 관여 협의를 하나하나 반박했다.

반박에는 일정한 패턴이 있었다. 우선, 협의와 관련된 당시 상황에 대해 "현재 정확하게 기억할 수 없지만" "기억이 잘 안 나지만"이라는 전제를 붙인다. "워낙 많은 일을 하다보니 정확히 기억할 수가 없기" 때문이다. 이어 관련자들이 검찰에서 진술한 내용과 압수수색된 문건, 이메일, 통화 내역 등을 토대로 "그게 사실이라면 내가 이랬을 가능성이 있다"며 자신의 행동을 추정한다. 결론은 같다. 자신은 재판에 관여하지 않았다는 것이다.

서영교 의원 관련자 재판에 대해 임종헌은 다음과 같이 설명했다.

> 정확한 기억은 없지만 당시 문용선 서울북부지법원장님 평상시 성품을 고려할 때 만약 서영교 의원 청탁 내용대로 벌금형으로 선처해달라고 명시적으로 전달하게 되면 오히려 역효과가 나기 때문에 변론재개해서 잘 살펴달라는 취지로 전달했을 가능성이 많습니다.

노철래 의원 관련 사건은 해당 재판을 진행중이던 성남지원장과 통화한 사실을 인정하면서 이렇게 말했다.

저의 불완전한 기억과 정효채 당시 지원장 진술 내용 등을 통해서 말씀드리도록 하겠습니다. 저는 기억이 안 나는데, 정효채 당시 지원장님 검찰 진술에 의하면 제가 전화해서 "새누리당에서 노철래 의원 구속이 부당하다고 해서 머리가 아프다. 내가 파일 보내줄 테니 한번 살펴봐달라"고 얘기를 했다고 합니다. (…) 정효채 지원장님은 피고인(임종헌)이 머리가 아프다고 이야기만 했지, 이걸 재판부에 알려달라고 하지 않았다, 그러면서 '사건이 어떻게 될 것 같으냐'고 물어서 '난 모른다'고 했더니 '그러면 나중에 변론 종결이 되는지 어떤지 진행 경과를 알려달라'고 이야기하고 끝났다고 합니다. (…)정효채 지원장님 성격을 제가 잘 아는데, 워낙 FM이기 때문에 제가 선처를 전달해달라고 해서 전달할 사람이 아닙니다.

자신의 사건이 아니라 다른 사람 사건을 객관적으로 분석하는 판사의 시각이 느껴진다.

임종헌의 변론 전략은 철저히 법률과 재판에 관한 전문적인 식견을 바탕에 두고 있다. 그는 자신이 법 전문가임을 숨기지 않는다. 오히려 과시한다.* 검찰은 물론이고 재판부를 향해서도 자신이 누구보다 법률

* 임종헌은 2019년 4월 2일 5차 공판에서 증인 신문을 앞두고 재판부에 "검사가 자신이 바라는 답을 유도하면 재판장이 제지해야 한다"며 증인신문 원칙(형사소송규칙 제74조)을 강조했다. 또 자신의 직권남용 혐의를 부인하면서 검찰 측에 "공무원은 명백하게 위법한 경우 복종 의무가 없다고 행정법 교과서에 쓰여 있으니까 자세히 읽어달라"고 했다.

을 잘 알고 있다는 신호를 끊임없이 타전한다. 그럼으로써 재판을 자신이 원하는 방향으로 끌고 가고자 한다. 주요 주장마다 "재판장님도 잘 아시는 것처럼"이라는 말을 붙여 그 효과를 극대화한다.

임종헌은 5월 31일 재판부인 서울중앙지법 형사합의36부를 기피신청하면서 재판장인 윤종섭 부장판사의 재판 진행을 조목조목 비판했다.

"어떻게든 피고인을 처단하고야 말겠다는 오도된 신념 내지 사명감에 가까운 강한 예단을 가지고 재판 진행을 해왔다. 법관이 불공정한 재판을 할 염려가 있는 때에 해당한다."*

106면 분량의 기피사유서는 재판의 공정성을 강조하면서 '공정한 재판'의 의미를 이렇게 설명하고 있다.

> 공정한 재판이라고 하기 위하여는 법관이 실제로 객관적으로 심판하였다는 것 이외에, 소송관계인과 일반인에게 재판의 객관성에 대한 신뢰가 보장되어야 합니다. 이러한 의미에서 기피제도는 재판에 대한 국민의 신뢰를 보장하는 기능도 가지게 됩니다. 중립적이고 공평하며 편견 없는 법관이라는 이념적 모습은 궁극적으로는 헌법의 법치국가 원리에서 나오는 것입니다.**

---

* 임종헌은 기피사유서에서 "윤종섭 재판장이 강형주 전 서울중앙지방법원장이 주재한 모임에 참석해 '사법농단 관련자들을 엄단해야 한다'고 말했다는 기자 제보도 있다"라며 "과연 그것이 근거 없는 헛소문에 불과한지도 의문"이라고도 했다. 기피사유서에 확인되지 않은 제보 내용까지 넣어 재판장을 비난한 것은 이례적인 일이다.

** 2019년 7월 2일 서울중앙지법 형사합의33부는 임종헌의 재판부 기피신청에 대해 기각 결정을 했다. 재판부는 "신청인이 주장하는 기피 사유는 불공정한 재판을 할 염려가 있는 객

누구도 임종헌의 자기 방어를 비난해서도, 막으려 해서도 안 된다. 피고인으로서의 당연한 권리다. 다만 30년간 법복을 입었던 판사 임종헌의 모습은 기대하기 어렵다. 자신이 법원행정처에서 했던 일로 '재판에 대한 국민의 신뢰'에 어떤 영향을 미쳤는지에 대한 반성은 보이지 않는다.

법정에서 그의 모습을 대할 때 법률 규정에 능한 '법 기술자'라는 인상을 더하게 된다. 법의 정신이 무엇인지에 대한 고민은 보이지 않는다. 그에게 법이란 무엇이었을까.

관적인 사정이라고 하기 어렵다"라고 말했다.

'숨기면 숨겨질 수 있다'는 확신

애들아. 우리가 지금 그 집에서 무사히 나왔지? 그리고, 우리 식구들 말고 아무도 모르지? 무슨 일이 있었는지. 그러니까, 아무 일도 없었던 거야. 알겠어? (영화 「기생충」 중에서)

사법농단의 등장인물들에게서 드러나는 또 하나의 패턴은 '밀폐성'이다. 이상한 일이 계속되면 감춰야 할 게 많고, 감춰야 할 게 늘어나면 피곤해지는 법이다. 주요 장면마다 은폐하려는 시도가 이어진다.

2014년 9월 서울고법에서 전교조 '법외노조' 통보처분 효력정지와 위헌심판제청 신청이 인용된다. 전교조의 합법적인 지위가 유지되자 청와대는 불만을 터뜨린다. 법원행정처도 심상치 않은 분위기를 감지하고 있을 때쯤 청와대 법무비서관이 임종헌 기조실장에게 요청을 해온다.

"고용노동부가 대법원에 제출할 재항고이유서 작성을 도와달라."

임종헌은 기획조정실 심의관이 작성한 보고서[*] 내용이 그대로 반영된 재항고이유서를 고용노동부에 전달한다. 심의관은 보고서 파일명을 '건강검

* 「전교조 항소심 효력정지 결정 문제점 검토」

진 안내 첨부문서.hwp'로 바꾼 뒤 컴퓨터에 저장한다. 그는 같은 해 10월 추가 검토해 임종헌에게 전달한 보고서*의 파일명도 '검찰 명단.hwp'로 변경해 저장한다.**

비슷한 행태가 통진당 예금계좌 가압류 사건***에서 나타난다. 2014년 12월 법원행정처는 관련 검토 문건을 일선 재판부에 내려 보내기로 한다. 문건을 작성한 사법지원실 심의관에게 지시가 내려온다.

"출처와 작성자를 알 수 없도록 행정처 내부 보고 양식을 바꿔 일선 법원의 해당 사건 재판부에 전달하라."

심의관은 보고 양식을 변형한 뒤 일선 법원의 담당 판사들에게 이메일로 보낸다. 이런 장면들은 문건을 만들어 유통시키는 당사자들도 자신들의 행동이 정당화될 수 없다는 사실을 알고 있었음을 말해준다. 그러면서도 '숨기면 숨겨질 수 있다'고 여긴다. 파일 자체를 없애진 않고, 제목만 바꿔서 컴퓨터 속에 놔둔다. 두 개의 마음이 보인다.

'이건 분명히 잘못된 일이다.' '이 정도면 충분히 감출 수 있다.'

두 개의 마음이 공존할 수 있었던 것은 사법행정이 외부에서 관여할 수 없는 구조로 돼 있었기 때문이다. 제목 좀 바꾸고 암호만 대충 걸어놓으면

---

* 「전교조 항소심 효력정지 결정 재항고이유서 검토」

** 해당 보고서 내용은 고용노동부장관 명의의 보충서면에 그대로 반영돼 대법원에 제출된다.

*** 2014년 12월 헌법재판소가 통합진보당 해산 결정을 한 뒤 정부는 통진당 재산의 국고 귀속을 위해 예금채권에 대한 가압류를 각 지역 법원에 신청한다. 청와대 민정수석실의 요청에 따라 법원행정처는 법률 검토에 착수한다. 사법지원실은 '가압류가 아닌 가처분으로 해야 한다'는 내용의 문건 「통진당 예금계좌에 대한 채권가압류 신청사건에 관한 검토」를 작성한다.

된다는 생각에는 행정처 밖의 사람은 여기에 절대 접근하지 못할 것이라는 믿음, 행정처에 발을 들여놓는 판사라면 누구도 양심선언을 하지 않을 것이라는 확신이 있었다. 투명성과 개방성이 부족하다는 증거다.

무언가 비밀을 공유하는 사람들은 서로를 어떻게 느낄까. 어떤 뿌듯한 특권을 공유한 공동체로 느끼지 않을까. 남에게는 말할 수 없는 일을 함께 하는 데서 조직논리는 움튼다. 서로 알고 있음을 알고 미소 짓는 데서 조직논리는 자란다. 조직논리의 중심엔 공범의식이 있다.

신뢰하기 힘든 '판사님들의 디딤돌 판례'

어쩌면 이번 재판은 '사법행정권 남용'에 관여한 이들에게 형사적 책임을 묻는 데 머물지 않는다. 피고인도, 증인도, 재판부도 모두 전·현직 판사인 사건이다. 법정에서 그들이 하는 말과 몸짓을 통해 우리를 재판해온 이들이 어떤 얼굴을 가졌는지 보게 된다.

서울대 법대 졸업, 사법시험 합격, 하버드대 로스쿨 LLM, 서울중앙지법 부장판사, 대법원 선임재판연구관, 수석재판연구관…

유해용 변호사의 경력이다. 사법연수원 동기 중 선두를 달리며 '대법관 0순위'로 불렸다. 하지만 그는 검찰 수사를 받고 피고인으로 법정에 서야 했다. 박근혜 전 대통령 '비선 의료진'의 특허 소송 관련 자료를 청와대로 누설하고 2017년 정기인사 때 대법원에서 일선 법원 재판부로 이동하면서 재판연구관 보고서를 반출한 혐의 등이다.

유해용은 기소되자마자 형사소송법 200조*와 312조**가 위헌인지를 가려달라고 법원에 신청했다. 두 법률 조항이 헌법에 어긋난 것으로 보

---

* 제200조(피의자의 출석요구) 검사 또는 사법경찰관은 수사에 필요한 때에는 피의자의 출석을 요구하여 진술을 들을 수 있다.

** 제312조(검사 또는 사법경찰관의 조서 등) ①검사가 피고인이 된 피의자의 진술을 기재한 조서는 적법한 절차와 방식에 따라 작성된 것으로서 피고인이 진술한 내용과 동일하게 기재되어 있음이 공판준비 또는 공판기일에서의 피고인의 진술에 의하여 인정되고, 그 조서에 기재된 진술이 특히 신빙할 수 있는 상태하에서 행하여졌음이 증명된 때에 한하여 증거로 할 수 있다.

이는 만큼 헌법재판소 심판을 거치게 해달라고 요청한 것이다.

①검찰 조사에서 피의자 신문 횟수나 시간을 엄격하게 제한하지 않고(200조), ②경찰 수사와 달리 검찰 수사 단계에서 작성된 신문조서의 증거능력을 폭넓게 인정한 것(312조)은 위헌이라는 주장이다.*

유해용은 일선 법원에서 재판을 할 때, 대법원에서 재판연구관으로 일할 때, 수석재판연구관으로 재판연구관들을 지휘할 때 이런 생각을 하지 못했던 것일까. 유해용은 자신의 페이스북 계정을 통해 이렇게 고백했다.

> 참 부끄럽고 어리석게도 몸소 피의자, 피고인이 되어보고 나서야 헌법과 형법, 형사소송법이 규정하고 있는 적법절차, 무죄추정, 증거재판주의, 피의사실공표 처벌 등이 얼마나 소중한지 뼈저리게 느끼게 됐습니다.

유해용은 5월 27일 1차 공판에 출석해 발언 기회를 얻었다. 그는 종이에 적어놓은 자신의 생각을 읽어내려갔다. 그는 "실제로 누가 무슨 잘못을 했는지뿐만 아니라, 수사 절차가 과연 적법하고 공정했는지도 역사의 기록으로 남길 필요가 있다"며 수사의 문제점을 나열했다. 공소장 일본주의 위배, 별건 압수수색, 대대적 피의사실 공표, 표적수사, 과잉수사, 별건수사…

---

* 2019년 6월 4일 서울중앙지법 형사합의28부는 유해용 변호사가 낸 위헌법률심판 제청 신청을 기각했다. 재판부는 "해당 조항들이 헌법상 보장되는 적법절차의 원칙과 공정한 재판을 받을 권리 등을 침해한다고 보기 어렵다"라고 말했다.

전·현직 판사들이 남의 일일 때는 무덤덤하다가 자기 일이 돼서야 치열하게 기본적 인권, 절차적 권리를 따진다는 언론과 국민들의 비판과 질책을 뼈아프게 받아들입니다. (…) 저는 감히 우리 수사와 재판이 국가의 품격에 맞게 변화해야 한다는 생각을 평소 가졌고, 이번 기회에 디딤돌이 될 판례를 하나 남기는 게 저의 운명이라고 생각하고 있습니다. 이번 일을 겪으면서 때로는 삶이 죽음보다 더 구차하고 고통스러울 수 있다는 현실을 깨닫게 됐습니다.

양승태 전 대법원장을 비롯한 관련 재판에서 거의 모두 공소장 일본주의(一本主義) 문제가 쟁점으로 떠오른 것도 같은 맥락이다. 공소장 일본주의는 검사가 피고인을 재판에 넘길 때 공소장 하나만 법원에 내고 기타 서류나 증거물은 제출해선 안 된다는 원칙을 말한다. 죄가 있는지 여부는 법정에서 검찰과 피고인의 공방을 통해 가려야 한다는 취지에서 생긴 원칙이다.

양 전 대법원장은 대법관 시절 공소장 일본주의를 좁게 해석하는 입장이었다. 2009년 선거법 위반 혐의로 기소된 문국현 당시 창조한국당 대표의 '공천헌금' 사건 대법원 재판에서였다. 양 전 대법원장은 '증거조사가 끝나기 전에 공소장 일본주의 위반을 주장해야만 공소기각을 할 수 있다'는 다수의견 편에 섰다.* 그는 당시 보충의견을 통해 소수의

* 당시 대법원 전원합의체는 9 대 4의 의견으로 문국현 대표 유죄를 확정했다. 김영란 박시

견을 재반박하기도 했다.

> 공소장 일본주의를 소수의견과 같이 지나치게 형식적이고 경직되게 이해한다면 오히려 형사사법 절차를 비효율적, 비현실적으로 만들어 정의의 실현에 장애가 초래될 것이다.[10]

형사사법 절차의 효율성과 현실성을 강조하던 그도 피고인의 자리에 서게 되자 생각이 바뀐 것일까. 만약 대법관 양승태가 피고인 양승태를, 30년 경력의 부장판사 임종헌이 피고인 임종헌을, 부장판사 유해용이 피고인 유해용을 재판했다면 어떤 결론이 나올까.

나는 심한 딜레마를 느낀다. 양승태, 임종헌, 유해용은 무죄추정 같은 헌법 원칙과 공소장 일본주의 같은 형사소송 원칙에 따라 재판받아야 한다. 재판을 해왔던 자들이 직접 피의자·피고인·참고인으로 조사받고 재판받는 것이 인권을 더 두텁게 보장하는 계기가 될 것이라는 기대가 있는 게 사실이다.* "미란다 원칙**"에서 보듯 인권 보장의 원칙이라

환 김지형 전수안 대법관 등 4명은 '증거 조사가 끝난 다음에라도 문제가 되면 공소를 기각해야 한다'는 소수의견을 냈다.

* 양승태 전 대법원장은 1차 공판에서 "저는 이번에 이런 수사가 정말 불행하다고 생각하지만, 여러 법관들이 검찰에서 조사를 당하면서 검찰의 조서가 얼마나 경계해야 할 것인가 하는 것을 직접 체감할 수 있게 됐다"고 말했다. 박병대 전 법원행정처장도 같은 재판에서 "검찰 수사 기록을 보면서 너무나 가슴 아팠다. 많은 법관이 때로는 겁박을 당한 듯이 보이기도 하고 때로는 훈계와 질책을 듣는 그 조서의 행간을 읽자니 참으로 억장이 무너지는 느낌이었다"고 말했다.

** 수사기관이 범죄 용의자를 연행할 때 그 이유와 변호인 조력을 받을 권리, 진술을 거부할

는 게 반드시 흠 없는 사람부터 시작된 건 아니지 않느냐"는 지적에도 고개를 끄덕이게 된다.

그러나 반대편 저울엔 또다른 물음들이 놓여 있다. 지금까지 저들에게 형사재판을 받았던 사람들은 대체 무엇이란 말인가. '판사님'들이 몸소 체험하고 깨닫기 전에 재판을 받았으니 어쩔 수 없는 일이었다고 받아들여야 하는가.

그렇다면 헌법 제11조 1항의 '모든 국민은 법 앞에 평등하다'는 조항은 어떻게 된 것인가. 이러고도 판사 직업을 가졌거나 가지고 있는 사람과 그러지 못한 사람이 법 앞에 평등하다고 말할 수 있는가.

'법 앞에 평등'은 판사가 피고인의 불안과 고통을 자기 일처럼 여길 때 비로소 가능하다. 전·현직 판사들의 주장은 결국 그들이 재판을 남의 일로 봐왔음을 말해준다. 법원과 판사들은 '법 앞에 평등'을 무시한 재판을 해왔음을 인정해야 하지 않을까.

유해용 같은 몇몇이 "참 부끄럽고 어리석었다" "(인권 보장에) 디딤돌이 될 판례 하나 남기는 게 저의 운명이다" 하고 넘어가면 되는 일이 아니다. 그렇게 쉽게 용서받을 수 있는 일이 아니다.

차마 생각하고 싶지 않지만 이런 가능성도 있지 않을까. '사법행정권 남용' 재판은 판사들이 '몸소' 각성했으니 법 원칙에 따라 엄격하게 해놓고, 이후엔 다시 예전의 재판으로 돌아갈 가능성. 지금까지 법원이

수 있는 권리 등을 미리 고지해줘야 한다는 원칙. 1966년 미국 연방대법원 판결로 확립됐다. 이 원칙의 이름은 납치·강간 혐의로 체포돼 기소됐다 연방대법원 판결로 무죄를 선고받은 멕시코계 미국인 에르네스토 미란다의 이름에서 따왔다.

보여온 행태를 보면 '그럴 리 없다'고 장담하기 힘들다. 획기적인 판례로 멋지게 대원칙을 세워놓고, 대법관들의 절충 과정에서 만들어진 '예외의 구멍'을 야금야금 넓혀가곤 했다.*

재판에 증인으로 소환되는 판사들을 보면 그런 우려를 하지 않을 수 없다. 법원행정처 간부와 심의관이었던 '판사 증인'들은 대개 한두 차례 이상 불출석 사유서를 재판부에 냈다. 한 차례 소환에 바로 응한 판사가 오히려 드물 정도다. 불출석 사유도 가지각색이다. 재판, 재판 준비, 당직 근무, 법원 체육대회, 간담회 일정… 그러고도 시민들에게 재판에 증인으로 출석하라 요구할 자격이 있는가.

피고인·증인석의 전·현직 판사들은 스스로에게 엄격한 자세로 재판에 임해야 한다. 재판하는 판사들도 법의 준엄함을 더 철저히 지킴으로써 모든 형사사건에서 '법 앞에 평등한 재판'을 할 것이라는 기대를 품게 해줘야 한다. 그런 혁명적 변화 없이는, '재판의 혁명' 없이는 그 얄궂은 '판사님들의 디딤돌 판례'를, 나는 도무지 신뢰할 수가 없다.

---

* 2007년 11월 대법원 전원합의체는 '압수수색은 엄격히 적법절차를 준수해 이뤄져야 한다. 위법하게 수집된 증거는 물론 2차적 증거도 배제한다'고 판결했다. 다만 '그 증거의 증거능력을 배제하는 것이 형사사법 정의를 실현하려 한 취지에 반하는 결과를 초래하는 예외적 경우라면, 법원은 그 증거를 유죄 인정의 증거로 사용할 수 있다'고 예외를 인정했다. 이후 '피고인들에 대한 형사소추를 위해 반드시 필요한 증거이므로 공익 실현을 위해 증거로 제출하는 것이 허용돼야 한다'는 식의 대법원 판결이 소부에서 나왔다.

'삼권분립' 뒤에 숨은 국회의원들

2018년 11월 13일 '전국법관대표회의 결의안 발의 제안'이라는 제목의 글이 코트넷에 올라왔다. 대구지법 안동지원 판사 6명*이 사법농단에 연루된 판사들의 탄핵 문제를 전국법관대표회의에서 논의하자고 제안했다. 법원 내부에서 법관 탄핵 목소리가 나온 것은 처음이었다.

저희 대구지방법원 안동지원 법관들은 오랜 고민 끝에 "명백한 재판독립 침해행위자에 대한 국회의 탄핵 절차 개시 촉구"가 필요하다는 생각에 이르렀습니다.

대표적으로 "①특정 재판에 관하여 당사자가 아닌 정부 관계자와 비공개적으로 회동하여 재판의 진행방향에 관하여 논의하고 의견서 작성 등 자문을 하여준 행위, ②특정 재판에 관하여 일선 재판부에 연락하여 특정한 방향의 판결 주문을 요구하거나 재판절차 진행에 관하여 의견을 제시한 행위" 등은 명백한 재판 독립 침해행위라고 생각합니다. (…)

지금 이 시점에서 사법부 구성원 스스로 행한 명백한 재판 독립 침해행위에 대하여 형사법상 유무죄의 성립 여부를 떠나 위헌적인 행위였음을 우리 스스로 국민들에게 고백해야 합니다. 그리고 이러한 사태에 대하여 형사 절차의 진행과는 별개로 헌법이 예정하고 있는 사후 교정 절

---

* 권형관, 박노을, 박찬석, 이영제, 이인경, 차경환 판사(가나다 순)

차인 탄핵 절차 진행을 촉구해야만 합니다.

안동지원 판사들의 탄핵 촉구는 전혀 예기치 못한 것이었다.

당시 판사들은 숨을 죽인 채 검찰 수사를 지켜보고 있었다. '사법제도 개선을 위한 사법발전위원회'에 관심이 모여 있었다. 그런 상황에서 "자정의 노력 없이 검찰과 같은 외부조직의 도움을 받아 사법부의 신뢰를 회복하고자 한다는 것은 법관들 스스로 사법부의 독립을 외면하는 방관자적인 처신"이라는 자기반성이 돌출했다.

11월 19일 전국법관대표회의에서 법관 탄핵 문제에 대한 논의가 시작됐다. 결의까지 갈지는 아무도 장담하지 못했다.

"탄핵소추 절차를 촉구함으로써 중대한 헌법 위반행위에 대한 판사들의 입장을 밝혀야 한다."

"탄핵소추는 정치적 행위이자 국회 권한이기 때문에 특정 의견을 나타내는 것은 적절치 않다."

찬반 토론이 끝나고 표결에 들어갔다. 일부 참석자가 "회의를 몰아가듯 진행하고 있다"고 항의하며 퇴장하기도 했다. 투표 결과는 찬성 53명, 반대 43명, 기권 9명이었다. 찬성표가 단 한 표만 부족했어도 과반 미달로 결의가 무산될 상황이었다. 김태규 울산지법 부장판사는 "법관대표들이 정치적 결정을 내린 것 같다"라고 했다.[11]

대표회의는 '재판 독립 침해 등 행위에 대한 우리의 의견' 결의안을 김명수 대법원장에게 전달했다.

우리는 법원행정처 관계자가 특정 재판에 관하여 정부 관계자와 재판 진행방향을 논의하고 의견서 작성 등 자문을 하여준 행위나 일선 재판부에 연락하여 특정한 내용과 방향의 판결을 요구하고 재판절차 진행에 관하여 의견을 제시한 행위가 징계 절차 외에 탄핵소추 절차까지 함께 검토되어야 할 중대한 헌법 위반행위라는 데 대하여 인식을 같이한다.

다음 날 여당인 더불어민주당은 탄핵소추를 위한 실무 검토에 착수하겠다고 밝혔다. 반면 자유한국당 소속인 여상규 국회 법제사법위원장은 "탄핵소추 촉구 결의는 법관으로서 '일탈행위'로 삼권분립 차원에서라도 그런 행동을 해서는 안 된다"라고 말했다.[12]

삼권분립은 국가권력을 입법·행정·사법으로 나누고 상호간 견제·균형을 통해 국가권력의 집중과 남용을 막자는 것이다. 입법·행정·사법이 서로의 영역에 관해 일체 언급을 못한다면 각각의 영역에서 권력 집중과 남용을 방치하는 꼴이 된다. '삼권분립이니 아무것도 하지 말라'는 것은 아예 견제와 균형 잡기를 하지 말자는 말밖에 되지 않는다.* 입법, 행정, 사법, 각자의 조직논리로 '삼권분리'를 하자는 주장이다.

탄핵소추는 형사절차로 치면 기소일 뿐이다. 탄핵 여부는 헌법재판소가 헌법재판을 통해서 결정한다. 탄핵소추를 안 한다는 것은 기소조차 하지 않겠다는 것, 재판조차 열리지 못하게 하는 것이다. 판사들의

---

* 미국에서는 법관에 대한 탄핵소추 촉구가 제도화돼 있다. 법관 징계 절차를 진행하던 중 중대한 헌법 위반 사항이 발견되면 연방사법회의(Judicial conference)에서 의회에 통보한다.

탄핵소추 촉구가 문제라고만 하지 말고, 국회의원들이 왜 탄핵소추를 하지 않는지를 말해야 한다.

국회에서의 법관 탄핵 논의는 답보를 면치 못했다. 정의당이 2019년 2월 14일 권순일 대법관, 이규진·이민걸·임성근 서울고법 부장판사 등 10명에 대한 탄핵소추를 추진하기로 했다. 민주당도 같은 달 20일 의원총회를 열고 법관 탄핵을 논의했지만 일부 우려가 나오면서 논의가 진척되지 않았다.[13] 패스트트랙 충돌 사태와 자유한국당 장외 투쟁 등 정치적 이슈 속에 법관 탄핵 문제는 계속 뒤로 밀렸다.

나는 국회의원들이 법관 탄핵소추를 하지 않는 이유가 의원들 자신에게 있다고 생각한다. 깃털같이 많은 시간을 함께 지냈던 법원행정처 판사들의 얼굴이 떠오르는 것 아닌가. 그래서 자꾸 삼권분립이라는 편안한 논리 뒤로 숨으려는 것 아닌가. 자꾸 법관 탄핵을 피하고 싶은 마음속에는 '국회의사당의 조직논리'가 감춰져 있는지 모른다.

"재판만 해온 사람의 수준"이란 무엇인가

"31년간 사실심 법정에서 당사자들과 호흡하면서 재판만 해온 사람입니다. 그 사람이 어떤 수준인지, 어떤 모습인지 보여드리겠습니다."

김명수 대법원장은 2017년 8월 지명된 다음 날 기자들 앞에서 이렇게 말했다. 그가 말한 "재판만 해온 사람의 수준"은 과연 무엇일까.

1년 4개월 후인 2018년 12월 12일 김 대법원장은 '사법행정 제도개선에 관한 사법부 최종 개혁안'을 국회에 보고했다. 개혁안의 골자는 비법관 인사가 포함된 '사법행정회의'를 신설하고, 기존의 법원행정처를 폐지해 상근 법관이 근무하지 않는 법원사무처로 개편하며, 대법원 사무국을 법원행정처(법원사무처)로부터 분리하겠다는 것이었다.

하지만 그가 국회 사법제도개혁특위에 제출한 법원조직법 개정안을 두고 비판이 제기됐다. 사법발전위원회 건의 실현을 위한 후속추진단(추진단)이 제안한 개정안보다 크게 후퇴했기 때문이다.* 추진단은 사법행정회의 위원을 판사와 외부인사 5명씩으로 할 것을 주문했지만 대법원장은 판사 6명, 외부인사 4명으로 수정했다. 사법행정회의의 기능도 '집행권까지 포함한 사법행정사무 총괄기구'에서 '중요 사법행정사무에 대한 심의·의사 결정 기구'로 바뀌었다. 사법행정사무 총괄 권한을 대법원장이 그대로 가지고 가는 것으로 결론 내린 것이다.

더욱이 법원사무처의 탈(脫)판사화, 즉 법원사무처에 판사를 두지 못하도록 하는 규정이 대법원 개정안에서 빠졌다. 김 대법원장은 법관 대체 인력의 수급과 관계부처와의 협의 같은 현실적 이유로 이번 개정 의견에는 넣지 않았다고 말했다. 그는 "임기 중 비법관화를 이루려는 저의 의지에 변함이 없음을 다시 한번 말씀드린다"고 강조했다. "법안에

* 김명수 대법원장은 추진단이 사법행정회의를 신설하고 대법원장 인사권을 외부 위원회로 넘기는 방안을 제시하자 전국 법관들을 대상으로 의견 수렴에 들어갔다. 이에 김수정 추진단장이 코트넷에 글을 올려 대법원장을 정면으로 비판했다. "구체적 개혁안에 대해 대법원장의 결단만이 남은 상태에서 다시 법원 내부 의견 수렴 절차를 반복하겠다고 하는 것은 개혁을 지연시키려 한다거나, 행정처가 주도하려는 것이 아니냐는 불필요한 오해를 낳을 수밖에 없다."(「'사법개혁' 뜸만 들이는 김명수」, 경향신문 2018.11.22)

탈판사화를 넣고 부칙으로 경과규정을 두면 되는데도 명시하지 않았다"[14] "추진단 안이 법원행정처 뜻대로 되지 않자 당초의 행정처 안으로 되돌아갔다"[15]는 비판이 나왔다.

법원행정처 탈판사화는 가장 중요한 개혁 과제다. 양승태 코트와 같은 문제가 재발하지 않으려면 판사는 재판만 하도록 해야 한다. 법원행정처는 물론이고 정부기관 파견, 대법원장 비서실 근무도 없애야 한다. 일선 법원의 기획법관이나 공보판사도 필요 없다. 다양한 분야에서 경험을 쌓은 변호사나 전문가들이 홍보 업무, 기획 업무, 예산 업무를 하면 되지 않는가.*

인사 개혁도 주춤거리고 있다. 2019년 1월 28일 고위법관 인사 발표에서 판사들이 주목한 것은 대구지법원장과 의정부지법원장이었다. 대법원이 법원장 후보 추천제를 시범 실시하기로 하고 대구지법과 의정부지법에서 추천을 받았다. 법원장 후보 추천제는 법원장 인사에 수평적·민주적 요소를 도입하는 첫걸음이었다.

대구지법원장은 추천된 3인의 부장판사 중 손봉기 부장판사(사법연

---

* 국제형사재판소(ICC) 당사국총회 의장인 권오곤 한국법학원장은 법률신문 인터뷰에서 법원행정처 탈판사화와 타 기관 파견 폐지의 필요성을 강조했다. 권 원장은 "외부기관은 물론이거니와 법원행정처도 판사가 그 직(職)을 가지고 가서는 안 된다"며 "판사의 신분을 유지한 채 상하관계가 뚜렷한 계선조직에 있다가 다시 돌아와서 독립적인 판사의 역할을 어떻게 잘 수행할 수 있겠느냐"고 반문했다. 그는 또 "판사를 외교부 파견을 할 때도 일본처럼 출향(出鄕)을 해서 외교관 발령을 새롭게 내는 것이 바람직하다"며 "만일 판사로서의 정체성을 잃어버릴 정도로 행정·외교 업무에 몰입했다면 복직시키지 않으면 된다"고 말했다.(「[법조계 명사 대담] 권오곤 ICC 당사국총회 의장 "재판기록은…"」, 법률신문 2018.9.10)

수원 22기)가 임명됐지만 의정부지법원장은 단독 추천된 신진화 부장판사(29기) 대신 장준현 서울동부지법 수석부장(22기)이 임명됐다. 반쪽짜리 인사 개혁이었다.* 사법연수원 기수(期數) 중심 인사를 깨자고 만든 제도인데 결국 기수를 따져 사법행정 잘할 사람을 법원장에 앉혔다.

이 인사는 판사사회에 깊은 실망감을 안겨줬다. 판사들 손으로 법원장을 뽑는 실험을 하자고 해놓고 "판사들의 의견을 '인기투표'로 격하시킨 것"[16]이기 때문이었다. 한 고등법원 판사는 "의정부지법원장이 추천된 대로 임명했다면 법원이 진짜 변하겠구나, 하는 실감을 판사들에게 줄 수 있었을 것"이라고 아쉬워했다.

정책의 생명은 타이밍이다. 김명수 코트가 정책 타이밍을 놓치고 있는 것은 부인하기 어렵다. 토론하고 의견수렴해서 최선의 결론을 얻는 것도 중요하지만, 타이밍을 놓치면 상황에 끌려다니게 된다. 망설임은 철학이 될 수 없다.

김명수 코트의 주춤거림은 제도 분야에 그치지 않았다. 2019년 5월 9일 김 대법원장은 현직 법관 10명에 대한 징계를 추가로 청구하면서 이같이 밝혔다.**

---

* 김명수 대법원장은 코트넷을 통해 "의정부지법은 130여 명의 법관에 700여 명의 직원, 6개 시군법원 등을 두고 있어 상당한 정도의 재직 기간과 재판 및 사법행정 경험이 필요하다는 점을 고려하지 않을 수 없었다"라고 말했다.

** 앞서 검찰은 같은 해 3월 5일 현직 법관 8명, 전직 법관 2명을 기소하면서 대법원에 현직 법관 66명에 대한 비위 통보를 했다. 대법원은 "비위 통보 당시에 66명 중 32명에 대한 징계 시효가 이미 지난 상태였다"라고 설명했다.

저는 이번 추가 징계청구로써 대법원장 취임 후 1년반 넘게 진행해 온 사법행정권 남용 의혹과 관련한 조사 및 감사를 마무리하고자 합니다. 그리고 이와 같은 사법행정권 남용 사태의 원인이라 할 수 있는 관료적이고 폐쇄적인 사법 제도와 문화를 개선하고, 국민의 눈높이에 맞는 공정하고 충실한, 좋은 재판을 실현할 수 있는 제도 개선에 최선을 다하겠습니다.[17]

완벽한 '깜깜이 징계'였다. 대법원은 추가 징계 청구된 판사들의 명단도, 개인별 청구 사유도 공개하지 않았다. 징계시효가 지나지 않은 34명 중 24명은 왜 징계 청구를 하지 않았는지, 이 중 몇 명이 징계 청구를 검토하는 두 달 동안 시효가 지났는지도 밝히지 않았다. 한마디로, 법관 징계에 관해선 "알려고 하지 말라"였다.

이렇게 조사와 감사를 모두 종료하겠다는 것인가. 그러면서 어떻게 "폐쇄적인 사법제도와 문화를 개선하고, 국민의 눈높이에 맞는 좋은 재판을 하겠다"는 것인가. 지금 보여주는 문화가 폐쇄적인데 미래의 문화가 폐쇄적이지 않을 것임을 어떻게 믿으라는 것인가.

한발 더 들어가면 김명수 코트의 '직무유기'가 나온다. 대법원 법관징계위원회는 2018년 12월 사법행정권 남용 의혹에 연루된 법관 13명 중 8명에게 징계처분을 했다.* 이후 대법원은 무엇을 하고 있었을까. 세

---

* 법관징계위원회는 이규진·이민걸 서울고법 부장판사에게 각각 정직 6개월, 방창현 대전지법 부장판사에게 정직 3개월을 의결했다. 또 법원행정처 심의관이었던 박상언·정다주·김민수·시진국 판사에게 감봉, 문성호 판사에게는 견책의 징계를 했다.

차례에 걸친 자체 진상조사 결과로, 검찰 수사에서 제기된 문제로 얼마든지 징계 조사에 착수할 수 있었는데도, 대법원은 마냥 손을 놓고 있었다.*

'깜깜이 징계'는 3천여 명 판사 전체의 명예를 훼손하는 결과를 빚고 있다. 누가 징계받는지 알 수 없게 되면서 불명예의 망토를 함께 뒤집어쓰게 됐다. 대법원이 징계 사유마저 밝히지 않으면서 판사들은 무엇은 해도 되고, 무엇은 하면 안 되는지 알 수 없게 돼버렸다. 법정에 들어서는 시민들도 징계 대상인 판사에게 재판받는 건 아닌지 불안해할 수밖에 없다.**

판사들은 김명수 대법원장을 향해 묻고 있다. '31년간 재판만 해온 사람의 수준'은 언제 보여줄 거냐고. 이제는 방향을 확실히해서 가야 할 때 아니냐고.

---

* 2019년 3~4월은 징계에 있어 특히 중요한 시기였다. 3년 전인 2016년 봄은 '물의야기 법관' 인사조치, 통합진보당 행정소송 개입, 국제인권법연구회·인사모 와해 전략 수립 등이 집중된 때였다. 징계시효(3년) 내에 결론을 내려면 조사를 서둘러야 했는데 이렇다 할 조사 없이 시효를 넘겨버렸다.

** 이탄희는 5월 9일 대법원장 입장문이 나온 직후 페이스북을 통해 이렇게 우려했다. "국민은 판사를 고를 수가 없습니다. 국민은 불안합니다. 자기 자신을 속이면 그때부터 사람의 영혼은 병이 듭니다. (…) 젊은 공직자들에게 가치관의 혼란을 주는 일이고, 젊은 판사들의 대의를 훼손하는 일이며, 그동안 믿고 응원해준 국민들을 '냉소'로 이끄는 일입니다."

8. 29.(금) 법무비서관실과의 회식 관련

● **일반 국민들**은 대법관이 높은 보수와 사회적 지위를 부여받고 있는 만큼, 그 정도 업무는 과한 것이 아니며, 특히, **'내 사건' 은 대법원에서 재판받아야 한다고 생각하는 이기적인 존재**들임

▣ **[대 국민] 일반 국민들 눈높이에서의 논리 개발**

● **이기적인 국민들 입장**에서 상고법원이 생겼을 경우, **어떠한 장점**이 있는지 접근(ex. 구체적 처리시간 단축, 대법관과 비슷한 경륜의 법관으로부터의 재판, 보다 자세한 판결문 등)

법원행정처 문건 「8.29.(금) 법무비서관실과의 회식 관련」(2014.8.31) 일부.

'사법농단'은 적나라하게 폭로하고 있다. 사법행정을 하는 판사들이 주권자들을 어떻게 보고 있는지.

'내 사건'을 대법원에서 재판받아야겠다고 생각하는 것이 왜 이기적인가. 1심과 2심에서 제대로 재판받았다면 굳이 대법원에 가려고 하겠는가. 그런 시민들의 심정을 '이기적'이라고 일축한 그들이 이기적이다. 시민들은 더 이기적이어야 한다. 그들에게 더 많은 요구를 해야 한다.

더이상 법원의 문제를 판사들에게만 맡겨놓을 수 없다. 머리 좋고 공부 잘하는 그들에게 맡겨놓으면 잘해줄 거라고 믿었건만 그게 아니었음이 거듭 확인되고 있다. 주권자인 시민들이 눈을 크게 뜨고 지켜보지 않으면 비슷한 일이 반복될 수밖에 없다.

30년 경력의 재판관 출신인 일본인 교수 세기 히로시는 일본의 재판소를 '정신적인 수용소'라고 말한다. 최고재판소 사무총국(우리의 법원행정처)의 지배와 통제로 재판관들이 이반 일리치*와 같은 정신 상태에 빠져 있다는 것이다.

> 재판소 구성원들이 정신적 노예에 가까운 상태에 놓여 있는데 어떻게 사람들의 권리와 자유를 지킬 수 있겠는가? 자신의 기본적인 인권을 거의 대부분 박탈당한 사람이 어떻게 국민과 시민의 기본적 인권을 지킬 수 있겠는가? (…)
>
> 다시 말해서 재판을 하는 재판관의 정신이 압박을 받는 상태에 있으면, 여러 가지 의미에서 적정하고 공정한 판단의 형태가 일그러져버리게 된다.[18]

판사의 정신이 일그러지면 재판도 일그러진다. 판사들이 법원에서

---

* 러시아 작가 톨스토이의 소설 『이반 일리치의 죽음』의 주인공. 세기 히로시는 『절망의 재판소』에서 "이반 일리치의 관료주의는 '사태를 직시하지 않고 사물의 본질을 비껴 지나가는' 그 삶의 방식에 있다" "법률가로서의 그의 눈은 사건이나 사안의 본질, 그리고 거기에 관련된 사람들의 생각이나 감정은 보지 않고 단지 그 표피만 훑고 지나가, 일반적이고 냉정한 규범을 형식적, 기계적으로 사안에 적용하는 일밖에는 하지 않는다"고 지적한다.

어떻게 일하고, 어떻게 생각하고, 어떻게 생활하는지는 시민들의 삶과 동떨어진 문제가 아니다. 시민들의 일상에 직접적인 영향을 미치는, 중요한 문제다.

시급한 것은 시민사회가 법원을 감시하는 일이다. 대법원이 사법행정을 어떻게 하는지, 사법이 권력화되지 않는지 시민사회가 주시해야 한다. 판결문의 팩트와 논리가 맞는지 파헤치고 따져야 한다. 법정에 들어가 판사, 검사, 피고인, 변호인의 한마디 한마디를 놓치지 말고 들어야 한다. 그래야 판사들이 변하고 검사들이 바뀐다.

아무리 부인하려고 해도 법원에 대한 국민의 신뢰는 이미 깨졌다. "'재판 거래' 의혹 같은 건 없었다"고, "대법원 재판은 신성하다"고 백날 얘기해봐야 소용이 없다. 한번 깨진 거울은 다시 붙여 쓸 수 없다. 조각난 거울에 제 모습을 비춰보고 싶은 사람은 없다.

시민들의 신뢰를 다시 얻기 위해선 현실을 직시하고 원점에서부터 새로 시작해야 한다. 재판의 외형과 내면을 획기적으로 변화시켜야 한다.

'재판 거래'를 의심하는 이유는 전관예우를 의심하는 이유와 같다. 법정에서 열리는 재판과 재판 사이에 무슨 일이 일어나는지 모르기 때문이다. 대부분의 재판은 5분~10분 정도 열리고 한 달쯤 후에 다시 열린다. 재판은 짧고, 다음 재판이 열리기까지의 막간(幕間)은 길다.

그 재판과 재판 사이에 판사실에 법원행정처 전화가 걸려올 수도 있고, 변호사 전화가 걸려올 수도 있다. 판사가 퇴근 후 누군가를 만날 수도 있다. 실제 그런 일이 없다고 해도 '보이지 않는 막간 시간'이 길다 보니 그런 의구심이 생길 수밖에 없다.

막간을 최소화해야 한다. 법정에서 열리는 재판이 모든 것임을 분명히 해야 한다. 최대한 단기간에 재판을 끝내도록 해야 한다. 형사소송은 연일(連日) 개정, 즉일(卽日) 선고가 원칙이다.* 또 법정에서 재판만 지켜보면 재판 결과가 대충 어떻게 나올지 가늠할 수 있게끔 해야 한다. 이것이 재판 외형의 변화다.

재판의 내면은 시민들이 재판의 주인임을 확고히 하는 것이다. 다시 말해 국민참여재판**의 전면 확대다. 국민참여재판이 확대되면 사법의 민주적 정당성을 강화하고, 공판중심주의(법정 중심 재판)를 활성화할 수 있다.***

또, 재판의 투명성을 대폭 강화해야 한다. 재판 과정을 생중계하지는 않더라도 영상물이나 녹음물로 남기도록 해야 한다. 이런 노력 없이 "법원과 판사들을 왜 믿지 못하느냐"고 항변하는 것은 무례한 태도다.

만일 재판의 외형과 내면을 바꾸는 데 판사 수나 예산이 부족하면 대법원장이 정부와 국회에 요청해야 한다. 판사들이 "그동안 잘해온 재판

---

* 형사소송법 제267조2(집중심리) ①공판기일의 심리는 집중되어야 한다. ②심리에 2일 이상이 필요한 경우에는 부득이한 사정이 없는 한 매일 계속 개정하여야 한다; 형사소송법 318조의4(판결선고기일) ①판결의 선고는 변론을 종결한 기일에 하여야 한다. 다만, 특별한 사정이 있는 때에는 따로 선고기일을 지정할 수 있다.

** 한국에서 2008년 1월부터 시행중인 배심원 재판 제도. 만 20세 이상의 국민 중 무작위로 선정된 배심원들이 형사재판에 참여해 유·무죄 평결을 내린다. 법적인 구속력은 없이 권고적 효력을 지닐 뿐이나 대부분 평결을 따른다.

*** 국민참여재판 확대는 2018년 6월 대법원 사법발전위원회가 제안한 바 있다. 살인 등 중범죄를 필수적 국민참여재판 대상으로 지정하고, 배심원들의 무죄 평결시 검사의 항소를 제한하자는 것이다. 현재는 국민참여재판으로 할지 여부를 피고인이 정하도록 돼 있다. 또 배심원들이 전원일치로 무죄평결을 한 때에도 검사가 제한 없이 항소를 할 수 있다.

을 왜 바꿔야 하느냐"고 주저할 때 그들을 설득하는 것이 대법원장이 할 일이다. 그런 일을 하라고 대법원장이 존재하는 것이다.

제왕적 대법원장제를 수술하고, 판사들이 사법행정의 관료가 되는 통로를 차단하고, 시민들에게 닫힌 법원의 문을 열어야 한다. 이런 변화들이 가시화될 때 사법은 시민들의 믿음을 회복할 수 있다. 시민들은 법원을 믿고 싶다. 그래야 마음 편하게 살 수 있기 때문이다. 내가 관련된 재판의 결론이 판사실에 걸려온 전화 한 통으로 바뀔 수 있다고 생각하면 얼마나 불안하고 힘들겠는가.

시민들이 재판 걱정하지 않고 살 수 있도록 해주어야 한다. 공정한 재판을 받는 것은 과도한 요구가 아니다. 그저 평범한 삶의 조건이다.

7

진실 속으로

—강제징용 재상고 사건의 내막

강제징용 재상고 사건 과정

연도	대법원·법원행정처	청와대·외교부	김앤장 법률사무소
2012	**5월** 강제징용 대법원 판결		
2013	**8~9월** 대법원, 강제징용 재상고 사건 접수 **9월** 임종헌, 강제징용 관련 첫 문건 작성 지시 **11월** 임종헌, 심리불속행 여부 검토 문건 지시 **12월** 임종헌, "재판연구관에 문건 전달" 지시 / 독일 재단 관련 검토 문건 보고	**2월** 박근혜정부 출범 **9월** 임종헌, 외교부 차관 면담 **11월** 정홍원 총리, 대통령에게 강제징용 사건 관련 보고 **12월** 1차 소인수회의	**2월** 윤병세, 김앤장 주선으로 전 일본 대사 면담 **3월** 양승태, 한상호 변호사 면담
2014	**6월** 김용덕 대법관 주심 배당 **11월** 임종헌, 재상고 사건 시나리오 검토 문건 지시 **12월** 사법정책실, 국가기관 등 의견서 제출 제도 대법원 규칙 검토	**11월** 2차 소인수회의	**11월** '징용 사건 대응팀' 구성
2015	**1월** 의견서 제출 제도 도입 **3~7월** 상고법원 도입에 강제징용 재상고 사건 적극 활용 검토	**4~5월** 임종헌, 청와대 통해 외교부 압박 **6월** 행정처-외교부, 의견서 제출 방식 협의 **8월** 임종헌, 외교부에 의견서 제출 독촉 **10월** 윤병세, 의견서 관련 외교부 회의 **12월** 박근혜, 외교부에 조속 제출 지시	**5월** 임종헌, 한상호에게 "의견서 요청서 내라" 전화 / 요청서 내용 수정 **9월** 한상호, 임종헌에 "헌법재판소 사건 진행 알아봐달라" **11월** 양승태, 한상호 면담 **12월** 윤병세, 김앤장 고문들과 만찬

2016	**10월** 대법원, 대법관들에 재상고 사건 검토의견서 회람	**4~5월** 청와대, 외교부에 "8월말까지 끝내라" 지시 **9월** 임종헌, 외교부 방문해 의견서 제출 요구 **11월** 외교부, 대법원에 의견서 제출 **12월** 국정농단 수사 본격화	**9월** 임종헌, 한상호에 "촉구서 내라" **10월** 김앤장, 대법원에 의견서 촉구서 제출 / 양승태, 한상호 면담
2018	**7월** 재상고 사건 전원합의체 회부 **10월** 5년 만에 재상고 사건 확정		

강제징용* 사건은 한일간의 외교 문제만이 아니다. 재판이 어떻게 굴절될 수 있는지 보여주는 상징적인 사례다. 이 사건을 통해 대법원과 법원행정처의 부적절한 동거, 사법부와 정부기관의 내밀한 짬짜미, 그 내막을 들여다볼 수 있다.

강제징용 소송이 시작된 건 1997년 징용 피해자들이 신일철주금(옛 신일본제철)을 상대로 일본 법원에 소송을 내면서다. 일본 법원이 소송을 기각하자 피해자들은 2005년 서울중앙지법에 소송을 낸다. "손해배상 시효가 지났다." 1심과 2심은 피해자들의 청구를 받아들이지 않는다.

대법원이 원심 판결을 깨고 사건을 서울고법으로 되돌려보낸 것은 2012년 5월이었다. 징용 피해자들의 손을 들어준 것이다. 2013년 서울고법이 대법원 판결 취지에 따라 일본 기업들에 배상 판결을 내리자 반격이 시작된다.

---

* 일제강점기 조선인을 강제노동에 동원한 것을 말한다. 일본은 1937년 중일전쟁과 함께 국가총동원법을 공포하고 국민징용령을 실시해 강제동원에 나섰다. 39년부터 45년까지 강제동원된 조선인은 많게는 113만, 적게는 46만 명에 달하는 것으로 조사되었다. 주로 탄광·금속광산·토건공사·군수공장에서 혹사당했다.(한국사사전편찬회 엮음 『한국근현대사사전』, 가람기획 2005)

박근혜정부는 대법원 판결을 뒤집거나 최소한 미루려는 작업에 착수한다. 대법원장 취임 직후였던 2012년 강제징용 판결에 주목하지 못했던 양승태 코트도 이 문제를 다시 살펴보기 시작한다. 이들과 함께 삼각 편대를 이룬 것이 김앤장 법률사무소다. 강제징용 사건 재판에서 일본 기업을 대리한 김앤장은 고위 법관 출신 변호사와 외교부 출신 고문들을 총동원해 소송전에 나선다.

이제 우리는 3단계를 거쳐 강제징용 재상고 사건의 전개 상황을 살펴볼 것이다. 첫 번째 단계는 법원행정처에서 문건들이 어떻게 생산됐는지다. 기획조정실장(법원행정처 차장) 임종헌과 판사들이 문건 작성을 지시하고 지시받는 과정이 판사들의 직업적 양심과 재판 독립에 어떤 영향을 미쳤는지 구체적으로 드러날 것이다.

두 번째 단계는 문건들 밖 현실에서 법원행정처와 청와대·외교부가 어떻게 상호작용했는지다. 대법원 재판에 입김을 넣으려는 행정처와 정부 기관의 개입이 생생하게 그려질 것이다. 세 번째 단계는 그들 뒤에서 김앤장이 어떻게 움직였는지다. 법정 밖에서 누가 어떻게 재판을 움직이려 하는지 관찰할 수 있을 것이다.

강제징용 재상고 사건으로 본 문건의 작동 방식*

2012년 5월 24일 역사적 이정표가 될 대법원 판결이 나온다. 일제강점기 강제징용 피해자들이 일본 전범기업들을 상대로 낸 손해배상 청구 소송에 대한 판결이었다. 대법원 1부(주심 김능환 대법관)는 원고들의 청구를 인정하는 취지로 원심(고등법원) 판결을 깨고 사건을 되돌려보냈다.

> 일본의 국가권력이 관여한 반인도적 불법행위나 식민지배와 직결된 불법행위로 인한 손해배상 청구권이 청구권협정**의 적용대상에 포함되었다고 보기는 어려운 점 등에 비추어보면, 원고 등의 손해배상 청구권에 대하여는 청구권협정으로 개인청구권이 소멸하지 아니하였음은 물론이고, 대한민국의 외교적 보호권도 포기되지 아니하였다고 봄이 상당하다.
>
> 나아가 국가가 조약을 체결하여 외교적 보호권을 포기함에 그치지 않

* 강제징용 재상고 사건 관련 문건 작성 및 보고 과정은 박찬익·시진국·김종복 전 심의관과 황진구 전 재판연구관 등이 임종헌 전 차장 재판에 증인으로 출석해 진술한 내용을 중심으로 재구성했다.

** 1965년 한국과 일본이 국교를 정상화하면서 맺은 협정. 5·16 군사쿠데타로 정권을 잡은 박정희 정부는 경제 개발 자금을 확보하기 위해 협상에 나섰다. 협정에는 일본이 무상 3억 달러와 차관 2억 달러를 한국에 제공하고, 청구권에 관한 문제가 최종적으로 해결됐다는 문구가 들어갔다. 일본은 이 협정으로 모든 배상이 마무리됐다고 주장하고 있다.

고 국가와는 별개의 법인격을 가진 국민 개인의 동의 없이 국민의 개인 청구권을 직접적으로 소멸시킬 수 있다고 보는 것은 근대법의 원리와 상충되는 점 (…)[1]

같은 날 대법원은 보도자료를 냈다.

"일제의 식민지배로 인하여 피해를 입은 대한민국 국민이 일본 기업을 상대로 제기한 여러 소송에서 승소 가능성을 인정한 최초의 사법적 판단이다."

다음 해인 2013년 7월 서울고법 등에서 대법원 판결에 따라 손해배상 판결을 선고하자 피고(일본 기업) 측이 재상고했다. 대법원 판단을 이미 거친 사건이어서 사실상 판결 확정 절차만 남겨두고 있었다.

두 달 뒤인 같은 해 9월 24일 임종헌 기획조정실장이 박찬익 사법정책실 심의관을 호출했다.

"박 판사, 강제징용 손해배상 사건 재상고가 대법원에 접수됐는데…"

임종헌 실장은 박찬익 심의관에게 외교부 문건[2] 하나를 건넸다.

> 대법원 판결 확정시 예상되는 문제점과 전원합의체 심리 필요성 등을 적절한 채널을 통해 알려 신중한 판결을 내리도록 유도하는 한편 대법원 판결이 조기에 선고되지 않도록 노력이 필요하다.

"이 보고서를 참고해서 대법원 판결을 국제사법재판소(ICJ)에서 심의할 수 있는지, 앞으로 들어오는 사건의 소멸시효가 어떻게 되는지,

외교부의 의견을 공식적으로 받을 수 있는 방법이 있는지 검토할 필요가 있다."

임 실장은 이렇게 말하고는 박 심의관에게 "급하니 보고서를 빨리 만들어달라"고 했다. 박찬익은 밤늦게까지 관련 자료를 찾아가며 보고서를 작성했다. 이메일에 보고서[3]를 첨부해 보낸 시각은 다음 날인 25일 새벽 3시 46분이었다. 외교부가 의견서를 제출하는 것보다는 외교부 출신 파견 조사관을 통해 비공식적으로 의견을 내도록 하는 것이 적절하다는 내용이었다.

며칠 후 임종헌이 박찬익을 다시 불렀다.

"외교부 쪽에서 대법원 판결에 국제법적인 문제가 있다고 한다. 외교부와의 관계는 국제 사법공조뿐 아니라 법관의 국제기구·재외공관 파견을 위해서도 중요하다. 참고인 진술 제도를 도입해달라는 외교부의 지속적인 민원이 있는데, 절차적으로 배려할 방안이 있는지 찾아보라."

임종헌은 박찬익에게 외교부 문건[4]을 하나 더 줬다. 9월 30일 박 심의관은 「강제동원자 판결 관련 — 외교부와의 관계」라는 제목의 문건을 작성해 보고했다. 문건은 '외교부 측에 절차적 만족감을 줄 수 있는 방안'으로 여섯 가지를 제시했다.

가~바항 중 '가항'은 '법원행정처는 사법행정기관으로서 실체적 판단에 관여할 수 없는 점에 관해 외교부의 이해를 구하는' 것이었다. 외교부 입장을 받아들여 서면으로 의견 제출하는 방식 등을 제시한 나머지 다섯 개 방안과는 방향 자체가 확연히 달랐다.

'나항'부터 '바항'은 모두 임종헌이 불러준 내용이었고, '가항'만 유일하게 박찬익 자신의 생각이었다. 임종헌 전 차장 재판[5]에 증인으로 출석한 그는 어떻게 진술했을까.

검사 검찰 조사에서 첫 번째 방안에 대해 증인이 스스로 생각한 내용이고, 피고인 지시를 정리하기 전에 증인이 옳다고 생각한 내용부터 기재한 거라고 했는데, 맞습니까?

박찬익 네.

검사 증인은 비록 피고인으로부터 외교부 절차 배려 방안을 검토하라는 지시를 받았으나 증인 스스로는 첫 번째 방안이 가장 옳다고 생각한 겁니까?

박찬익 결국에는 법원행정처가 (재판에) 영향 미칠 수 없는 게 당연하니까 기재한 것입니다.

재판장 피고인의 지시가 없었음에도 불구하고 첫 번째 방안으로 기재하는 이유가 뭔지를 검사가 묻고자 하는 거 같습니다.

박찬익 외교부가 혹시 오해할지 모르니 그 부분을 정리해두면 맞지 않을까 싶어 기재한 것입니다.

법관으로서 양심을 지키고 싶었던 걸까. 하지만 보고서는 '외교부 관련 사법부의 입장'에서 '심리불속행* 기간을 넘긴 후 판단하는 방안'

---

* 심리불속행(심불)은 대법원에 접수된 상고사건 가운데 대상이 아니라고 판단되는 사건은 더이상 들여다보지 않고 기간(4개월) 내에 기각하도록 하는 제도다. 이 경우 선고 없이 간단한 기각 사유만 적은 판결문이 당사자에게 송달된다.

이 타당하다는 취지로 검토한다. 그 근거로 한일 청구권협정 해석에 대해 학계에 다른 의견들이 있고, 외교부와의 관계에 있어 신중을 기할 필요가 있다는 점을 든다. 또 '외교부 측을 배려해 절차적 만족감을 줄 수 있는 방안'으로 상고이유서 제출 기간 내에 피고 측 대리인을 통해 외교부 입장을 담은 각종 서류를 간접적으로 제출하는 방안을 제시한다. 검찰은 그렇게 문건을 작성한 배경을 박찬익에게 물었다.

검사 증인은 대법원이 소송 일방 당사자의 대리인을 통해 외교부 입장을 반영하는 것에 대해 협조 가능하다는 취지로 검토한 겁니까?

박찬익 실현될 거라고 생각하지 않았습니다.

검사 보고서에서는 '협조 가능'이라고 하지 않았습니까. 그 취지가 무엇인지 구체적으로 말씀해주십시오.

박찬익 다른 건 현행 제도상으로 어려운 면이 있는데 이 방안은 가능은 하겠지만 외교부가 일방 당사자를 통해 (의견서를) 내는 것은 외교부 입장에서도 곤란한 것인데, 그 당시에는 제가 외교부 쪽에서 이런 요구를 하는 것이 맞는 건지 잘 모르기도 하고, 외교부가 실제 하지 못하는 방법이지 않을까 해서…

검사 이 보고서는 공개 가능한 범위에서 외교부에 정보를 제공하는 것이 가능하다고 검토했는데.

박찬익 무한정 제공할 수 있다고 생각하지 않았고, 가능한 정도에서 제공할 수 있다고 생각했습니다.

문건을 만들던 당시 박찬익의 생각이 손에 잡힐 듯하다. 재상고 사건을 심리불속행으로 끝내는 것이 온당한 결론임에도, 일방 당사자를 통해 정부 입장을 반영하는 건 절차의 공정성을 훼손하는 것임에도, 키보드를 두드려 문건을 작성해나간다. 그러면서 마음속으론 '양심의 퇴로'를 만들어간다.

'설마 실현되겠어?' '정말 외교부가 이렇게 하겠어?' '가능한 범위를 검토하는 것뿐인데…'

임종헌은 박찬익에게 또 하나의 숙제를 맡긴다. "의견서 제출 제도를 보고서로 만들어보라." 토스트 기계에서 식빵이 튀어나오듯 문건[6]이 세상에 나온다. 박찬익은 문건에서 '법률 개정이 필요하다'고 제시했으나 법원행정처 부장회의의 다수의견은 달랐다. '대법원 규칙 개정으로 가능하다'였다.

행정처에서 대법원으로: 문제 부분 삭제하고 보낸 문건

"박 판사, 그거 봤어요?"

2013년 11월 6일이었다.임종헌이 박찬익에게 물은 건 그날 보도된 어떤 뉴스에 관해서였다. 일본경제단체연합회와 일본 상공회의소 등 일본 4개 경제단체가 한국 법원의 강제징용 배상 판결을 인정할 수 없다고 밝혔다는 기사였다.

임종헌은 박찬익에게 서류를 건넸다. 또다른 외교부 보고서[7]였다. 임종헌은 이 문건을 반영해서 보고서를 업데이트하라고 했다.

"국외송달 사건인데 심불이 될 수 있겠어?"

이틀 뒤(11월 8일) 박찬익은 임종헌에게 보고서를 보냈다. 해당 문건[8]은 외교부의 입장을 다음과 같이 정리했다.

> 재상고심 판결 확정시 문제점(일본의 항의, 예상가능한 일본의 사법적 대응조치, 관련 소송 폭주 예상, 대응 방안—대법원을 상대로 외교적 문제점 설명, 신중한 판결의 필요성을 알려 판결이 조기에 선고되지 않도록 노력)

또 사법부의 입장으로는 '심리불속행 여부'를 다시 저울질하면서 '2안: 심리불속행 기간을 넘긴 후 판단'이 타당하다는 취지로 검토했다. 심리불속행 기간(4개월)을 넘기자는 것은 대법원에서 재판을 진행하는 속도를 늦추자는 얘기였다.

어느 모로 보나 부적절한 문건이었다. 주심 대법관도 정해지지 않은 때였다. 대법원에서 재판연구관들이 항소심 판결문과 사건기록을 검토하고 있었다. 한 건물처럼 붙어 있지만 엄연히 다른 기관인 법원행정처에서 재판 방향을 이야기하고 있었다. 그것도 재판이 지연될 필요가 있다고.*

---

* 2013년 8월 대법원에 강제징용 재상고 사건이 접수된 후 3개월이 지난 같은 해 11월 22일 2면 분량인 상고기록 접수통지서의 국외송달 절차가 시작됐다. 피고인 일본 기업들의 소송대리인인 김앤장은 상고장을 접수한 후 대법원에 소송위임장을 제출하지 않고 있다가 심리

이 위험한 문건은 행정처 사무실에만 머물지 않았다. 같은 해 12월초 임종헌이 박찬익을 호출했다.

"가장 최근에 만든 보고서를 대법원 황진구 부장에게 보내도록 하지."*

황진구 부장판사는 당시 민사총괄재판연구관이었다. 박찬익은 잠시 머뭇거렸다.

"실장님, 이 보고서… 전달해드려도 될까요?"

"아, 그러면 민사총괄 동기인 지원총괄 통해 전해주면 되겠네."

황 재판연구관의 사법연수원 동기인 전지원 사법지원실 총괄심의관에게 얘기해놓을 테니 그를 통해 전달하라는 것이었다. 박찬익이 임종헌의 지시에 주저했던 이유는 뭘까.

검사 증인은 검찰 조사에서 '황진구 민사총괄재판연구관에게 강제징용 관련 보고서를 보내는 건 대법원 재판의 실체 판단에 영향 주려는 것으로 비쳐질 수 있을 것 같았다'고 했는데 맞습니까?

박찬익 실체는 몰라도 판단의 시기와 관련된 문제일 수 있어서 대법원에 보내기에 적절치 않는 내용이라고 생각했습니다.

불속행 기간이 지난 2014년 5월 26일 소송위임장과 함께 상고이유서를 냈다.

* 임종헌은 검찰 조사에서 "보고서를 황진구 재판연구관에게 보내라는 지시를 한 적이 없다"고 했다. 재판에선 "기억은 안 나지만 지시를 한 게 사실인 것 같다. 그걸 전제로 물어보겠다"며 박찬익을 상대로 증인 신문을 했다. 임종헌은 "(재판연구관실에서) 일본의 강제징용 판결 제소 가능성 검토에 참고한다고 하니까 보내줘라, 이렇게 지시하지 않았느냐"고 물었다. 박찬익은 "정확히 기억나지 않는다"고 답했다.

검사 증인이 이 보고서를 황 연구관에게 직접 전달하는 것을 꺼린 이유는 무엇입니까?

박찬익 내용 중에 재판연구관실에 드리는 게 예의가 아닌 부분이 있는 것 같아서 "드려도 되냐"고 여쭈었습니다. 심불에 대한 검토 내용은 연구관실에 드릴 내용이 아닌 거 같아 드리기 곤란하다고 생각했습니다.

검사 법관의 재판상 독립을 침해할 수 있다고 인식했습니까?

박찬익 아무래도 그런 부분을 연구관실에 전해드리는 건 예의가 아니고 적절하지 않지 않나 생각을 했습니다.

그때는 임종헌이 홍승면 대법원 선임재판연구관에게 언질을 준 뒤였다.

"2012년 판결이 확정되면 우리 판결이 국제사법재판소에 끌려갈 수 있다고 한다. 그 점을 검토할 필요가 있다. 법원행정처에서도 그걸 검토해봤다."

홍 선임재판연구관은 황진구 재판연구관에게 "사법정책실이 작성한 자료를 받아 검토해보라"고 했다.

싫어도 보낼 수밖에 없는 상황이었다. 박찬익은 고민 끝에 문건 중 일부 내용을 삭제한 뒤 전달했다. 빠진 부분은 '심리불속행 기간을 넘긴 후 판단하는 안이 타당하다'고 검토한 대목이었다. 보고서 제목도 '강제동원자 판결 관련 검토'에서 '강제동원자 판결'로 바꾸고, 작성일자와 작성자를 삭제했다. 문건을 수정한 사실은 임종헌에게 말하지 않았다.

검사 증인이 황진구 재판연구관에게 문건을 부분 삭제하고 전달한 이유는 무엇입니까?

박찬익 (삭제한) 그 부분은 재판연구관실에 드리는 게 예의가 아니고, 적절한지 의문이 들어 삭제했습니다. 사건의 실체적 판단에 대한 문제는 아니고 사건을 심리하는 속도에 대한 문제라도 연구관실에 말씀드리는 것은 적절하지 않다고 생각했습니다.

검사 증인은 '저로서는 무언가를 전달하는 게 부담스럽다. 바람직하다고 생각한 적 없다. 저는 임종헌 실장의 지시를 거스르지 않는 선에서 삭제하고 보냈다'고 검찰에서 진술했는데 맞습니까?

박찬익 네.

검사 '사건의 신속처리 여부에 관하여 연구관에게 의견을 드린다는 것이 예의가 아니고, 재판 독립을 해칠 우려가 있다'고 생각했다고 검찰에서 진술했는데 맞습니까?

박찬익 맞습니다.

검사 그럼, 임의로 삭제했습니까?

박찬익 크게 뜻을 거스르는 것은 아니지 않나 싶어서 삭제했습니다.

문건에는 외교부 입장에서 본 대법원 판결의 문제점 등 문제 소지가 큰 내용이 그대로 남아 있었다. 신중한 판결의 필요성을 알려서 조기에 선고되지 않도록 해야 한다는 외교부 측 대응 방안도 포함돼 있었다. 문건이 총체적인 문제점을 안고 있는 상황에서 당장 눈에 짚이는 부분만 빼다보니 생긴 구멍들이었다. 한두 대목 삭제한다고 달라질 문제가 아니었다.

임종헌은 박찬익에게 그간 확보한 관련 논문 등 참고자료도 황진구 재판연구관에게 전달하라고 지시했다. 참고자료에는 2012년 대법원 판결을 비판하는 내용이 들어가 있었다. 이후 황진구 재판연구관은 강제징용 재상고 사건 담당 연구관으로 지정된다.

배상액 줄이는 방법까지 고민한 행정처

"강제징용 재상고 사건과 관련해 독일의 '기억, 책임, 미래 재단'* 등을 연구해서 대법원이 어떻게 할 수 있는지를 예상해보라. 소멸시효도 엄격하게 보는 게 맞지 않겠느냐."

같은 해(2013) 12월 임종헌은 박찬익에게 전혀 새로운 차원의 검토를 주문한다. 박찬익은 12월 18일 문건을 보고한다. 「독일의 기억, 책임, 미래 재단 검토」 문건은 '앞으로 전개 가능한 방향'으로 다섯 가지 시나리오**를 상정했다. 이 중 '시나리오2'는 강제징용 재상고 사건 처리를

---

* 독일의 '기억, 책임, 미래 재단'은 나치 시대 강제노동에 대한 배상을 위해 2000년 독일 연방정부와 6천여 개의 기업들이 101억 마르크를 절반씩 부담해 설립했다. 이 재단은 2007년까지 100여 개국 7,700만 강제노동자들에게 배상했다.

** 시나리오 1: 재상고 기각, 시나리오 2: 대법원 소부에서 새로운 쟁점에 대해 판단 후 환송, 시나리오 3: 대법원에서 조정이나 화해 시도, 시나리오 4: 상황 변화시 대법원이 사법자제론에 기한 판단, 시나리오 5: 전원합의체에서 판단

늦추는 것을 전제로 대법원이 새로운 쟁점에 대해 판단한 후 고등법원으로 돌려보내는 방안이었다.

'20만 명 정도로 추산되는 강제징용 피해자들에게 서울고등법원 등에서 인정한 배상액만큼 배상금을 지급하려면 약 20조 원이 필요하다.'*

보고서는 손해배상액이 과다하다는 이유로 사건을 고등법원으로 되돌려보내되 이후 화해 내지 조정으로 종결하는 게 바람직하다고 검토했다. '시나리오4'의 경우 대법원이 원고 청구를 기각하되 독일·미국 간 협정(독일의 '기억, 책임, 미래 재단' 설립)과 같이 재단이 설립되는 경우 '소멸시효 진행을 막지 않는 방법을 채택해 추가 소송 제기 가능성을 줄여야 한다'고 했다.

보고서는 여기에 그치지 않았다. 강제징용 피해자들에 대한 '일반적인 배상 내지 보상 방안'을 검토하면서 어떻게 하면 보상액을 줄일 수 있는지까지 제시했다. 배상·보상 방안 가운데 '시나리오1'은 소멸시효가 지난 뒤 보상입법을 추진하는 내용이었다.

'원고들의 소송이 불가능한 상태에서 보상이 이루어지게 되므로 독일 보상액(270만~800만 원) 등을 참고하여 보상금액을 줄일 수 있다.'

'시나리오2'는 소송을 낸 피해자들에 대해서만 소송으로 해결하는 것이었다.

'SOFA'(한미행정협정)와 같은 특별법을 만들어 정부 또는 한국과 일

---

* 보고서는 서울고법 등에서 인정한 배상액(1인당 8천만 원 내지 1억 원)이 6·25전쟁중 과거사 사망 사건(8천만 원), 강제동원 관련 정부 보상액(2천만 원) 등과 비교해 지나치게 큰 금액이라는 점을 강조했다.

본 기업이 출연해 설립할 재단만을 상대로 소송을 허용할 경우 시나리오1에 비하여 훨씬 적은 금액으로 해결 가능하다.'

판사가 어떻게 이런 문건을 작성할 수 있는가. 사회적 약자의 아픔까지 이해하라고 할 수는 없다 해도 공정한 재판의 가치를 지켜야 할 판사가 아닌가.

검사 20만 명 정도로 추정되는 피해자를 대입하면 20조 원 정도 되므로 배상액이 과다해 파기하되, 조정으로 하는 게 바람직하다고 했는데 맞습니까?

박찬익 다른 나라 사례를 기재한 거 맞는데… 그렇게 해야 한다거나 그게 가장 최선이라는 방향으로 한 건 아닙니다.

검사 바람직하다는 문구는 왜 쓴 겁니까?

박찬익 전적으로 재판부의 권한이긴 한데, 파기환송이 된다면 이렇게 될 수 있지 않겠느냐는 취지입니다.

검사 재단이 설립되는 경우 소멸시효를 막지 않는다는 게 무슨 의미인가요?

박찬익 이것도 독일과 미국 사이의 협정처럼 진지한 논의에 기반한 배상을 하는 상황이라는 전제가 있습니다. 결국은 '재단을 통해 해결하는 방안이 채택된다면'이라는 전제하에서는 재단을 통해 정리되는 게 바람직하지 않나 정도의 기재입니다.

박찬익은 계속해서 "어떤 상황을 전제로 해서 쓴 것"이라고 의미를 축소한다. 그는 "피고인(임종헌)이 워낙 완벽하게 다양한, 모든 상황에 대해 알고 싶어해서 이런저런 상황을 상정해서 기재한 것"이라고 말했다. "어떤 것이 맞다고 이야기할 수 있는 건 아니었고, 다만 여러 상황에 대해 검토한 것에 불과하다"고도 했다.

우리는 유능함이 어떻게 악용될 수 있는지 그 과정을 목격하고 있다. 어떤 상황을 전제로 계획을 세우면 어떤 결과가 나오든 책임을 면할 수 있는 것인가. 전제가 현실이 된다면 그 책임을 어떻게 감당할 것인가.*

박찬익은 이 문건과 함께 문건 내용을 짧게 요약한 '장래 시나리오 축약' 문건도 작성했다. 임종헌은 박찬익에게 직접 법원행정처 차장, 처장에게 차례로 대면 보고하도록 했다. 차한성 처장은 이 문건을 보고 받는 자리에서 "이것 때문에 머리가 아프다"고 말했다.[9]

1년 후인 2014년 11월이었다. 임종헌은 시진국 기획조정실 기획1심의관을 불러 문건 두 개를 주고 "강제징용 재상고 사건의 향후 전개방향에 대해 검토해보라"라고 지시했다. 법원행정처 사법지원실 보고서[10]와 외교부 보고서[11]였다. 임종헌은 박찬익 심의관이 작성한 보고서도 함께 참고하라고 했다.

11월 10일 시진국은 보고서들의 내용을 반영한 문건[12]을 보고했다. 문건에는 박찬익이 검토했던 다섯 가지의 시나리오가 그대로 살아 있었다. 주목해야 할 것은 법원행정처 사법정책실, 사법지원실, 기획조정

---

* 박찬익은 증인신문이 끝날 무렵 재판장이 "할 말이 없느냐"고 묻자 "그때 더 신중했어야 하지 않았나 싶다. 재판부에서 상황을 다 보셔서 객관적으로 판단해주실 거라고 생각한다"고 말했다.

실 보고서가 외교부 보고서와 뒤섞였다는 사실이다. 처음 외교부에서 만든 보고서가 법원행정처 문건에 '외교부 입장'으로 들어갔다. 다시 또 다른 외교부 문건과 합체돼 제2, 제3의 종합 보고서로 업그레이드됐다.

행정처 보고서 문건이 다시 대법원 재판연구관에게 감으로써 어디부터 어디까지가 순수한 대법원 판단인지도 헷갈리게 된다. 한강에 공장 폐수를 흘려보내는 것과 다를 바 없다.

박찬익 심의관이 검토했던 외교부 의견서 제출 방안은 어떻게 됐을까. 2014년말 김종복 사법정책실 심의관에게 '국가기관 등의 참고인 의견서 제출 방안을 검토하라'는 지시가 내려온다. 한승 사법정책실장은 김 심의관에게 "대법원에서 검토를 요청해왔는데, 강제징용 사건과 관련해 외교부 의견을 들어볼 필요가 있다는 취지"라고 말한다. "대법원 규칙 개정에 필요한 절차 중 생략할 수 있는 게 있는지 검토해서 신속하게 진행하라."

2015년 1월 28일 '국가기관 등 참고인 의견서 제출 제도'가 대법원 민사소송규칙에 들어간다. 미국법상 법정조언자(Amicus Curiae) 제도를 근거로 '우리도 절차적으로 의견을 제출할 수 있는 기회를 달라'던 외교부의 요구는 1년반 만에 실현된다.*

---

* 미국에서 Amicus Curiae 제도는 헌법재판이나 형사재판 등 공적 소송에 도입되어 있는 제도다. 한국 대법원에서는 민사소송에서 하는 것으로 변형됐다. 양쪽 당사자 간의 이해관계를 조정하는 문제에 관해 정부가 의견을 내는 것은 민사소송의 이념에 맞지 않는다는 지적이 있다.

국가란 무엇인가

강제징용 재상고 사건은 국가란 무엇인가를 생각하게 한다.

2013년 12월 법원행정처에서 작성된 '독일의 기억, 책임, 미래 재단 검토' 보고서는 손해배상액이 과다하다는 이유로 대책을 모색한다. 계산기를 두드리며 보상액을 줄일 방안까지 고민한다. 행정처가 강제징용 문제를 검토하기 시작한 것도 강제징용 재상고 사건이 확정되면 대법원, 나아가 국가가 입을 타격이 우려된다는 명분에서였다.

대법원 판결로 일본 기업들이 내야 할 배상금 규모가 크다는 게 왜 국가에 손해가 될까. 대법원의 배상 판결에 일본 정부가 경제 보복을 한다고 해서 잘못된 판결인 걸까.

공공의 이익이 국익이고, 공공의 핵심은 다수 시민들이다. 시민 한명 한명의 이익이 모여서 공공의 이익이 된다. 또한 공공의 이익도 소수의 인권을 위해 손해를 보아야 할 때가 있다. 하물며 일제강점기 강제로 끌려가 착취당해야 했던 한 사람 한 사람의 구체적 고통을 '국가'라는 이름 앞에서 증발시켜야 하는가.

법원은 법과 원칙에 따라 판단하면 되는 것이다. 그 파장은 정치와 외교의 영역에서 수렴하고 해결해야 한다. 헌법과 법률로 판단해야 할 판사들까지 '사법부도 국가 시스템의 하나일 뿐'* 이라며 헌법과 법률 밖의 다른 잣대를 들이댄다면 인권과 정의는 어디에서 찾을 것인가.

다른 행정처 문건들도 국가 이익을 중시하는 듯한 표현을 애용한다. 임종헌 차장이 직접 작성한 문건[13]에는 '사법부가 국정운영에 협조해온 사례'가 제시된다.** 그중 '국가경제발전을 최우선적으로 염두에 둔 판결'로 통상임금과 국·공립대학 기성회비 반환, 키코 판결 등이 꼽힌다.

기업, 국·공립대, 은행권에 이익이 되는 것이 왜 국가경제 발전을 위한 것인가. 노동자가 임금을 많이 받고, 국·공립대 학생들이 기성회비를 돌려받고, 중소기업이 이기는 건 왜 국가경제에 도움이 되지 않는가.

이러한 사고의 밑바닥에는 기득권층의 이익을 국가의 이익으로 여기는 상당수 법관들의 통념이 몸을 웅크리고 있다. 국가나 기업에 충격이나 피해가 예상되므로 하지 말아야 한다는 것은 '결과주의적 논거'다. 이것은 논리가 아니다. 공포나 우려일 뿐이다.

국익을 무시하자는 게 아니다. 무슨 국익인지, 누구를 위한 국익인지 정확히 봐야 한다는 것이다. 정말 가치있는 국익이어야 한다는 것이다.

---

* 강민구 서울고법 부장판사는 2019년 7월 2일 자신의 블로그에 '강제징용 손해배상 사건과 일본의 통상보복'이라는 글을 올렸다. 강 부장판사는 "양승태 코트에서 선고를 지연하고 있던 것은 당시 박근혜정부에서 판결 이외의 외교적·정책적 방법으로 이 문제를 해결할 시간을 벌어준 측면이 없지 않아 보인다"라고 말했다. 그는 "사법부도 한 나라의 국가 시스템 속의 하나일 뿐이라고 외교 상대방은 당연히 간주하는 것이고, 그래서 양승태 코트 시절 그 같은 고려를 한 측면도 일정 부분 있는 것"이라고 했다.

** '국정운영 협력사례'는 2015년 8월 양승태 대법원장과 박근혜 대통령 면담을 앞두고 처음 작성된 뒤 일련의 문건들에 계속해서 들어간다.

문건 밖 현실에선 무슨 일이 벌어지고 있었나

지금까지 우리는 법원행정처 심의관들이 강제징용 재상고 사건과 관련한 문건들을 어떻게 작성하고, 공급했는지 지켜봤다. 그러는 사이 현실에선 무슨 일들이 벌어지고 있었을까. 임종헌 기획조정실장이 박찬익 사법정책실 심의관에게 처음 강제징용 사건 관련 검토를 지시했던 때로 돌아가보자.

당시 법원행정처는 청와대와 외교부로부터 '강제징용 재상고 사건이 조기에 선고되지 않도록 하라' '정부가 의견을 제시할 수 있는 기회를 달라'는 압박을 받고 있었다.

임종헌이 박찬익에게 "빨리 보고서를 만들어달라"며 첫 번째 검토 지시를 했던 2013년 9월 24일은 어떤 시점이었을까. 다음 날인 9월 25일 임종헌은 김규현 외교부1차관을 만났다. 외교부차관 면담을 앞두고 현실적 필요에서 참고할 보고서 작성을 요구했던 것이다. 면담 직후에 다시 박찬익에게 보다 면밀한 추가 보고서 작성을 지시했다.

그러다 강제징용 재상고 사건에 대한 청와대와 외교부의 압박 수위를 높이는 돌발 변수가 생긴다. 같은 해 11월 15일이었다. 청와대에서 정홍원 국무총리가 박근혜 대통령에게 정례 업무 보고를 한다.

이날 정 총리는 "강제징용 재상고 사건이 대법원에서 확정되면 한일관계에 파장이 예상된다"고 말한다. 이 자리에 배석한 박준우 정무수석이 자신의 의견을 피력한다.

"강제징용 문제 해결을 위해 피해자 보상을 해야 하는데, 독일식으로 재단을 만들어야 합니다. 대법원 재판을 다소 늦추게 되면 일본은 우리 정부가 상당히 노력하고 있다고 판단할 겁니다. 그 경우 재단 설립에 대한 협조를 이끌어내기 쉬워집니다. 대책을 세울 때까지라도 대법원 판결을 늦춰야 합니다. 외교부가 대법원 측에 의견을 제시해 재판을 늦추는 게 좋을 것 같습니다."[14]

"그게 낫겠네요." 박 대통령 결재가 떨어진다.

총리 보고 후 사무실로 돌아온 박 수석은 대통령 지시 사항을 외교안보수석과 외교부 측에 전달한다.* 그로부터 보름 뒤인 12월 1일 청와대 비서실장 공관에서 '소인수회의'가 열린다. 김기춘 비서실장 주재로 열린 이 회의에 차한성 법원행정처장과 윤병세 외교부장관, 황교안 법무부장관 등이 참석한다. 윤 장관이 말한다.

"배상 판결이 확정되면 정치적·외교적 해결은 불가능해진다. 기존 대법원 판결에 대한 재검토가 필요하다."

이날 회의에서 대법원 판결에 대해 투 트랙(two track) 방안이 필요하다는 얘기가 나왔다. '전원합의체로 넘기는 것과 함께 재상고심 진행을 지연시키면서 피해자들의 소송 취하를 유도해야 한다.'

"왜 이런 얘기를 2012년 대법원 판결 때 안 했느냐. 브레이크를 걸어

---

* 당시 외교부도 강제징용 판결을 심각한 문제로 인식하고 있었다. 같은 달인 11월 23일 외교부 국제법률국 정모 사무관의 업무일지에는 윤병세 장관의 발언이 적혀 있었다. '판결 번복('반복'의 오기로 추정 — 인용자)되면 외교부는 작살난다. 조심해야. 청와대, 총리실, 관계부처 끌어내야. 범정부적 입장 마련.' 정 사무관은 임종헌 재판(2019.4.30. 16차 공판)에 증인으로 출석해 "당시 회의에서 윤 장관이 격하게 말했다"고 했다.

줬어야지. 현재 송달절차는 몇 달 더 지연시키는 것이 가능하다. 시효 문제가 있는데 운이 좋으면 1년 이상도 지연할 수 있을지 모르겠다."*

다시 문건 작성과 현실, 두 개의 시간표를 비교해보자. 임종헌이 박찬익에게 '황진구 재판연구관에게 문건을 전달하라'고 한 것은 문제의 소인수회의 직후였다. 임종헌이 '독일의 기억, 책임, 미래 재단' 등 유사 사례를 연구해보라며 보고서 작성을 지시한 것도 그 무렵이었다. ①청와대 대통령 주재 회의에서 2012년 대법원 판결과 재단 문제가 논의되고, ②청와대 비서실장 공관에서 소인수회의가 열린 뒤, ③대법원 재판연구관에게 법원행정처 문건이 전달되고, ④뜬금없는 '재단 보상' 문제가 검토되기 시작했다.

문건을 작성한 심의관은 정작 무슨 일이 벌어지는지 알지 못하는 사이, 상층부에선 접촉과 회의가 숨 가쁘게 이어지고 있었다. 문건은 단순한 아이디어 차원이 아니라 구체적인 목표를 향한 실행 프로그램이었다. 차한성 법원행정처장이 박찬익 심의관에게서 독일 재단 관련 문건을 보고받고 "이것 때문에 머리가 아프다"고 한 것도 그즈음이었다.

같은 상황은 2014년에도 반복된다. 2014년 11월 비서실장 공관에서 2차 소인수회의가 열린다. 박병대 법원행정처장과 윤병세 외교부장관, 황교안 법무부장관, 정종섭 안전행정부장관, 조윤선 정무수석 등이 참

* 당시 윤병세 장관은 소인수회의 참석후 외교부 청사로 돌아와 담당자인 정모 사무관 등에게 회의 결과를 설명했고, 정 사무관 업무일지에 그 내용이 기재됐다. 윤 전 장관은 임종헌 재판(2019.5.14. 21차 공판)에서 "정확한 기억은 없지만 대법원 관련 절차를 잘 아는 차한성 대법관(당시 법원행정처장)이 말하지 않았을까, 추측된다"는 검찰 진술을 인정했다.

석했다.

윤 장관은 대법원 판결의 재검토를 거듭 요청했다. 박병대 처장과 윤병세 장관은 서로 준비해간 보고서를 주고받았다. 법원행정처 사법지원실 보고서와 외교부 보고서였다. 임종헌이 시진국 기획1심의관에게 "참고해서 보고서를 작성해보라"며 줬던 그 두 개의 문건이었다.

외교부장관에게 "판결 문제" 이야기한 고위 법관은 누구인가

2015년 1월 28일 국가기관 등 참고인 의견서 제출 제도가 도입되고 닷새 후인 2월 2일 대법원에선 이상한 장면이 연출된다. 이날 오후 6시 30분 대법원 3층 매화식당에선 행사가 열리고 있었다. 신영철 대법관 퇴임 기념 논문 헌정식이었다.

이 행사에는 신 대법관 부부와 박병대 법원행정처장과 김용덕·권순일 등 대법관들, 법원행정처 간부 등이 참석했다. 참석자 중엔 신 대법관의 서울대 법대 동기인 윤병세 외교부장관도 있었다. 행사가 진행되던 중 누군가 윤 장관에게 말을 걸었다.

"장관님. 외교부도 강제징용 사건 때문에 바쁘시죠? 대법원에도 2012년 대법원 판결에 문제가 있다고 생각하는 사람이 꽤 있는 것 같습니다."* 윤 장관에게 문제의 발언을 했던 '고위 법관'은 과연 누구일

* 문제의 접촉은 김앤장 변호사의 강제징용 사건 관련 메모에 이렇게 기록돼 있었다. '2015.

까.*

막상 의견서 제출 제도가 도입되자 외교부에서는 몸을 사리기 시작한다. 비난 여론을 우려한 것이다. 외교부는 국내외 동향을 살피며 제출 시기를 신중하게 저울질한다. 오히려 애가 단 쪽은 법원행정처였다. 이후 외교부가 대법원에 의견서를 낼 때까지 임종헌의 "의견서 제출" 압박이 집요하게 이어진다.

같은 해 4~5월 임종헌은 청와대 곽병훈 법무비서관**에게 "의견서 제출을 독촉해야 한다"고 말한다. 곽 비서관은 우병우 민정수석에게 보고한 후 김인철 외교부 국제법률국장을 청와대로 호출한다.

"외교부 의견서를 왜 빨리 대법원에 제출하지 않습니까?"

"의견서를 외교부에서 내는 건 맞지 않습니다. 대법원에서 재판을 열어 법정에 외교부 관계자를 출석시키거나 '의견서를 제출하라'고 명령하면 낼 수 있습니다."***

2.15. 윤병세 장관 면담. 대법관 거의 대부분 김능환(2012년 5월 대법원 판결 주심 대법관 — 인용자) 판결 문제 있다 → 신 대법관 퇴임식. 대법원이 요청해주면 답하겠다.'

* 윤병세 전 장관은 임종헌 재판(2019.5.14. 21차 공판)에서 "고위 법관이 정확히 누구인지 기억이 나지 않는다"고 말했다. 그는 검사가 김앤장 메모 내용을 제시한 뒤 "그 얘기를 한 사람이 피고인(임종헌) 아니었느냐"고 묻자 "전혀 기억이 안 난다"고 답했다.

** 당시 곽병훈 법무비서관은 판사 출신으로 김앤장에서 근무하다 법무비서관으로 임명됐다. 곽 비서관은 김앤장에서 강제징용 재상고 사건을 맡고 있던 조귀장 변호사와 2004년 법원행정처에서 각각 법무담당관, 기획담당관으로 함께 근무했다. 이들 말고도 법원행정처 출신들이 김앤장에 유독 많다. 김앤장을 '법원 밖의 법원행정처'라고 말하는 이들도 있다. 이명박·박근혜 정부에선 김앤장의 법원행정처 출신 변호사들이 청와대 비서관에 임명됨으로써 '행정처-김앤장-청와대'의 시스템이 구축됐다.

*** 김인철 전 국제법률국장은 임종헌 재판(2019.5.9. 19차 공판)에 출석해 "당시 외교부 소관

2015년 6월 11일 임종헌은 외교부 조태열 2차관과 김인철 국장을 만나 의견서 제출 방식을 협의한다.

'피고(일본 기업) 측이 대법원에 의견 제출을 촉구하면 대법원이 정부에 의견을 요청하고 외교부에서 의견을 낸다. 의견서 제출을 가능한 조속히 진행한다.'*

같은 해 8월 법원행정처 차장이 된 임종헌은 이민걸 기조실장과 함께 다시 조태열 2차관, 김인철 국장을 만난다. 임종헌은 다시 "의견서를 왜 안 내느냐"고 독촉한다. 외교부 측은 "국감 이후로 좀 미뤄야 할 것 같다"고 답한다.

결국 외교부는 대법원에 의견서를 내기로 하고 10월 3일 회의를 갖는다. 이 회의에서 윤병세 장관은 "대법원에 의견서 초안을 보내주고 미리 검토를 받아보라"고 지시한다.** 그날 회의 내용이 외교부 회의록에 남아 있다.

장관 지금 초안이라면 대법원 측이 지난번 판결에 문제 많으니 뒤집어야 겠구나 라는 인상을 갖게 하는 정도인지?

일에 법무비서관이 사전설명 없이 갑자기 말해 유쾌하지 않았던 것 아니냐"는 검사 질문에 "그렇다"고 답했다. 당시 임종헌 실장은 김인철 국장에게 직접 전화를 걸어 "제도가 새로 생겼는데 왜 의견서를 내지 않느냐"고 채근하기도 했다.

* 외교부 정모 사무관이 작성한 업무일지 중 2015년 6월 11일 부분에는 'K&C(김앤장) → 대법원 → 외교부'라고 적혀 있었다.

** 김인철 전 국제법률국장 법정 진술. 김 국장은 당일 회의에서 자신이 "굳이 의견서 초안을 검토 받을 필요가 있느냐"고 했으나 윤 장관은 "그래도 검토를 받아보자"고 했다고 말했다.

차관 그 정도는 아님.

국제법률국장 대법 측도 내용은 모두 알고 있음. 우리가 주는 게 그들에게 nothing new(새로운 게 없음)일 것임.

장관 공개됐을 때 생각하면 밸런스가 중요함. 타격이 적으면서도 재판 결과가 잘 나오도록 해야 함.

차관 최악의 시나리오는 evasive한(회피적인) 의견을 내고 대법원이 기존 판결 확정했을 경우임. 두고두고 욕먹을 것임.[15]

외교부에서 의견서 초안을 전달받은 법원행정처는 초안 내용 중 유독 '귀 원(대법원을 의미)의 요청에 따라'라는 부분을 문제 삼는다.[16] 자신들이 외교부에 의견서 제출을 요구했다는 사실을 숨기고 싶었던 것일까. 향후 상황에 대비해 외교부와 법원행정처 사이에 머리싸움이 치열했음을 보여주는 장면이다.

2015년 하반기부터는 외교부에 청와대, 법원행정처, 김앤장의 '의견서 제출' 압박이 쉴 새 없이 들어오기 시작했다. 외교부는 같은 해 12월 26일 박 대통령 지시를 전달받는다.

"대법원에 계류 중인 강제징용 건과 관련한 정부 의견을 조속히 보내라. 개망신 안 되도록 하라."[17]

하지만 2015년 12월 '한일 일본군 위안부 합의'*로 국민 여론이 악화

---

* 2015년 12월 28일 박근혜 정부는 일본 측과 일본군 위안부 문제를 합의했다고 밝혔다. 양국 외교부 장관이 발표한 '2015 합의'에서 일본 정부는 '위안부' 문제에 대해 '군의 관여 하에 다수 여성의 명예와 존엄에 깊은 상처를 입힌 문제'로서 일본의 책임을 통감하고 사죄와

되자 외교부는 의견서 제출을 미룬다. 윤 장관이 고민한 부분은 무엇일까. 당시 외교부 국제법규과장 업무일지에는 윤 장관이 강제징용 재상고 사건 의견서 제출 관련 회의를 진행하면서 이렇게 말한 것으로 기록돼 있었다.

> 선순환 전제 되면 좋다. 위안부 타결 이후. 근데 로펌 애기가 빨리하자는 것. 공개되니까 비판. 대법원이 우리 꺼 받아먹고 판결 안 나오는.*

외교부 사무관의 충격 "세상은 이렇게 돌아가는구나"

2016년 1월 북한의 핵실험 등 한반도 정세 급변으로 강제징용 판결 문제는 외교부 현안에서 더 뒤쪽으로 밀린다.** 같은 해 4~5월 청와대는

반성의 마음을 표명한다고 밝혔다. 한국 정부가 직접 일본 정부에서 10억 엔의 위로금을 받아 '화해치유재단'을 설립하기로 했다.

* 윤병세 전 장관 증인신문에서 제시된 문건. 윤 전 장관은 "위안부 문제와 강제징용 문제가 서로 잘 풀려야 하고, 한일관계에서의 쟁점이기 때문에 서로 관련 있다는 취지라고 본다. 의견서 제출을 빨리해달라는 게 김앤장 입장이라고 이해했다. 외교부 의견서가 공개될 경우 비판받는다는 점과 대법원이 의견서를 받은 다음 판결 선고를 안 하는 상황을 우려한 부분을 황준식(당시 국제법규과장)이 기재한 것으로 생각된다"고 진술했다.

** 윤병세 전 장관은 임종헌 재판에서 2016년초 대법원에 의견서를 제출하지 않은 이유를 다음과 같이 설명했다. "1월초 북한이 핵실험을 하고 그때부터 외교부서들은 외교전쟁 모드로 들어갔다. 더 시급한 이슈가 있어서 장관 차원에서는 강제징용 문제에 관여하기 어려웠고, 상층부도 마찬가지였다고 생각한다. 2015년 12월 위안부 합의 이후 여론이 악화됐고, 전체적으로 시기를 선정하는 게 여의치 않았다."

외교부에 지시한다.

"6~7월이면 일본에서 약속한 대로 위안부 관련 재단에 돈을 보낼 것이니, 그로부터 1~2개월 뒤에 의견서를 제출하고 모든 프로세스를 8월 말까지 끝내라."

그럼에도 외교부가 움직이지 않자 임종헌이 직접 움직인다. 그는 2016년 9월 29일 이민걸 실장과 함께 외교부를 방문해 조태열 2차관, 박철주 국제법률국장 등과 만난다.

외교부로 출발하기 전 임종헌은 이민걸과 대법원장실로 올라간다. 임종헌이 "외교부에서 의견서를 낼 때가 된 거 같다"고 하자 양승태 대법원장은 말한다.

"외교부에서 오랫동안 제출을 안 했는데 이제 내긴 한다고 하느냐. 내더라도 내 임기 중에 할 수 있겠느냐."*

당일 외교부는 임종헌·이민걸의 방문을 양 대법원장의 미국 방문 일정과 관련된 것으로 알고 있었다.** 외교부 입장에선 임종헌의 첫 마디부터 예상 밖이었다.

"외교부에서 강제징용 사건 관련 의견을 내고 싶다고 해서 대법원 규칙까지 개정했는데, 아직 의견서를 내지 않아 기다리고 있다. 11월초

---

* 검찰은 "이민걸 전 실장은 검찰 조사에서 '양승태 대법원장이 임기 내에 결론 내리기는 쉽지 않겠지만 강제징용 사건을 전원합의체에 회부하겠다는 취지의 말을 했다'고 진술했다"라고 제시했다. 그러나 이 전 실장은 임종헌 재판에서 "대법원장이 전원합의체 얘기는 하지 않은 것으로 기억한다. 검찰 조사에서 전원합의체 얘기를 확정적으로 한 것으로 신문해서 그렇게 답했던 것 같다"라고 말했다.

** 3부 요인인 대법원장 해외 방문은 현지 한국 대사관에서 지원한다.

까지 제출해달라."

임종헌은 "이젠 제출해야 하는 거 아니냐. 그렇지 않으면 양승태 대법원장 임기 중엔 사건 처리하기 어려울 것 같다. 지금 제출해도 처리할 수 있을지 모르겠다"고 했다.[18]

외교부 측으로선 대법원이 2012년 강제징용 판결을 뒤집으려고 한다는 인상을 받을 수밖에 없었다. 당시 면담 자리에는 변호사 출신으로 외교부 국제법률국 국제법규과 소속이던 김모 당시 사무관이 배석하고 있었다. 그는 임종헌 재판[19]에 증인으로 출석해 당시 상황을 이렇게 설명했다.

검사 '매우 놀라웠다. 법원도 이런 걸 할 수 있구나. 심하게 말하면 어른들 말씀처럼 세상은 이렇게 돌아가는구나' 이렇게 생각했다고 하는데 맞습니까?

김 사무관 네.

검사 당시 분위기를 말씀해주십시오.

김 사무관 (…) 얘기들이 오고 가는 걸 보면서, 외교부 들어오기 전에 송무(재판) 경험도 좀 있고 했는데 그때 생각했던 법원의 이미지랑은 좀 많이 다르구나, 이런 일도 가능하구나, 외교부 사람들이 계란에 바위치기 같은 걸 하는 거라 생각했는데 내 생각이 틀렸다는 데 놀랐습니다. (검사가 '내 기본관념이 무너지는 자리였다고 진술한 게 맞느냐'고 묻자) 네. 법원은 법정에서 소통을 해야 하지 않습니까. 검찰에 전화하는 건 그래도 부담이 없었는데 판사님들에겐 전화해본 적도 없고 윗분들이 하신다고 들어본 적도 없었는데… 소정외 협의* 현장을 목격한 거라고 생각했습니다. (…) 원래 담당자인 사무관에게 그날 작성한 보고서를 인계해주고 "난 더이상 알고 싶지 않다"고 선을 그었던 기억이 납니다.[20]

젊은 변호사가 법원의 민낯을 목격하고 얼마나 큰 충격을 받았을까. 당시 김 사무관이 작성한 면담 보고서에는 이렇게 적혀 있었다.

'2012. 5. 24. 판결 관련 대법원의 새로운 논의 전개를 위해 계기 필요함.' '현 대법원장 임기 내 안 될 수도 있지만 외교부가 11월까지 보내주면 최대한 절차 추진하고자 함.' '전원합의부 회부를 추진하려고 함.'

'전원합의부 회부' 언급이 나왔는지를 놓고 당시 참석자들의 법정 증언이 엇갈린다.** 어떤 변명으로도 부인할 수 없는 것은 법원행정처가 재판에 개입했다는 사실이다. 행정처 간부들은 재판 과정에 머리(문건 작성)와 몸(외교부 방문)으로 개입해 게임을 진행시키는 '중개인' 역할을 했다. 이민걸 전 실장은 임종헌 재판에서 이렇게 말했다.

---

* 법정에서 열리는 재판 이외에 전화 등 사적 접촉을 통해 협의하는 것을 말한다.

** 박철주 당시 국장은 "기억에는 없지만 하지 않은 말을 여기(면담 보고서)에 쓰진 않는다. 기본적으로 들은 걸 축약해서 쓴 것이다"라고 말했다. 배석자이자 보고서 작성자인 김모 사무관은 "임종헌 차장이 명시적으로 말했는지는 구체적으로 기억나지 않지만 전합(전원합의체) 회부로 일단 가본다는 방향성은 있었던 것으로 기억한다"는 취지로 설명했다. 임종헌 전 차장과 이민걸 전 실장은 "전원합의체 회부하겠다는 얘기는 나오지 않았다"고 말했다. 이 전 실장은 "아무리 그래도 대법원 재판에 대해 전합에 회부하겠다, 회부를 추진하겠다고 얘기할 수는 없는 것"이라고 했다.

저도 판사로 30년 가까이 일했고… 공개적으로 재판 과정에서 의견을 현출하고 하는 게 아니라 어떻게 보면 재판 외에 비공개적으로 하는 것인데요. 대법원 규칙이 바뀌어서 의견서를 제출할 수 있으면 제출하면 되는 것이지, 그 과정에 법원행정처가 외교부와 만나서 그런 얘기를 나눴다는 것 자체가 개인적으로 돌이켜봤을 때 잘못됐다고 생각합니다. 변명할 여지가 없고 지금도 잘못됐다고 생각합니다.[21]

압박을 견디지 못할 것일까. 외교부는 2016년 11월 29일 대법원에 의견서를 낸다. 하지만 최순실 국정농단 의혹으로 촛불집회와 함께 검찰 수사가 시작되면서 강제징용 재상고 사건도 다시 원점으로 돌아간다.

외교부 의견서 제출로 본격 진행되려던 전원합의체 회부 절차가 중단됐다가 사건이 전원합의체로 넘어간 것은 양 대법원장 퇴임 후인 2018년 7월 27일이었다. 대법원 전원합의체는 같은 해 10월 30일 원심 판결을 확정한다. 재상고 사건이 접수된 뒤 5년이라는 시간 동안 질질 끌다 2012년 대법원 판결과 동일한 결론이 내려진 것이다.*

---

* 2018년 10월 30일 대법원 전원합의체는 강제동원 피해자들이 일본 기업인 신일철주금을 상대로 낸 손해배상 청구소송 재상고심에서 피고가 원고들에게 1억 원씩 배상하라고 선고한 원심을 확정했다. 대법원은 7 대 6의 의견으로 "원고들의 손해배상 청구권은 청구권협정 적용대상에 포함되지 않는다"라고 판단했다. 소수의견 6명 중 4명도 "손해배상 청구권을 행사할 수 있다"라고 했다.(대법원 2018.10.30. 선고 2013다61381 전원합의체 판결)

문건과 회의 뒤에 있던 제3의 숨겨진 그림

지금까지 우리가 본 것은 문건과 현실이 겹쳐지는 과정이었다. 심의관들이 정신없이 문건을 작성해 보고하는 가운데 법원행정처와 청와대·외교부 사이에는 물밑 접촉과 거물급들의 소인수회의가 돌아가고 있었다. 법원 대(對) 정부의 구도만 있었던 걸까. 그뒤에는 아무것도 없었을까.

그렇게 보기엔 빈틈이 많다. 단순히 법원행정처가 청와대·외교부의 압박 때문에 문건들을 만들고, 참고인 의견 제출 제도를 도입했다는 것은 왠지 허술해 보인다. 전체 그림이 한눈에 들어오지 않을 땐 또 하나의 숨겨진 그림이 있는지 들여다봐야 한다. 그 그림까지 봐야 진실에 다가설 수 있다.

세 번째 그림의 중심축은 김앤장 법률사무소였다. 김앤장은 강제징용 손해배상 소송의 피고 측인 미쓰비시와 신일철주금의 소송대리인이었다.

박근혜정부 출범을 앞둔 2013년 1월 미쓰비시 중공업 고문인 무또오 마사또시(武藤正敏)* 전 주한 일본 대사가 방한한다. 무또오 전 대사는 새 정부의 외교부장관으로 유력한 윤병세 대통령직인수위원회 위원과 오찬을 함께 한다. 식사 일정을 조정한 건 김앤장이었다.** 윤병세 인수

---

* 무또오 마사또시는 2010년 8월~2012년 10월 주한 일본 대사를 지냈다.

위원은 2009년 1월부터 2013년 1월까지 김앤장 고문으로 있었다. 윤병세는 2012년 5월 대법원 판결 직후 김앤장의 대책 회의에 참석하기도 했다.

박근혜정부가 출범한 직후인 2013년 3월 김앤장 송무 파트를 맡고 있던 한상호 변호사***가 양승태 대법원장을 만난다. 검찰은 당시 양승태 대법원장이 한 변호사에게 "2012년 대법원 판결을 김능환 대법관(당시 주심 대법관)이 귀띔도 안 해주고 선고해 전원합의체로 결론을 내지 못했다. 결론이 적정한지도 모르겠다"고 말한 것으로 제시했다.

한 변호사는 재판에 증인으로 출석해 "오랜 친분이 있는 양 대법원장이 취임한 후에도 사적으로 여러 차례 만나 환담했다. 그 과정에서 강제징용 소송의 진행 상황을 언급하기도 했다"고 진술했다.**** 그는 "2013년 3월 만난 자리에서 김능환 전 대법관의 근황에 관해 얘기하다 내가 '2012년 강제징용 사건 선고 때 알고 계셨냐'고 묻자 양 대법원장

** 당시 김앤장 변호사들 사이에 오간 이메일에는 무또오 전 대사가 방한해 윤병세 인수위원, 현홍주 전 주미 대사, 유명환 전 외교부장관 등과 만나고 싶어한다는 내용이 있었다. 이메일에는 '강제징용 사건은 일개 기업이 아니라 양국 정부가 정치적으로 해결해야 하지 않을까 생각한다'는 내용도 있었다. 윤병세 전 장관은 임종헌 전 차장 재판에 출석해 무또오와 식사를 한 사실을 인정하면서 "강제징용과 관련해 내가 얘기한 것은 없는 것으로 기억한다. 예우 차원에서 일반적인 차원의 얘기를 했을 것이다"라고 말했다.

*** 한상호 변호사는 1998년 의정부지원장으로 있다 퇴직한 뒤 김앤장에 들어갔다. 양 대법원장과 한 변호사는 엘리트 법관 모임인 '민사판례연구회' 활동 등을 통해 친분을 유지해왔다. 가족 모임도 갖는 등 친밀한 사이인 것으로 알려져 있다.

**** 한상호 변호사는 2019년 8월 7일 양승태 전 대법원장 등 21차 공판에서 "양 전 대법원장께서 (강제징용 소송에) 관심이 있다고 이해하고 진행 상황을 알려드린다는 생각으로 가볍게 얘기했다"고 말했다. 한 변호사는 한국 정부와 대법원 동향을 의뢰인인 신일철주금에 보고하고 의견을 나눈 문건 등에 관해선 변호사의 비밀유지 의무를 들어 증언을 거부했다.

이 '그렇게 중요한 사건을 전원합의체가 아닌 소부에서 선고했다'고 말했다"고 했다. 이에 대해 양 전 대법원장은 "만난 사실은 있지만 강제징용 사건 관련 대화를 나눈 적이 없다"라는 입장이다.*

이후 김앤장은 같은 해 11월 15일 정홍원 총리의 대통령 정례보고에서 강제징용 재상고 사건에 대한 정책 방향이 정해졌고, 12월 1일 비서실장 공관에서 소인수회의가 열렸다는 정보를 입수한다.

2014년 6월 10일 김용덕 대법관이 강제징용 재상고 사건 주심으로 지정된다.** 주심 대법관이 정해지자 김앤장은 본격적으로 '2012년 대법원 판결 뒤집기'에 나선다. 같은 해 11월 김앤장은 의뢰인인 일본 기업들의 승인을 받아 '징용사건 대응팀'***을 꾸린다. 당시는 2차 소인수회의가 열리던 시점이었다.

현홍주·유명환 고문은 대응팀이 꾸려지기 전부터 윤병세 외교부장관과 긴밀하게 접촉하고 있었다. 현 고문 등과 윤 장관은 수시로 만나

---

* 양승태 전 대법원장은 2019년 2월 26일 보석 심문에서 "적어도 4회에 걸쳐 한상호 변호사와 집무실에서 만난 사실이 있느냐"는 재판장 물음에 "만난 사실 자체는 있다. 그러나 그 사람이 집무실에 오게 된 연유는 이 공소사실과 전혀 다르다"라고 답했다. 양 전 대법원장 변호인은 같은 해 5월 29일 1차 공판에서 "피고인은 기본적으로 한상호 변호사와 강제징용 사건과 관계된 이야기를 한 기억이 없다. 백보 양보해서 공소장 기재 내용을 보더라도 피고인은 사실관계를 이야기한 것뿐이다"라고 말했다.

** 당시 양승태 대법원장은 김용덕 대법관에게 "일본은 판결 확정 후 국제사법재판소에 제소하는 등 절차를 취하겠다고 한다. 국제사법재판소에 제소되면 대법원 판결이 재판 대상이 돼 국제법적으로 문제가 될 것 같다"라고 말했다는 게 검찰의 공소사실이다. 양 전 대법원장은 "강제징용 재상고 사건과 관련해 김 대법관에게 전혀 지시를 한 사실이 없다. 대법관에게 지시를 한다는 건 있을 수 없는 일이다"라고 주장하고 있다.

*** 대응팀은 현홍주 전 주미 대사와 유명환 전 외교부장관 등 외교부 출신 고문들과 한상호·조귀장·최건호 변호사 등 법원 출신 변호사로 구성됐다.

식사를 했다.* 윤병세는 1990년 현홍주가 주 유엔 대사로 있을 때 주 유엔 대표부 참사관이었다. 윤병세는 2009년 청와대 통일외교안보수석 퇴직 후 현홍주의 소개로 김앤장에 들어갔다. 두 사람은 경기고-서울대 법대 선후배다. 윤 장관은 장관 취임 후 김앤장 고문단과 변호사들을 공관으로 초청해 식사를 하기도 했다.

2015년 5월 임종헌은 한상호에게 전화를 한다. "김앤장 측에서 외교부에 의견서 요청서를 내달라."** 임종헌은 5월 18일 "외교부 의견서 제출과 관련해 민사소송규칙을 언급하지 말고 요청서를 작성하라"고 말한다. 한상호가 '요청서'라는 제목으로 초안을 만들어 보내자 임종헌은 제목을 '촉구서'로 바꾼다. 내용도 일부 수정해 다시 한상호에게 보낸다.

같은 해 9월 이번엔 한상호가 임종헌에게 요청한다.

"헌법재판소에서 한일청구권 협정 체결 위헌소원 사건이 어떻게 진행되고 있는지 알아봐달라."

임종헌은 헌법재판소에 파견 근무 중이던 부장판사에게 연락한다.

---

* 임종헌 재판 과정에서 제시된 윤병세 외교부장관의 일정표에는 현홍주·유명환 김앤장 고문과 함께 혹은 개별적으로 식사를 한 날이 2013년 6월 5일, 2014년 11월 22일, 2015년 2월 15일, 6월 17일, 12월 15일, 2016년 5월 7일로 표시돼 있었다. 식사 장소는 호텔 일식당이나 레스토랑이었다.

** 검찰은 당시 임종헌이 한상호와 통화하면서 "전합(전원합의체)으로 하는 게 좋겠다는 결론에 이르렀다"고 말했다며 공무상 비밀누설 혐의를 적용했다. 이에 대해 임종헌은 구속 연장 심문(2019.5.8)에서 "한상호 변호사에게 연락해 절차적 협조를 부탁한 사실은 있으나 전원합의체 회부는 기조실장에 불과했던 내가 말할 수 있는 문제가 전혀 아니다. 한상호 변호사가 확대 해석했을 가능성이 있다"고 말했다.

해당 부장판사로부터 사건 개요와 선고 예정 기일, 헌법연구관 검토보고서 결론 등을 파악해 한상호에게 알려준다.

같은 해 11월 한상호는 양승태 대법원장을 찾아간다. 당시 한상호가 "외교부가 소극적이어서 걱정"이라고 하자 양 대법원장은 "외교부 요청으로 시작된 일인데 외교부가 절차에 협조를 하지 않는다"라고 답했다는 게 검찰의 설명이다.* 양 대법원장 측은 그런 말을 한 적이 없다고 말하고 있다.

양 대법원장 자신은 지극히 개인적인 관계로 여기고 특별한 생각 없이 한상호 변호사를 만났을 가능성이 있다. 개인적인 대화를 나누다 무심코 한두 마디 했을 수도 있다. 양 대법원장 주장대로 사건과 관련해 대화를 나누지 않았더라도 문제는 있다. 특정 사건과 직접 이해관계가 있는 당사자나 대리인과 접촉하는 것은 금물이다. 대법원장도 예외가 아니다.

만약 일선 법원 판사가 자신이 담당하는 사건 변호사와 만나고 다녔다면 양 전 대법원장은 뭐라고 했을까.** 대법원 전원합의체 재판장인 대법원장은 어떤 사건에도 관여될 수 있는 자리다. 일선 판사들보다 훨씬 더 주의하고 조심해야 하는 것 아닌가.

한 달 뒤인 12월 15일 윤병세 장관은 현홍주·유명환 고문과 만찬을

---

* 한상호 변호사는 양승태 전 대법원장 재판에서 당시 만남에 대해 "진행 상황을 보고하는 차원에서 말씀드렸다. 양 대법원장께서 공감을 표시하는 정도였다고 생각한다"고 말했다.

** 양 전 대법원장은 검찰 조사에서 "김앤장에서 강제징용 사건을 대리한다는 사실을 사건 접수 후 상당기간 알지 못했다" "한상호 변호사가 김앤장에서 강제징용 사건을 총괄하고 있다는 것도 몰랐다"고 진술했다.(검찰 서증조사 및 변호인 의견 진술)

한다.* 만찬 후 김앤장 메모에는 이런 대화 내용이 기록된다.

장관 그동안 진전 있었다. 대법과 협의. 청와대 아직, 청와대 VIP 보고사항. 한일정상회담 후 일정 바빠. 조만간 타이밍 검토할 것.

K+C(김앤장) 위안부 문제 연결 적절치 않다. 일 아베 총리 생각 바뀌지 않아 실기할 수 있다. 한일관계 중대영향 미치는 사항. 더이상 늦출 수 없다.

장관 잘 알겠다. 조만간 연락할 것.**

김앤장이 외교부 출신 고문들을 동원해 정부 정책의 내밀한 영역까지 들어갔음을 보여주는 장면이다. 현직 외교부장관이 대(大)선배들 앞에서 쩔쩔매며 그들의 요구에 호응하는 대답을 한다. 판사들이 '신성가족'이라면 외교부 전·현직 관료들은 '외교 가족'이라 불러야 할까.

누가 법정 밖에서 재판을 움직이는가

2016년 9월 임종헌이 외교부를 방문해 의견서 제출을 강하게 압박

---

* 2015년 외교부장관 일정표에는 '12월 15일 19시경 이태식 대사 외 만찬. 힐튼 호텔 시즌스'라고 기재돼 있었다.

** 윤병세 전 장관은 임종헌 재판에서 "구체적 논의를 피하려고 일반적인 얘기만 했다. 전체적으로 회피하고 도망가는 식으로 답변한 것을 그렇게 정리한 것 같다"라고 했다.

한 직후였다. 임종헌은 한상호에게 "촉구서를 내라"고 말한다. 같은 해 10월 6일 김앤장은 대법원에 외교부 의견서 제출을 요구하는 촉구서를 낸다.

대법원 재판사무국은 1주일 후 이 촉구서를 외교부에 전달한다. 공교롭게도 대법원 재판에도 시동이 걸린다. 같은 달 17일 강제징용 재상고 사건 담당 재판연구관이 검토보고서를 작성해 주심 대법관에게 보고한다. 보고서는 대법관들에게 회람된다.

같은 달 양 대법원장은 대법원 집무실에서 한상호를 만난다.

"임 차장으로부터 연락을 받아 제출했습니다. 외교부가 이번에는 잘 하겠지요."

한상호가 말한다. 대법원장은 당시 임종헌으로부터 외교부 방문 결과를 보고받은 상태였다. 외교부가 11월 29일 대법원에 의견서를 낸 것은 두 사람이 만난 후였다.

당시 상황을 시간 순서에 따라 정리하면 이렇다.

법원행정처 차장, 외교부 방문 → 차장, 김앤장 변호사와 통화 → 김앤장, '의견서 제출' 촉구서 제출 → 대법원 재판사무국, 외교부에 촉구서 전달 → 대법원, 재상고 사건 검토보고서 회람 → 대법원장, 김앤장 변호사 면담 → 외교부, 의견서 제출.

대법원에 접수된 뒤 3년 넘게 재판연구관실 캐비닛 속에서 잠자던 사건이 갑자기 활성화된다. 법원행정처 차장이 직접 외교부를 찾아가 의견서 제출을 압박한 게 뇌관을 건드린 걸까. 이 모든 것을 우연이라 말할 수 있을까.

문건과 회의, 면담, 비공식 접촉들까지 종합해보면 양승태 코트 당시의 '사법 브로커리지'*가 어떻게 전개됐는지가 입체적으로 보인다. 행정처 기획조정실장(차장)이 심의관에게 문건 작성을 지시하면 문건이 납품돼** 올라가고, 그 문건이 재판연구관에게 넘어간다. 법원행정처장은 대통령 비서실장·장관들과 대법원 재판에 관해 논의하고, 차장은 외교부에 의견서 제출을 압박한다. 김앤장이 외교부를 상대로 '정책 로비'를 벌이는 가운데 대법원장은 김앤장 변호사와 수시로 접촉한다.

강제징용 재상고 사건의 가장 큰 문제점은 국가 권력이 민사소송에 개입했다는 사실이다. 당사자들 간의 분쟁인 민사소송에 대응하기 위해 청와대-대법원(법원행정처)-외교부의 삼각 협의체가 3년 넘게 돌아갔다. 더욱이 이 사건을 위해 한쪽 당사자를 민사소송에서 배제한 채 다른 쪽 당사자에게만 유리하게 작용할 가능성이 큰 참고인 의견서 제출 제도까지 도입했다.

'엑스파르테 커뮤니케이션(ex-parte communication).' 주장과 반박의 기회가 동시에 주어져야 한다는 원칙이다. 재판부가 법률적 근거 없이 상대방이 반박할 수 없는 상태에서 한쪽 당사자의 주장만 듣는 것은 금지돼야 한다.*** 한국에선 이 당연한 원칙이 무시된다.

---

* 브로커리지(brokerage)는 중개인이 중심이 된 거래를 말한다. 민사소송 절차에 법원행정처와 청와대, 정부 부처까지 끼어들어 관여하는 현상을 '사법 브로커리지'로 표현했다.

** 심의관들은 문건 작성 업무를 "납품"이라고 표현했다.

*** 미국에선 배심원이 증인과 주고받은 문자메시지 하나만 나와도 재판에서 배제된다. 그 사실이 밝혀졌을 때 이미 판결이 내려졌다면 재판을 다시 해야 한다.

나아가 김앤장 법률사무소가 청와대, 법원행정처, 외교부와 함께 모습을 드러낸다. 김앤장은 법원 밖에서 법원에 영향을 미칠 수 있는 '힘 있는 자들'을 대표한다. 김앤장의 존재는 한국사회에서 '재판에서 이기려면' 법원만 상대해선 안 된다는 사실을 말해준다.

조직논리가 횡행하는 '인적 네트워크' 사회에선 청와대, 외교부 같은 정치권력과 정부 부처를 담당해줄 이들도 있어야 한다. 신규고객을 유치하거나 기존 고객을 관리할 때도 법정 안과 밖을 모두 커버하는 원스톱 서비스를 강조한다. 김앤장 같은 대형 로펌이 화려한 고문단을 유지하는 이유다.

참고인 의견, 소멸시효, 소송의 청구 자격…

기울어진 운동장에서 맞서기 힘든 법 논리를 만들어내는 건 돈과 힘일 때가 많다. 공부천재들의 우수한 지능과 현장고수들의 탁월한 로비력으로 엮어낸 '세련된 법 논리'가 돈 없고 힘없는 이들의 목소리를 법정 밖으로 밀어낼 때 우린 무엇을 해야 할 것인가.

"대법원 재판을 내세워 상고법원을 추진하겠다는 것은 문건에만 존재할 뿐 실행되지 않았다"고들 한다. "서로 주고받은 게 없으니 '재판 거래'는 없었다"고 한다. 재판에 부당하게 개입하고 관여한 건 사실 아닌가. 재판에 끼어들 수 없는 손들이 '재판 개입'을 한 건 분명하지 않은가.

강제징용 재상고 사건이 대법원에 5년 넘게 묶여 있는 사이 소송을 냈던 원고 9명 가운데 8명이 세상을 떠났다. 남은 사람은 94세의 이춘식 씨뿐이었다.

2018년 10월 30일 이씨는 휠체어를 탄 채 대법원 대법정에 들어가 선고공판을 지켜봤다. 재판장인 김명수 대법원장이 판결을 선고했다.

"상고를 모두 기각한다. 상고비용은 피고가 부담한다."

대법정에서 나온 이춘식 씨는 기자들 앞에서 말을 잊지 못했다.

"혼자 있어서 슬프고 눈물이 많이 나오고 울고 싶다. 마음이 아프고 서운하다. 같이 있었으면…"[22]

형법 조문에 나오는 직권남용죄에 해당하는지, 그들이 형사처벌을 받아야 하는지는 다른 문제다. 이 말도 안 되는 5년의 과정을 무엇으로 설명할 수 있을까. 그동안 자신의 권리를 끝내 확인하지 못하고 숨져간 원고들의 한(恨)은 누가 풀어줄 수 있을까.

강제징용 재판이 왜 그토록 오랜 기간 지연돼야 했는지 대법원은 한마디 설명도 하지 않았다. 이민걸 전 기조실장이 법정에서 '행정처의 오만'을 인정했을 뿐이다.

간단히 말씀 드리면 여러 가지로 사법행정에서 중추적인 역할을 했던 저로서는 송구스럽습니다. 이 사건과 관련해서는 어찌됐건 제 개인적으로는 의견서를 고쳐주지도 않았지만, 기본적으로 의견서 제출 과정에 제가 편승해 개입돼서 외교부와 비공식으로라도 의견을 나눴다는 자체는 굉장히 저로서도 잘못했다고 생각합니다. 이 사건 전체적으로는 한마디로 행정처가 너무 오만하게 타성에 젖어, 그런 면에서 잘못이 있지 않았나 생각이 듭니다.*

---

* 이민걸 전 실장은 임종헌 재판에서 증인신문이 끝난 후 재판장이 "그 외에 할 말이 있느

강제징용 재상고 사건은 법원행정처만의 책임이 아니다. 5년 넘게 사건 위에 잠자고 있었던 대법원이 입장을 밝혀야 할 문제다.

길고 길었던 어느 부장판사의 하루

일선 법원은 어떠했을까. 2015년 전주지법의 통합진보당(통진당) 행정소송을 보자. 당시 전주지법 제2행정부(방창현 부장판사)는 헌법재판소의 통진당 해산 후 의원직을 잃은 비례대표 지방의원이 낸 퇴직처분 취소 소송을 진행하고 있었다. 재판부는 그해 7월 22일 변론을 종결하고 9월 16일 판결을 선고할 예정이었다.

당시 법원행정처의 가장 큰 현안은 상고법원 추진과 함께 헌법재판소의 급부상이었다. 헌법재판소가 법원 재판까지 심판 대상으로 삼겠다는 의지를 드러내자 더욱 촉각을 곤두세웠다. 그러던 중 의원직을 잃은 통진당 국회의원들과 비례대표 지방의원들이 법원에 행정소송을 냈다. 법원행정처는 대법원이 헌법재판소에 대한 우위를 확인할 기회로 봤다.

"판결 이유에 '판단 권한은 헌법재판소가 아닌 사법부에 있다'는 내용이 들어가야 한다." 박병대 당시 법원행정처장 주재 회의에서 이규진

냐"고 묻자 이같이 말했다. 그는 "그렇더라도 재판장께서 실체관계에 대해서 정말 제대로 한번 살펴주셨으면 하는 바람"이라는 말로 마무리했다.

양형위 상임위원이 법원행정처 입장을 전주지법 재판부에 전달하는 임무를 맡게 됐다. 이규진은 재판장인 방창현 부장판사와 대학·사법연수원 동기인 심경 사법지원실 총괄심의관에게 말했다.

"판단 권한이 사법부에 있다는 점을 판결 이유에 명시하도록 요청하라. 관련 자료도 줄 수 있다고 전해달라."

2015년 9월 심경은 방창현에게 전화를 걸었다.

"국정감사와 관련해 통진당 소송의 진행경과를 파악해보려고 전화했다. 국회의원과 지방의회 의원은 서로 다르고, 지방의회 의원에 대하여는 법원에서 본안 판단을 해야 된다는 의견이 있다."

심경은 통화 과정에서 방창현이 통진당 지방의원이 낸 청구를 받아들일 생각임을 파악했다.* "필요하면 행정처 검토자료를 보내주겠다." 심경은 '법원행정처가 수립한 판단 방법' 문건을 방창현에게 전달했다.**

법원행정처는 방창현 재판부를 다시 접촉해 선고를 미뤄줄 것을 요청하기로 했다. 전주지법에 대한 국회 국정감사를 앞두고 판결을 선고

---

* 검찰은 2019년 3월 방창현 부장판사를 직권남용 및 공무상 비밀누설 혐의로 불구속 기소했다. 같은 해 6월 24일 2차 공판준비기일에서 방 부장판사 변호인은 "당시는 재판부 합의가 있기 전 단계였다. 합의 이후엔 합의 내용 공개가 금지되지만 그 전에 잠정적 심증 등을 전제로 쟁점을 부각시키고 그것에 대해 논쟁하는 것은 실제 재판에서 얼마든지 있는 일"이라고 주장했다. 또 "심경 총괄심의관이 보고했던 내용 역시 방 부장이 어떻게 판단할 것 같다는 자기 짐작이었다"고 했다. 이에 대해 검찰은 "대법원이 피고인에 대해 정직 3월의 징계를 한 것은 재판장의 잠정적 심증이라도 외부에 노출돼선 안 된다는 의미"라고 반박했다.

** 문성호 당시 사법정책실 심의관은 전주지법 재판부가 원고 청구를 인용할 것으로 예상된다는 내용이 담긴 '통진당 비례대표 지방의원 행정소송 예상 및 파장 분석' 문건을 작성해 2015년 9월 14일 이규진 양형위 상임위원에게 보고했다.

할 경우 비판을 받을 수 있다고 판단했다. 심경이 방창현과 통화를 했다. 선고가 11월 25일로 연기됐다.*

판결 선고 전날(11월 24일) 방창현은 주심인 배석판사가 작성한 판결문 초안을 이메일로 받았다.

'헌법재판소가 비례대표 지방의회 의원에 대해선 의원직 상실 결정을 하지 않았다. 지방의원 지위에 있는 원고가 그 지위를 부정당하고 있는 만큼 그 확인을 구할 이익이 있다.'

'판단 권한이 법원에 있다'는 내용이 판결 이유에 들어가야 한다는 법원행정처 입장은 판결문 초안에 반영돼 있지 않았다.

다음 날인 25일은 기나긴 하루였다. 오전 9시 55분 방창현은 배석판사들과 법정에 들어갔다. 통진당 비례대표 지방의원 재판에서 원고(지방의원) 승소를 선고했다. 그런데 그때, 판결문 원본은 방창현 재판장에게 없었다. 세상 어디에도 존재하지 않았다. 판결문 초안을 수정하지 않은 상태였다.

방창현은 선고 직후 판사실로 돌아와 판결문 재작성 작업에 들어갔다. 실무관에게 행정처 문건 내용을 그대로 타이핑하도록 하고, 이메일로 받은 뒤 판결 이유를 다시 썼다. 1시간 조금 넘게 걸렸을까.

'삼권분립의 원칙상 해산된 정당 소속 비례대표 국회의원 또는 비례대표 지방의회의원의 퇴직 여부를 판단할 권한은 법원에 있다. 법원은

---

* 이규진 상임위원은 문성호 심의관이 작성한 문건 내용에 선고기일 연기 사실을 추가해 같은 해 9월 15일 문건을 완성한 뒤 보고했다.

헌법재판소 정당해산 결정이 있더라도 곧바로 의원이 당연 퇴직되는 것은 아니라고 해석한다.'

방창현은 판결문을 첨부한 이메일을 전주지법 공보관에게 보냈다(낮 12시 2분). 공보관은 이 판결문을 법원행정처 문성호 심의관에게 전달했다. 방창현은 판결문 문단 배열과 일부 문맥을 고친 후(12시 41분) 배석판사에게 보내 전자서명과 판결문 등록 절차를 진행하라고 했다(오후 1시 7분).

문제는 여기에서 멈추지 않았다. 이규진은 전주지법 판결 직후 문성호에게 보고 문건을 작성하라고 지시했다. 문 심의관은 '통진당 지방의원 행정소송 결과보고(전주지법 11. 25. 선고)' 문건을 작성했다.

'전주지법 1심 판결은 위헌정당해산에 따른 국회의원의 퇴직 여부를 판단할 권한이 법원에 있다는 점을 선언했다. 권력분립 원칙의 진정한 의미를 정확하게 파악하고, 헌법재판소의 월권을 지적하였다는 점에서 적절하다.'

전주지법 공보관이 대법원 홍보심의관에게서 전달받은 이 문건을 별생각 없이 무심코 기자들에게 배포했다(오후 3시 37분). 황당하고도 치명적인 실수였다. 이규진은 심경에게 방창현을 입단속 시키라고 한다. 같은 날 오후 6시쯤 방창현은 심경에게서 장문의 문자메시지를 받는다.

'방부장님, 오늘 선고한 명쾌하고 훌륭한 판결 언론에서 잘 보았어요. 다만 노파심에서 한 말씀 드리면, 이번 통진당 판결에 언론이 많은 관심을 갖는 것 같은데. 내가 지난번에 전국 통진당 사건을 정리하면서 방 부장에게 전화를 했는데, 그걸 가지고 일부 언론에서 혹시나 행정처의 재판관여 논란을 삼을 수도 있을 것 같아서. 혹시라도 언론과 접촉할 기회가 있게 되면, 작년에 공보관*을 하셔서 잘 아시겠지만, 적절히 대처해주시면 고맙겠네.'

방창현은 '잘 알겠다'고 답 문자를 보냈다. 무엇을 알겠다는 것일까. 두 사람만 입을 다물면 비밀이 지켜질 수 있음을 알겠다는 것일까. 행정처 검토자료가 심경과 방창현, 두 사람의 통화 과정을 거쳐 전달된 사실이 이미 문건에 기재된 상태였다.

다음 날 언론은 실수로 배포된 법원행정처 문건 내용을 보도했다.

'판결 전문 공개 시 보수 언론은 전주지법 판결에 강하게 문제제기할 것으로 예상됨' '법원행정처-전주지법 간 공보스탠스 공유 완료'[23]

비판 여론이 높아지고 헌법재판소 반발도 예상되자 법원행정처에서 해명자료를 냈다. "주무 심의관의 개인적 의견에 불과하다. 법원행정처 내부에 보고된 적이 없다."**

방창현은 비례대표 국회의원의 퇴직 여부와 관련한 해석 부분을 판결문에서 삭제하기로 한다. 선고 다음 날인 11월 26일 오전 그는 전날 배석판사들이 전자서명한 판결문을 반려한다. 이어 배석판사에게 '비례대표 국회의원 또는' 부분을 삭제하고 판결문을 다시 등록하라고 말한다.

---

* 방창현 부장판사는 2014년 전주지법 공보관(공보판사)을 지냈다. 각 법원 공보판사는 법원행정처와 일선 법원 사이에서 사법행정을 뒷받침하는 역할을 했다.

** 2015년 11월 26일 오전 박병대 법원행정처장 주재로 열린 법원행정처 실장회의에서 임종헌 차장이 헌법재판소를 방문해 해명하고, 이민걸 기획조정실장이 언론과 청와대에 해명을 하기로 결정했다.

전주지법 사건의 불법성은 재판을 통해 가려질 것이다. 하지만 블랙 코미디 같은 과정은 무엇으로도 부인할 수 없다. 이 사건은 일선 법원 재판이 법원행정처의 입김 앞에 얼마나 취약한지 밀도있게 보여준다.

재판 결과에 관한 심증은 반드시 지켜야 하는 비밀이다. 판결 선고 전에 새나가면 얼마든지 악용될 수 있다. 재판에 대한 불신을 키울 가능성도 있다. 이처럼 중대한 비밀의 방어막이 '법원의 내부자들'이라는 이유로 어이없이 뚫려버렸다.

'합의부 재판'이라는 시스템도 심각하게 고장 났다. 합의부 재판은 세 사람의 판사가 대등하게 토론하게 함으로써 보다 합리적인 결론을 내도록 하는 장치다. 재판장이 배석판사들과 제대로 합의도 거치지 않은 채 판결 이유를 고친 게 사실이라면 '재판 부정(否定)'이나 다름없는 행위다.*

전주지법만이 아니다. 행정처에서 전화가 걸려온 다음 판결 이유가 계속해서 바뀌고, 다 끝난 줄 알았던 재판이 다시 열리고,** 판결문 파일

---

* 방창현 부장판사 변호인은 2019년 6월 24일 2차 공판준비기일에서 "판결문 문구에 대해 하나하나 사전 합의를 하는 것은 불가능하고, 결론과 주요쟁점 합의를 거친 뒤 판결문 수정 단계에서 사안별 합의가 이뤄진다. 판결문 수정과 반려 등은 그런 순차적 과정을 통해 합의가 이뤄진 것이다. 순차적 합의를 거쳐 완결된 판결문을 등록하게 한 것을 두고 재판권을 침해했거나 의무 없는 일을 하게 했다고 볼 수 없다"고 말했다. 이에 대해 검찰은 "대등한 법관으로서의 지위를 존중받지 못한 배석판사가 부장판사에게 이의를 제기하지 못한 것을 두고 동의해서 합의가 완성됐다고 주장하는 것은 지극히 형식적인 논리"라고 맞섰다.

** 2016년 11월 고영한 법원행정처장이 윤인태 부산고법원장에게 전화를 걸어 비위 의혹에 연루된 문상배 판사 관련 건설업자 뇌물 재판에 대해 "문 판사가 재직 중인 상황에서 판결이 선고되면 언론 보도 등으로 파장이 클 수 있다"고 우려한다. 이후 변론이 재개됐다가 문 판사 사직 후 1주일이 지난 뒤 판결이 선고된다.

이 선고 전에 전달된다.* 이런 판사들의 모습은 어떤 말로도 변명이 되지 않는다. 법과 원칙에 따라 규범적 사고를 하도록 훈련받았다는 판사들이 왜 이렇듯 상황논리에 따라 행동한 것인가.

2014년 12월 작성된 전교조 법외노조 사건 관련 문건을 보면 이런 글귀가 등장한다.

> 청와대는 전교조 법외노조 통보처분 효력정지 사건이 매우 중요 사건이나 대법원 입장에서 많은 사건 중의 하나에 불과하므로 양 측에 윈윈(양쪽 모두에 유리함)의 결과를 가져올 수 있도록 재항고를 인용함이 상당하다.[24]

그 사건들이 판사들에겐 '많은 사건 중의 하나에 불과'했던 것일까. 재판 하나하나에 걸린 당사자들의 삶이 판사들 눈엔 보이지 않았던 것 아닐까. 오직 대법원장 얼굴과 행정처 조직만이 보였던 게 아닐까.

---

* 서울행정법원은 2015년 8월 서기호 의원이 법원행정처장을 상대로 낸 판사 재임용 탈락 취소 소송에서 원고 패소 판결을 한다. 오후 2시 선고 직전 행정법원 공보관이 판결문 파일을 법원행정처 인사총괄심의관실로 보낸다.

재판 독립 지킨 판사들의 소신

양승태 코트에서도 일선 법원 판사들은 재판 독립을 지키려 노력했다. 이들이 없었다면 법관의 재판상 독립을 규정한 헌법 제103조는 처참하게 무너졌을 가능성이 크다. 외로운 용기가 얼마나 가치있는 것인지 보여주는 증거들이다.

법원행정처는 2015년초 서울행정법원에서 진행 중이던 통진당 국회의원 행정소송을 주시한다. 국회의원직 상실 여부에 대한 판단 권한이 사법부에 있음을 선언하는 계기로 삼으려 했다. 같은 해 5월 이규진 양형위 상임위원이 행정법원 수석부장판사를 만나 행정처 검토 문건을 전달한다. "각하(요건을 갖추지 못해 소송을 종료함)를 하는 것은 곤란하다. 문건 내용을 파악해서 법리를 재판부에 전달해달라."

그러나 같은 해 11월 행정법원 재판부는 행정처의 기대를 정면으로 뒤엎는다. '헌법재판소가 헌법 해석을 바탕으로 구체적 사실관계에 직접 적용해 이끌어낸 결론에 대해 해당 법원이 다시 판단하는 것은 권력분립의 원칙을 침해한다'며 각하를 한 것이다.

행정처는 그해 11월 전주지법에서 일어난 행정처 문건 유출 사고 이후에도 행정처 방침을 일선 법원 판결에 반영하는 작업을 계속한다. 다음 대상은 광주지법의 통진당 비례대표 지방의원 소송이었다.

2016년 1월 6일 이규진은 광주지법 해당 재판부 재판장에게 전화를 한다. 재판장이 통진당 의원의 청구를 받아들이는 쪽으로 심증을 내비치자 이규진은 "청구 기각이 어렵다면 선고 연기라도 검토해달라"고 말한다.* 당시 해당 재판부는 '통진당 의원 승소'로 합의를 마치고 같은 달 14일 판결 선고를 앞두고 있었다.

재판장은 "합의 결과를 바꾸는 게 어떻겠느냐"고 배석판사들을 설득하려 했지만 판사들의 반대에 부딪혀 결국 선고를 미룬다. 배석판사들이 별 생각 없이 재판장의 뜻을 따랐다면 어떻게 됐을까. 사건 하나하나에 깨어 있지 않다면 사건의 운명은 너무도 쉽게 달라질 수 있다.

대법원엔 재판연구관들이 있었다. 전교조 '법외노조' 통보처분 효력정지 재항고 사건의 주심인 고영한 대법관은 2014년 9월 전속조 재판연구관에게 사건 검토를 지시한다. 전속조 재판연구관이 '재항고 기각' 의견으로 보고한 데 이어 형사·근로 공동조 재판연구관, 헌법·행정법 공동조 총괄연구관도 같은 의견으로 보고한다. 대법관은 헌법·행정법 공동조의 다른 재판연구관과 전속조 재판연구관에게 다시 검토할 것을 지시한다. 재판연구관들은 대법관의 거듭된 요구에도 의견을 굽히지 않는다.

외압에 흔들린 판사들도 있었지만 흔들림 없이 재판 독립을 지킨 판사들도 있었다. 그들로 인해 재판 독립이라는 가치가 훼손됐다는 사실에 좌절하지 않을 수 있다. 그들에게서 희망을 본다.

---

* 이규진은 같은 날 '통진당 지방의원 광주지법 행정소송 선고기일 지정' 결과 보고 문건을 작성해 보고했다.

재판은 수학이 아니다

“외교부가 강제징용 재상고 사건에 관한 의견서를 제출하고 싶어 한다. 판결은 어떻게 되더라도 절차적 만족감을 줄 필요는 있다.”

2013년 9월 임종헌 법원행정처 기조실장은 홍승면 대법원 선임재판연구관에게 말한다. 절차에 관한 요구는 좀 받아줘도 결론(판결)에만 영향을 미치지 않는다면 문제가 없지 않느냐는 뉘앙스를 풍긴다.

양승태 전 대법원장은 2019년 2월 26일 보석 심문에서 재판 개입이 없었음을 강조한다.

> 제가 조사받는 과정에서 검사가 우리 재판 절차에 대해 얼마나 이해 못하고 있는가를 뼈저리게 느꼈습니다. 재판 하나하나마다 결론을 내기 위해 법관이 얼마나 많은 자료를 검토하고 깊은 고뇌와 번뇌를 하는지 그 점에 대해 전혀 이해가 없었습니다. 그저 몇 가지 말이나 추측이나 몇 가지 문건을 보고 쉽게 결론을 내는 것으로 생각했습니다.

그는 재판이 ‘몇 가지 말이나 추측, 몇 가지 문건을 보고’ 결론이 나오는 과정이 아니라는 점을 강조한다. 그렇다면 어느 정도가 돼야 재판에 관여하고 재판 독립의 원칙을 훼손하는 게 되는 걸까.

수학을 생각해보자. 문제를 푸는 풀이과정은 여러 갈래일 수 있지만 정답은 하나다. 재판은 수학인가. 답이 딱 하나뿐인가. 그렇지 않다. 이렇게 나올 수도 있고 저렇게 나올 수도 있다. 풀이과정에 따라 당연히 답도 달라진다.

예를 들어, 형사 사건에 중요한 증거가 있다. 재판 과정에서 위법하게 압수된 것으로 판단돼 증거로 채택되지 않으면 결론 자체가 바뀐다. 또 반대신문을 할 수 있는 기회를 주느냐, 주지 않느냐에 따라 결론은 얼마든지 달라진다. 질문을 서면(서류)으로 읽느냐, 법정에서 표정과 말투를 보고 듣느냐가 결론을 좌우할 때도 있다. '절차적 만족감'을 주는 것은 재판 결과에도 만족감을 주는 것이다.

'조언을 해서 더 좋은 결론이 나온다'는 말도 그 자체에 모순을 품고 있다. 조언을 해서 더 좋은 결론이 나온다는 얘기는 곧 재판의 결론이 정해져 있지 않다는 뜻이다. 행정처 '검토자료' 문건을 재판부에 보내거나 재판장에게 전화를 걸어 재판 관련 얘기를 했다면 "재판에 영향을 미칠 의도가 없었다"고 말해선 안 된다. "재판에 '좋은 영향'을 미치고 싶었다"고 말해야 한다. 그게 솔직한 것이다.

'검토자료' '참고자료'라는 명분으로 일선 법원 재판부에 법원행정처의 검토 문건을 내려 보내는 것은 그 자체로 '재판 개입'이다. 판사들의 머릿속에 일단 참고자료가 입력되면 그 자료의 단어들과 상황을 인식하게 된다. 한번 검은 잉크에 물든 옷감은 깨끗해질 수 없다. 긍정적으로든, 부정적으로든 그 참고자료의 영향을 받을 수밖에 없다.

또 하나, 법원 내부에 광범위하게 퍼져 있는 논리가 있다. '만약 외부 압력에 조금이라도 영향을 받았다면 그건 재판하는 판사들의 잘못이다.' 이 논리는 이런 말들로 변용되곤 한다.

'판사가 법원 내부나 외부에서 압력이나 청탁을 받으면 당당하게 버티면 되는 일이다. 그걸 갖고 사법행정권 남용이라고 말하는 자체가 나약한 판사라는 얘기다.'

'판사가 이런 저런 얘기 다 듣고 판단만 제대로 내리면 되는 것 아니냐.'

양승태 코트에서 일어났던 일들을 생각해보자. '압력'이나 '얘기'에 꿋꿋하게 버틴 행정처 판사들이 과연 얼마나 있었는가. 일선 법원 판사 중에도 행정처 전화 한 통에 쩔쩔맨 이들이 분명히 있지 않았는가.

더욱이 압력은 교묘해지고 내면화되고 있다. 유신시대나 제5공화국 때는 외부의 압력에 맞서면 판사사회 내부에서 박수를 받았다. 민주화로 외부의 압력이 사라진 대신 법원 내부의 압력은 훨씬 세졌다. 내부의 압력에 순응하지 않으면 판사로서의 평판에 금이 가고 판사사회에서 따돌림을 받게 된다. '이제는 양심껏 재판할 수 있는 시대'라고 하지만 오히려 법관의 양심을 지키기 어려워진 측면도 분명히 존재한다.

적어도 '영향 받은 사람이 잘못'이라는 얘기를 대법원이나 법원행정처에서 해서는 안 된다. 영향을 미칠 수 있는 힘을 가진 사람이 영향을 미쳐놓고 '왜 영향을 받았느냐'라고 말한다면 그것은 용서받지 못할 행동이다. 도덕적 비난을 자신이 아니라 상대방을 향하게 하려는 것 이상도, 이하도 아니기 때문이다.

양승태 전 대법원장이나 임종헌 전 차장이 "재판에 관여하지 않았다"고 단언할 때, 그 말은 자기확신에서 나온다. "영향을 미칠 정도는 아니었다"고 말하는 것은 단순한 변명이 아니라 스스로의 행동을 그렇게 합리화해왔을 가능성이 크다. 의도가 무엇이든, 과정이 어떻든 '사법부를 위한다'는 목적만 있으면 결론은 모두 올바른 것인가.

일선 법원에서 법원행정처 전화를 받거나 문건을 전달받았던 판사들은 "나는 영향 받은 바 없다"고 말할지 모른다. 법원행정처에서 받은 문건이나 통화 내용과 같은 결론이 나왔더라도 그건 어디까지나 "내가 판단해 내린 결론"이다. 내가 내린 내 결론을 끝까지 옹호하는 수밖에 없다.

어떤 판사들은 말한다. "만약 선배 판사의 조언이 없었다면 법원이 비난받을 수도 있었다." 좋은 결론인지, 아닌지는 오직 사건만 놓고 판단해야 한다. "법원이 비난받을 수 있었다"는 것은 조직논리일 뿐이다. 판사가 양심에 따라 판결을 내려서 법원 전체가 비난받게 된다고 그 판결을 어떻게 나쁜 판결이라고 말할 수 있는가. 비난받지 않는 판결을 하겠다는 것은 재판하는 자들의 자기부정 아닌가.

이것 하나만 생각해보자. 만일 사법행정권 남용 사건 재판부에 지금의 법원행정처가 '검토자료'를 보낸다면 그것이 재판 개입이 아니라고 할 수 있겠는가. 그 검토자료와 통합진보당 행정소송 검토자료가 다른 게 무엇인가.

8

‘사법농단’을 넘어, ‘조직논리’를 넘어

2015년 3월 16일이었다. 그날 새벽, 세 살배기 여자 아이가 엄마를 잃었다. 엄마는 해고된 KTX 승무원이었다.

가족의 꿈이 산산이 부서진 건 불과 20일 전(2월 26일)이었다. "KTX 여승무원은 코레일 근로자가 아니다." 대법원 판결로 1심과 2심의 '승소' 판결이 뒤집혔다. 3년 6개월 만이었다. 8640만 원. 엄마는 항소심 판결 후 받았던 4년 치 임금과 소송비용을 돌려줄 길이 막막했다.

같은 해 7월이었다. 법원행정처 판사가 키보드를 두드리고 있었다. '정부 운영에 대한 사법부의 협력 사례.' 대통령과 대법원장 회동에 쓰일 말씀자료를 만들고 있었다. 아이에게서 엄마를 빼앗아간 그 판결도 협력사례에 올라갔다.

'공공부문 민영화와 관련한 여러 쟁점이 관계된 사안에서 결국 한국철도공사가 근로계약의 당사자가 아닌 것으로 인정함.'

무미건조한 단어들엔 작은 빈틈도 없었다. 어느 한구석 사람이 설 자리가 없었다. 쌍용차, 과거사, 긴급조치, 키코… 익숙한 이름의 대법원 판결이 '협력사례'에 올랐다. 사람과 그 가족이 주렁주렁 매달린 사건들이었다.

"해고 노동자 사건은 협력사례에서 빼면 어떨까요. 마음이 아파서 못 쓰겠습니다."

그때 누군가는 이런 말을 했어야 했다. 그들이 사람을 생각할 줄 아는 판사였다면…

대법원의 생각은 달랐다. 대법원 판결을 놓고 '재판 거래' 의혹이 불거지자 2018년 6월 대법원이 참고자료를 냈다. 'KTX 승무원 사건 판결은 재판연구관실의 집단지성과 소부 대법관 전원의 의견이 일치한 결과다.' KTX 승무원 관련 하급심 판결 5건 중 4건이 대법관 판결과 달랐다. 집단지성이라는 말은 어디에 쓰여야 하는가.[1]

2019년 5월 9일 김명수 대법원장은 '사법행정권 남용' 의혹 조사와 감사를 마무리한다면서 이렇게 말했다.

"우리 법원 가족들께도 저와 함께 '좋은 재판'을 구현함으로써 사법부에 대한 국민의 신뢰를 회복할 수 있도록 지혜를 모아주시기를 부탁드립니다."

'법원 가족'. 이 두 단어에서 대법원장의 사법철학이 드러난다. 그가 왜 그동안 주저하고 망설였는지 알 것 같다. 그 판사들을 한 가족으로 여기고 있었다. 판사는 독립하여 양심에 따라 재판하는 헌법기관 아닌가. 그들이 어떻게 한 가족이 될 수 있는가. '○○ 가족'은 가부장제 사회의 언어다. 조직논리의 주문(呪文)이다.

"다수의 동료 법관들과 직원들이 힘든 일을 겪는 것을 지켜보면서 안타까운 마음을 금할 수 없었고…"(김 대법원장 입장문). 양승태 전 대법원장과 다르지 않았다. 양 전 대법원장이 '엄한 아버지'였다는 게 다를 뿐이다.

아이 엄마도 '가짜 가족'에 깜빡 속았는지 모른다. 2004년 승무원들이 '정규직 전환'을 믿고 입사했을 때 철도청장은 말했다고 한다. "우린 가족입니다." '철도 가족'에 가슴 설렜을 승무원들에게 대법원은 '당신들은 가족이 아니다'고 했다. 그 대법원이 '법원 가족'에겐 안타까워서 조사도, 징계도 더이상 못하겠다고 한다. 대법원이여, 가족은 그렇게 쉽게 부를 수 있는 존재가 아니다.

부디 가족을 말하기 전에 엄마 잃은 아이를 생각했으면 한다. 그 아이의 아픔을 헤아리고 가슴 깊이 반성하는 것이 사법이 사법농단을 넘어서고, 공적 가치가 조직논리를 넘어설 수 있는 길이다.

형사재판에 모든 것을 맡길 수는 없다

> 공무원이 직권을 남용하여 사람으로 하여금 의무 없는 일을 하게 하거나 사람의 권리행사를 방해한 때에는 5년 이하의 징역, 10년 이하의 자격정지 또는 1천만 원 이하의 벌금에 처한다.

양승태 전 대법원장과 박병대·고영한 전 법원행정처장, 임종헌 전 차장… 전·현직 고위 법관들에게 검찰이 공통적으로 적용한 형법 제123조, 직권남용권리행사방해죄 조항이다.

강제징용 재상고 사건 문건 작성, 통합진보당 행정소송 재판 개입, 인사 불이익을 통한 내부 비판·재판 독립 억압, 국제인권법연구회 와해 시도, 법관 관련 사건 영장청구서 사본 유출…

공소장에는 사안 사안마다 '위법·부당한 지시를 통해 판사들에게 의무 없는 일을 하게 하였다'는 문구가 반복된다. 혐의가 사실인지 여부를 놓고 치열한 공방이 벌어지고 나면 그다음 단계는 법적인 판단이다. 공적 가치와 조직논리의 문제가 본격적으로 다뤄지게 된다.

나는 그 과정에서 판사들이 길을 잃지 않기를 바란다. 판사들이 무슨 길을 잃느냐고?

판사들은 지금껏 직권남용이라는 범죄를 수없이 다뤄왔다. 하지만 '법관들의 직권남용 혐의'를 재판하는 건 처음이다. 자신들의 일이 아닌 줄 알았던 '직권남용'을 자신들의 일로 보게 된 것이다. 스스로를 규범적으로 평가하게 된 것이다. 이건 처음 있는 일이다.

'아. 우리가 현실을 너무 모르고 재판했구나. 세상이 그렇게 원리원칙대로 돌아가는 게 아니구나.'

그런 판단에서 멈추는 순간, 공적 가치는 조직논리의 수준으로 추락한다. 그 결과 사법행정권 남용을 오히려 합리화하고 양성화시켜줄 수 있다. 자칫하면 공직자들에 적용되는 직권남용 기준 자체가 뒤로 후퇴할 수도 있다. 이탄희의 사직서 제출에서 촉발됐던 판사들의 '진상규명' 요구가 오히려 정반대의 상황을 부르게 되는 셈이다.

내가 말하고 싶은 건 유죄냐, 무죄냐의 문제가 아니다. 결론이 어떻게 나오든 '공적 가치의 관점'을 놓치지 말고, 그것을 끝까지 붙들고 고민해야 한다는 것이다. 그 고민이 진지하고 유효해야 한다는 것이다.

그럼에도 인정할 수밖에 없는 것은 형사재판에 모든 것을 맡길 수 없다는 사실이다. '법관의 재판상 독립'은 개개인의 형사책임을 묻는 형사재판이 품기엔 너무 큰 가치다. 재판 독립은 범죄 여부를 따지는 과정에서 보조적 역할을 할 뿐이다. 형사법정은 재판 독립의 견지에서 어떤 행위는 허용되고, 어떤 행위는 금지되는지를 판가름해 말할 수 있는 자리가 아니다.

이를테면 이런 경우는 어떻게 판단해야 할 것인가. 8~9년 전, 법원행정처 고위 간부에게서 들었던 얘기다.

"국회의원들이요? 재판 관련 민원을 많이들 하시죠. 그래도 저는 한 번도 재판부에 전화를 건 적이 없습니다. 절대 그래선 안 되잖습니까. 제가 직접 법전 찾아보고 판례 뒤져서 어떻게 해야 하는지 알려드렸죠. 신기하게 제 조언이 대부분 맞아서 잘 풀렸던 거 같습니다."

그는 자신이 재판 독립이라는 원칙과 대(對)국회 업무라는 현실 사이에서 얼마나 줄타기를 잘하고 있는지 말하고 싶었던 것이리라. 나 역시 그에게 "대단하시다"고 말했다. 정말 그렇게 생각했다.

그때 그 행정처 간부의 '무료 법률 컨설팅'엔 문제가 없었을까. 컨설팅을 받았던 의원들은 그 간부가 재판부에 전화해서 좋은 결과를 얻었다고 여기지 않았을까. 의원들 눈에 재판 독립이라는 가치는 무너졌던 것 아닐까. 판사인 행정처 간부가 법전과 판례를 찾아서 조언을 해준 것과 재판부에 전화를 한 것은 정도의 차이가 있을 뿐, 본질적인 면에서 다른 게 없는 것 아닐까.

판사들에게 행위의 기준을 제시하는 일이 중요한 건 그래서다. 헌법 제65조 1항은 법관이 그 직무집행에 있어 헌법이나 법률을 위배한 때에는 국회는 탄핵소추를 의결할 수 있다고 규정하고 있다. 정치적 사건과 관련된 법원 판결과 절차 진행에 대한 수상한 문건을 작성하고, 재판부에 행정처 의견을 전달하고, 특정 재판과 관련해 정부 관계자와 재판 방향을 논의한 것은 명백하게 재판 독립을 침해한 것이다.

또한 법관윤리강령은 사법권 독립의 수호와 품위 유지, 공정성 확보, 직무의 성실한 수행을 의무화하고 있다. 특히 다른 법관의 재판에 영향을 미치는 행동을 하지 않는 것은 물론이고, 재판에 영향을 미치거나 공정성을 의심받을 염려가 있는 경우엔 법률적 조언을 제공하지 않도록 규정하고 있다.

판사들의 말과 행동 하나하나를 헌법과 법관윤리강령에 비춰봄으로써 무엇을 할 수 있고, 무엇을 할 수 없는지를 분명하게 제시해야 한다. 그래야 똑같은 문제가 재발하는 상황을 막을 수 있다.

정확한 징계와 탄핵 절차가 요구되는 것은 단순히 '잘못한 사람'을 응징해야 하기 때문이 아니다. 그 과정 없이는 한 치도 앞으로 나아갈 수 없기 때문이다. 과거로 복귀하는 일은 없을 것임을 확정하는 절차를 거치지 않는 한 미래로 나아갈 수 없다. 과거와 현재, 미래가 '어설픈 용서' '가짜 화해'에 뒤엉켜 있어서야 되겠는가.

'행정처'는 한국사회 곳곳에 존재한다

지금 드러난 '사법농단' 뒤에는 이 사회 곳곳의 농단*들이 모습을 감추고 있다. 한국사회는 서로가 서로의 '조직논리'에 기대 움직이는 가부장제의 연합체다. 입술이 없으면 이가 시린 걸까. 사법행정권 남용에 자꾸 이상한 프레임들을 갖다대려는 시도들에서 그들의 위기감이 느껴진다.

지나온 사건들을 돌이켜보자. 사법농단은 어느 순간 하늘에서 떨어진 게 아니다. 사법부와 판사들이 자기들끼리 허공에서 벌인 일이 아니다. 청와대 권력, 정부 권력, 국회 권력, 언론 권력… 권력들이 '손에 손 잡고' 벌인 일이다. 지금은 대법원장과 법원행정처만 보이지만 가려진 절반의 모습을 복원할 때 정확한 진상을 확인할 수 있다.

한국의 조직 하나하나에 확대경을 대보면 제2, 제3의 '행정처'가 보인다. 정부에도 있고, 검찰에도 있고, 정당에도 있고, 기업에도 있다. 대학에도 있고, 언론사에도 있다. 명칭만 다를 뿐, 조직들이 존재하는 곳엔 반드시 조직논리를 재생산하는 행정처들이 있다.

'행정처'로 대표되는 한국의 조직논리는 공적 조직들이 척박한 상황에서 태어난 데서 기인한다. 경북대 로스쿨 김두식 교수의 『법률가들』

---

* 농단(壟斷)은 깎아지른 듯이 높이 솟은 언덕이란 뜻으로 권력과 이익을 혼자서 독차지하는 것을 말한다. 권력과 이익이 모두 위로 몰리는 일종의 피라미드를 연상하면 되지 않을까.

(창비 2018)에는 한국 법조계가 어떻게 탄생했는지, 그 스산하고 혼란스러웠던 나날들이 실핏줄까지 그려진다. 2차 세계대전 패망 후 일제가 남기고 간 '폐허' 위에 법원과 검찰, 변호사업계가 얼기설기 세워졌다. 정부와 군, 기업, 언론사도 마찬가지였다.

생존을 위해 중요한 건 인맥과 운(運)이었다.* 법률가들도 운이 나쁘면 '빨갱이'로 몰려 죽든지 북으로 가야 했고, 운이 좋으면 사법부의 수장이 됐다.** 그런 개인들이 모여 조직을 만들고 키워냈다.

"정의로운 검찰 조직을 만들어봅시다."

"시민들을 위해 재판하는 법원이 됩시다."

군은 결의와 다짐으로 시작되지 않았다. 새롭게, 잘해보자는 마음들은 있었겠지만 매일의 일상으로 이어지지 않았다. 일상으로 이어지지 않는 조직의 목표는 화석이 돼갔다. 실제 목표는 분명했다.

"가치를 실현하려면 조직부터 살아남아야 한다."

그렇게 수십 년을 살다보니 "가치를 실현하려면"은 사라지고, "조직부터 살아남아야 한다"만 남았다. 정치컨설팅그룹 '민'의 박성민 대표는 한국의 보수가 군인들이 지배하던 '안보 보수'에서 머니 콤플렉스

---

* 『법률가들』은 출신지역과 출신학교가 해방공간의 극렬한 좌우대립 속에서도 얼마나 중요했는지를 지적한다. 좌우로 나뉘어 싸우면서도 같은 지역 출신 인사들끼리는 위기의 순간에 구명의 손길을 내밀어주곤 했다.

** 『법률가들』에 따르면 유태흥 대법원장은 1945년 8월 15일 조선변호사시험 응시 중 해방이 되면서 응시만으로 합격증을 받았던 이법회(以法會) 출신이다. 그는 미군정 시기에 치러진 1948년 2회 변호사시험에 다시 응시해 합격했다. 고등부장 승진에서 동기인 김두현 부장판사에게 뒤졌으나 김 부장이 정계로 가면서 그의 자리를 이어받는다. 이후 서울형사지방법원 수석부장판사, 대법관, 대법원장으로 승승장구한다.

에 사로잡힌 '시장 보수'로 변화했다고 지적한다.

'문제는 한국의 보수가 안보와 성장, 즉 북한과 돈 외에는 세상을 보는 다른 프레임을 갖고 있지 못하다는 것이죠.'[2]

'안보'를 다른 말로 하면 '생존'이다. 생존과 성장 말고는 다른 어떤 비전도 갖기 힘들었던 건 보수 정치만이 아니다. 한국의 조직들이 대개 그러했다. 시장에서 가치든, 뭐든 내다팔며 생존했고, 성장했다. 그리하여, 우리 앞에 보이는 것이 '시장 법원' '시장 검찰' '시장 정부' '시장 언론'이다.

생존과 성장이 목표인 상황에서 조직원들에게 주어진 선택지는 '조직에 갇혀' 살고, '조직을 위해' 사는 것이다. 그러면서 저마다의 인정 욕구를 채우는 것이다. MBC 기자 이용마는 검찰, 기획재정부, 외교부를 출입하며 자신이 느낀 점을 이렇게 말한다.

> 이들의 조직논리는 이미 국민의 상식에서 벗어나 있지만, 여전히 자신들이 지극히 현실적이라는 착각 속에 살고 있다. 왜 이렇게 되었을까? 그 이유는 간단하다. 엘리트들은 평생 자기 조직에만 갇혀 살았고, 그 밖으로 나간 적이 없기 때문이다. 자기들끼리 서로 엘리트로 인정해주고 자기들끼리 보상해주며 살았다. 조직논리를 흔드는 외부의 침입이 감지되면 똘똘 뭉쳐 조직을 보호했다. 지극히 편협한 조직논리에 갇혀 있으면서도, 자신들만이 절대 진리를 담지하고 있는 양 큰소리친다.[3]

이용마의 지적대로 조직논리가 기승을 부리는 것은 갇혀 있고 닫혀 있기 때문이다. 행정처 판사들은 문건 형식이나 파일 제목만 바꾸면 자신들의 '음습한 비즈니스'가 가려진다고 생각했다. 외부인이 컴퓨터를 열어볼 거라는 생각은 꿈에도 하지 않았다. 대법원장을 한마음으로 받드는 '한마음 체육대회'가 열릴 수 있었던 것도 법원이 외부와 철저히 차단돼 있었기 때문이었다.

어떻게 해야 할까. 햇빛만큼 강력한 정책은 없다. 투명성을 높이면 조직논리가 설 곳은 사라질 것이다. 시민들이 조직의 내부까지 들여다볼 수 있게 하라. 조직의 문 앞에 걸린 빗장을 풀고 누구든 들어와서 볼 수 있게 하라. 그것으로 조직논리 너머의 신세계를 열어젖힐 수 있다. 문 하나가 열리면 다른 문들도 열리기 시작할 것이다. 개혁은 연결될수록 완벽해진다.

진실 한 조각, 내 마음의 자술서

법원행정처를 이야기하면서 나의 경험을 말하지 않는 건 마음이 편치 않다. 왠지 반칙 같다는 느낌이 든다. 내가 법조를 취재하면서 목격했던 일, 들었던 일, 했던 일을 말하는 것이 글 쓰는 자의 작은 예의라고 믿는다.

"당신은 법조를 취재하게 될 거야." 신문사에 입사하자마자 들은 얘기였다. 내가 대학에서 법을 전공했기 때문일 것이다. "법이 싫어서 기자가 됐는데요." 볼멘소리를 했지만 결국 법조팀에 가야 했다. 홍준표

검사가 '슬롯머신 사건'을 수사하던 1993년 5월이었다.

첫 출입처는 대법원·대검찰청이었다. 지금 덕수궁 옆 서울시립미술관 자리에 대법원이 있었다. 법원행정처는 중부등기소로 쓰이는 건물에 있었다. 법원행정처에 가면 행정처 차장, 기획조정실장, 국장들, 그리고 심의관들이 있었다. 가장 젊은 심의관이라고 해도 나보다 10년 이상 연배가 많아서 늘 조심스러웠다.

내가 법원과 법조에 대해 안다고 말할 수 있는 것의 8할은 그 시절, 그 심의관들로부터 배웠다. 판사들이 어떻게 일하는가. 대법관들은 어떻게 다른가. 법원행정처라는 곳은 왜 필요한가. 그들은 나의 멘토였다. 한 사람 한 사람, 아는 것도 많았고, 인품도 좋았고, 무엇보다 유능했다. 흠잡을 데가 없었다.

그해 9월 9일이었다. 사법부 재산공개 과정에서 부동산 투기 의혹이 제기됐던 김덕주 대법원장이 사퇴할지가 주목받고 있었다. 법원행정처 사무실을 돌아다니다 한 고위 간부 방에 들어갔다.

"대법원장님께서 거취를 고민하고 계십니다. 청와대에서 처음엔 문제없다고 하더니…"

회사로 복귀해 기사를 썼다. '김덕주 대법원장 거취 표명할 듯.' 1면 톱이었다. 저녁이 되자 '삐삐'가 정신없이 울리기 시작했다. 평소 존댓말로 대하던 한 심의관은 다짜고짜 욕설을 퍼부었다. "이××, 어떻게 네가 그럴 수가 있어! 우리 대법원장님을…" 잠시 후 삐삐가 울렸다. 다른 심의관이었다. 차분한 목소리였다.

"권 기자. 이미 쓴 기사, 어쩔 수 없을 거 아니오? 기사 중에 '대법원

관계자는…'으로 시작되는 멘트 있잖아요. 그것만 바꿉시다. 말한 사람이 다칠 수 있어요. '거취 표명할 것으로 보인다' 이렇게 고쳐주면 될 거 같은데…"

다음 날 아침 기자실로 출근했다. 분위기가 서늘했다. "권석천 씨. 행정처에서 그거 오보라던데?" 2~3시간 지났을까. 기자실로 전화가 걸려왔다.

"예? 대법원장이 사퇴하신다고요? 아…"

특종과 오보는 종이 한 장 차이일까. 김덕주 대법원장이 사퇴문을 발표했다.

'본인의 사임으로 사법부의 모든 현안이 원만하게 수습되기를 간절히 바랍니다.'

"권 기자가 쓴 기사 때문에 대법원장님이 그만두신 거 알아요?"

농담인지, 진담인지 모를 말에 미안한 마음이 들었다.

행정처 판사들과 밀착돼 있었기 때문일까. 청와대, 국회와의 갈등에서 사법부 쪽에 서는 것이, 사법부 독립을 지키는 것이 올바른 일이라고 생각했다. 대법원이 검찰이나 정치권과 앙앙불락할 때 "종로경찰서보다 힘이 약한" 대법원을 돕는 게 정의롭다고 여겼다. 판사들과 밥자리, 술자리를 하며 부지불식간에 그들의 생각에 젖어들었다. 그러는 과정엔 '민원'이라는 것도 있었다.

"이거 회사 일인데 대법원에 민원 좀 전달해줘."

민원(民願)은 정부 기관에 정당한 요구를 하는 듯한 느낌을 준다. 민원이라는 말로 추함을 감추고 별것 아님을 가장하려든다. 실은 밖에 꺼

내놓기 힘든 청탁이었다. '회사 일'이라는 생각이 그래도 마음을 편하게 해줬다. 주저하다 말을 꺼내면 행정처 판사들은 "앞으론 편하게 얘기하시라"고 했다. 그들 역시 '법원 일'이라 마음이 편했던 걸까.

'다른 신문은 말도 못하게 법원을 압박하는데…' 내가 위안을 삼은 건 타사의 행태였다. 어디까지나 상대 우위였을 뿐 본질적 차이는 없었다. 해서는 안 될 부탁이었다. 때로는 법률 검토, 판례 검토를 요청하기도 했다.

그때, 나는 판사들과 고담준론도 하고, '뒷담화'도 하고, 밥 먹고 술 마셨다. 그들은 스스럼없었지만 넘지 말아야 할 선(線)은 넘지 않았다. 한마디로 '나이스'했다. 꽤 오랫동안 법조를 떠나 정치부·경제부 기자 생활을 할 때도 잊지 않고 전화하고 만났다.

경력기자가 되어 법조에 돌아와서도 기댈 곳은 법원행정처였다. 야심을 주체하지 못하는 검사들보다 깔끔하고 스마트한 판사들이 대하기 편했다. 이젠 나이도 엇비슷했다. 말도 잘 통했다. 행정처 판사들이 없었다면 나는 법조에 뿌리를 내리지 못했을 것이다.

그러던 시절에 있었던 일이다. 어느날 오후 한 유력 신문을 성토하던 법원행정처 간부와 몇 시간 뒤 서초동 식당가 뒷골목에서 다시 마주쳤다. 그는 그 유력 신문의 법조팀장과 손을 잡고 걸어가다 나를 발견하자 슬며시 손을 뗐다. 어색하게 웃음 짓는 그를 보며 "식사하셨어요?" 하고 미소를 보냈다. 뭐, 바람피우다 들킨 것도 아닌데 놀랄 것까지야…

임종헌 차장과 만난 것도 그즈음이었다. 그는 범상치 않았다. 몸 바쳐 일했고, 몸 바쳐 술을 마셨다. 그 사람처럼 성의를 다해 대하는 사람은 만나지 못했다. 스스로를 낮춤으로써 상대방을 미안하게 하고, 무장해제하게 만드는 능력이 있었다.

행정처가 모든 자원을 동원해 상고법원 도입을 추진하고 있을 무렵, 기사나 칼럼을 써주지 않는 나 자신이 미안해졌다. 미안함에서 빠져나온 건 영화 「소수의견」을 볼 때였다. 영화에 기자로 나오는 김옥빈이 변호사(윤계상)에게 던지는 한마디에 그동안 묵었던 체증이 내려갔다. 지금도 대사를 기억한다.

"누구에게든 미안해지면 기자 못해요."

그 한마디에 생각의 각도가 달라졌다. 내가 왜 미안해하지? 내가 독자를 위해 기사를 쓰는 거지, 취재원을 위해 쓰는 건 아니잖아. 그러나 나는 '써주지 않는' 선에 멈춰섰다. 비판의 날을 세우지는 않았다. 기자로서 마땅히 해야 할 책무를 저버렸다.

임종헌은 '최선의 최선'을 다했다. 업무에서나, 인간관계에서나 매회마다 마운드에서 전력투구를 했다. 임종헌만이 아니었다. 법원행정처 판사들은 하나같이 열심히 일했다.

"제가 행정처에 온 것만으로도 영광입니다. 정말 모든 걸 걸고 일해야죠."

한 심의관이 내게 고백한 것은 그 혼자만의 다짐이 아니었다. 행정처 모든 판사들의 각오였다. 행정처로 선발됐다는 건 그들에게 존재의 증명이자 가문의 영광이었다.

돌이켜보면, 내가 아는 판사들의 9할을 법원행정처에서 만났다. 일선 법원에서 재판만 하는 판사들은 거의 접하지 못했다. 법조계에서 나의 준거집단은 법원행정처였다. 그들의 눈으로 판사들을 이해했고, 법조계를 바라봤고, 검찰을 인식했다. 행정처 판사들이 최고인 줄 알았다.

그러기에 와르르 쏟아진 문건들에 배신감이 컸다. 나와 만나고 있을 때, 이런저런 문건으로 언론 대응 전략을 짜고 있었던 것인가. 배신감은 상실감이기도 했다. 가끔씩 안부를 주고받던 그들과 연락이 두절됐다. 내가 먼저 연락하기 주저됐다. 신문에 실리는 칼럼을 보며 그들이 내게 거리를 뒀을 수도 있다.

이 책 작업을 하는 내내 저녁이면 술 한 모금이 간절했던 건, 이 글을 쓰는 지금도 얼굴을 펼 수 없는 건 그들에 대한 이야기를 쓰고 있어서다. 다시 그 대사를 떠올린다. "누구에게든 미안해지면 기자 못해요." 미안해서 도저히 못 쓰는 날이 오면, 그날 나는 펜을 꺾을 것이다.

이제 짧은 자술서를 마치면서 고백하고자 한다. 나도 그들과 '같은 생각의 울타리' 안에 살았음을. 그들과 동일한 조직논리를 좇으며 살던 '다른 조직의 조직원'이었음을.

새로운 시대는 이미 시작됐다

고유한 의미의 사법권은 물론이고 사법입법권과 사법행정권까지 사실상 독점한 법원은 민주공화국 대한민국의 영토 위에 대법원장과 그 가신들이 통치하는 그들만의 왕국을 건설했다. 국왕에게서 수여받은 봉토 위에 소왕국을 건설했던 중세 봉건영주들처럼.

이제 사법부 버전 3.0을 출시하지 않으면 안 되는 상황이다 (…)

버전 3.0은 우리가 독립기구형 또는 협치형이라고 명명한 모델에 기초할 수밖에 없을 것이다. 현재의 법원행정처를 재판작용을 담당하는 법원에서 분리해야 한다. 그리하여 새로운 사법행정기구를 설치하고 그 운영에 입법부, 행정부,법원에서 선출된 대표가 함께 참여하도록 한다. (김도현 동국대 법대 교수)[4]

그래도 희망을 이야기할 수 있는 건 변화가 시작되고 있기 때문이다. 변화의 첫 징후는 판사 이탄희의 저항이었다. 이탄희가 부당한 지시에 사표로 저항하면서 '사법농단'은 중단될 수 있었다.

2017년 2월 법원행정처 기획2심의관 이탄희가 부당한 지시에 순응했다고 가정해보자. 사법농단과 비슷한 일들이 아무도 알지 못한 채 지금 이 시각에도 진행되고 있을 것이다. 행정처 판사들은 자신의 잘못된 행동을 애써 속이며 행정처장, 차장의 손짓에 따라 유능하게 일하고 있을 것이다.

대법원장이 바뀌고, 처장과 차장이 교체됐으니 달라지지 않았겠느냐고? 나는 그렇게 생각하지 않는다. 대법원장 얼굴이 바뀌어도 강도만 다를 뿐 사법행정권 남용은 계속되고 있을 가능성이 크다. 일상이 달라지지 않는 한 습관은 고쳐지지 않는다.

"우린 그래도 양승태 대법원장 시절만큼은 아니잖아요."

"임종헌 대법관께서 행정처 차장 하실 땐 정말 그립(장악력)이 대단하셨는데…"

양승태 코트와 비교하며 이 정도면 문제가 안 될 거라 여기고 있을 것이다. 여전히 정세분석 문건을 작성하고, 국회의원들을 접촉하고, 언론을 관리하고 있을 것이다. 그러다 다시 강한 캐릭터의 대법원장이 등장하고, 임종헌과 같은 스타일의 법관이 행정처 차장으로 오면 그때 그 모습으로 돌아갈 것이다. 순.식.간.에.

이탄희의 사표는 우리에게 행운이었다. 덕분에 우리는 우리가 어떤 사람들에게 재판받는지 알게 되었다. 법관들 머릿속에 어떤 생각이 숨어 있는지 확인할 수 있었다. 사법의 권력화가 얼마나 무서운 일인지 실감할 수 있었다.

'사법농단' 사태는 구시대적인 시스템이 더이상 기능할 수 없음을 보여주는 상징적 사건이다. 내부자 몇몇이 입을 맞춰 은폐하면 감출 수 있는 시대는 지났다. 법원에도 교과서에서 읽은 대로 사고하고 행동하는 세대가 등장하고 있다. 이탄희의 저항은 새로운 세대의 계절이 오고 있음을 알리는 예고편이다.

뒤이어 나타난 희망의 징후는 전국법관대표회의다. '판사 블랙리스트' 진상규명을 요구하며 시작됐던 판사들의 자발적인 회의체가 법원의 공식 기구로 자리 잡았다. 이 전국법관대표회의는 신영철 전 대법관 재판 관여 사태, 서기호 판사 재임용 탈락 때 열렸다가 사그라들었던 법원별 판사회의와는 그 규모와 비중이 다르다.*

---

* 미국의 사법회의(Judicial conference)는 연방 대법원장까지 27명에 불과하다. 한국의 전

재판 독립 같은 법원 내부의 문제를 풀어갈 수 있는 논의의 장(場)이 펼쳐지고 있다. 판사들의 끝장 토론을 통해 법원은 자율적인 변화의 길을 모색해갈 것이다. 그들이 제대로 길을 잡아가기 위해선 시민사회의 지속적인 관심이 필요하다. 스크린도어 속 판사들의 집단사고를 교정해줄 수 있는 건 오직 시민들뿐이다.

또 하나의 중요한 징후는 시민들 자신들로부터 나타나고 있다. 공정한 재판과 올바른 판결에 대한 바람이 커졌다. 맹목적인 요구나 비판으로 본다면 착각이다. 임시정부부터 4·19, 5·18, 6월항쟁, 그리고 2016년 12월까지 모든 고비마다 공적 가치를 일으켜 세운 것은 시민들이었다.

시민들의 직관을 우습게 봐선 안 된다. 그들의 집단지성은 판사들의 지능을 뛰어넘는다. 시민들은 법원행정처와 대법원장 비서실에서 근무한 판사들의 재판이 왜 불안한지 간파하고 있다. 높은 법리의 성채가 얼마나 허구적인지 삶에서 우러난 상식으로 체감하고 있다.

양승태 코트의 판사들은 어떻게든 무죄를 받아내 그 모든 사태를 없던 일로 만들고 싶은 것 아닐까. 김명수 코트의 판사들은 왜 갈피를 잡지 못한 채 관료사법의 흉내를 내는 것일까. 사법농단 재판에 가급적 나오지 않으려고 불출석 사유서를 내는 게 판사들이 할 일일까.

그러나 환멸에 빠지지도, 두려워하지도 말자. 새로운 시대는 이미 시작됐다. 과도기가 조금 길게 이어지고 있을 뿐이다. 2016년 겨울 시민들

국법관대표회의는 100명이 넘는 법관들이 각 법원을 대표해 참여해서 사법행정에 대해 적극적으로 의견을 낸다. 전국법관대표회의는 전국 전체 법관의 기수별 분포를 거의 정확하게 반영하고 있다.

의 함성이 새로운 시대를 열었다. 그들의 함성 속에 판사 한 사람 한 사람의 마음이 모여 판사회의를 열었고, 전국법관대표회의를 열었다. 그 부딪힘과 싸워나감이 희망의 증거가 아닐까.

이탄희를 다시 만났다. 두 번째 사직서를 제출하고 반년의 시간이 흐른 어느날 저녁이었다. 그는 경남 진주에 다녀왔다고 했다. "부모에게 버림받았는데 나라의 보호도 못 받고 있는 아이가 하나 있다. 제도에 문제가 있어서 헌법소원을 해보려고 한다. 내 이름으로 하는 세 번째 소송이다." 그가 공익변호사 단체 '공감'의 변호사가 된 지 두 달이 지났다.

직업과 환경이 바뀌니 습성도 좀 바뀌는 것 같아요. 사람이 지나치게 세밀한 일관성을 추구하는 건 약간 허세 아닐까 싶어요. 과거에 갇혀 살 수는 없거든요. 과거의 나를 기억하고 그 기억의 연장선에서 지금의 결정을 해나가는 식으로 사는 게 아니라 그냥 자기 자신, 그 자체를 믿고 현재의 상황이나 조건에 충실하게 대응해가는 거죠. 그렇게 1년, 2년 시간이 쌓이고 국면과 국면을 거치다보면 더 큰 틀에서 드러나는 또다른 일관성이 있을 거라고 생각해요. 그게 그 사람의 더 온전한 모습이지 않을까…

그는 '법원 문제'가 자신의 삶에서 단절되지 않고 있다고 말했다. 두 번째 사직 후 돌아가는 상황이 자신의 기대와 크게 다르다고 안타까워했다. "법원에 아직 공적 가치가 제대로 서지 않고 있다." 지금껏 고생하고 응원해준 이들을 생각하면 화가 날 때도 있다고 했다. 「후불제 법치주의」라는 칼럼도 그런 마음으로 썼을 것이다.

> 저는 세상이 저절로 잘될 거라는 식으로 낙관하진 않아요. 그건 저 자신을 속이는 거예요. 제 경험에도 반해요. 미루지 말고 제때 선택하고, 그후의 상황에 끈질기게 대응하고, 또 마지막에 저의 방식으로 책임을 지는 것이 전부 다 필요했던 일이에요. 앞으로도 뭐든 저절로 되지는 않을 거예요. 그러면 제가 결과적으로 비관적이냐, 그렇지는 않아요. 제가 느끼는 희망은 상황에 대한 평가나 감정이 아니에요. 희망은 '자기 자신의 모습을 어떻게 느끼고 있느냐'에서 나오는 거예요. 내가 보기에 내 자신이 어떤가, 내가 필요하다고 생각하는 일을 회피하지 않고 해나가고 있느냐, 하는 거죠.

이탄희는 도전이 있을 때 응전하고, 결핍이 있을 때 이상을 세우고, 그다음엔 행동을 하고, 그렇게 자신이 필요한 일을 하고 있으면 희망이 느껴진다고 했다. 그런 면에서 "희망은 행동양식이자 사고방식"이라고 했다.

> 저는 2년의 긴 싸움에서 살아남았고, 더 성장했어요. 그래서 행동양식도, 사고방식도 더 단단해졌어요. 젊은 법조인들도, 시민들도 마찬가지예요. 우린 모두 경험을 통해 성장해왔고, 성장하고 있어요. 삶이 고단하고 신경 쓸 일이 많아서 잠시 미뤄둘 순 있지만 경험은 절대 사라지지 않

습니다. 두고 보세요. 필요할 때 그 경험은 다시 소환될 겁니다.

그는 밝게 웃음 짓고 있었다.

에필로그

우리는 격랑을 헤치며 순항중입니다

1

「세상을 바꾼 변호인」(On the Basis of Sex)이라는 영화가 있습니다. 미국 연방대법관 루스 베이더 긴즈버그의 젊은 날을 그린 영화인데요. 성차별에 기반을 둔 법률 조항이 위헌임을 주장하는 로스쿨 교수 긴즈버그가 판사들 앞에서 말합니다.

"우리는 여러분께 이 나라를 바꿔달라고 요청하는 게 아닙니다. 변화는 법원의 허가 없이도 이미 일어났으니까요."

변화가 이미 일어난 건 대한민국도 마찬가지입니다. 보십시오. 이 시대를 살아가는 젊은 세대들은 더이상 조직이라는 거창한 이름 앞에 무릎 꿇으려 하지 않습니다. 보다 근본적인 의미에서 자신만의 가치를 추구하고 싶어합니다.

하지만 기성세대들이 하는 말은 언제나 같습니다. "조직에 기반을 두고 살아가라." "조직 바깥엔 널 먹여 살릴 양식도, 널 안전하게 지켜줄 '비빌 언덕'도 없다." 조직을 바꾸려 하지 말고, 조직에 맞춰 살라는 얘깁니다. 말하는 이들조차 그 삶이 행복하지 않다는 걸 알면서도.

변화는 어떻게 시작될까요. 영화에서 어머니를 간병하며 정부에 세금 공제를 신청한 독신 남성을 변호하게 된 긴즈버그는 현실적인 지적을 받습니다. "집안에서 어머니를 보살피는 남자에게 판사들은 혐오감을 가질 것이다." 긴즈버그가 답합니다. "뭐든 느끼는 것부터 시작됩니다."(Feeling anything is a start.) 그렇습니다. 그 감정을 어떻게 부르건, 뭐든 느끼는 것에서 우리의 변화는 시작됩니다.

2

어느날 『막스 베버 소명으로서의 정치』(최장집 엮음, 박상훈 옮김, 후마니타스 2013)를 펴들었다가 최장집 교수가 쓴 글에 숨을 멈췄습니다.

> 열정을 뜻하는 독일어의 Passion 내지 Leidenschaft와 영어의 passion은 동일한 의미를 갖는다. 두 말은 모두 예수가 받은 '수난'이라는 말과 연결되어 있다. (…) 예수의 고통을 자기의 고통으로 내면적으로 공감하는 것에 가까이 가고자 하는 강력한 믿음, 감정의 치열함은, 곧 고통이자 강력한 감정이 아닐 수 없다.

열정 속에 고통이 있다. 새로운 깨달음이었습니다. 고통이나 시련 없이 되는 일은 없구나. 힘들고 괴로워도 해야 할 일은 해야 하는구나. 능력이 되건 안되건 글 쓰는 일이 저의 본령(本領)이라는 쪽으로 생각이 기울었습니다.

지난해(2018) 12월, 신문으로 복귀했습니다. 정확히 2년 만이었습니다. 처음 방송사가 있는 상암에 갔을 때도 낯설었는데, 막상 돌아온 서소문도 낯설어 보이더군요. 낯선 것은 그것만이 아니었습니다. '다시'가 그렇게 무거운 부사인 줄 몰랐습니다. 다시 노트북 앞에 앉는 일도, 다시 생각을 글로 표현하는 일도 쉽지 않았습니다.

'큰 정의'와 '작은 정의'에 '더 작은 정의'까지 보다 깊은 고민이 필요했습니다. 표현 하나에도 몇 번씩 생각을 해야 했습니다. 걸음마를 다시 시작하듯 한 걸음 한 걸음 옮기는 연습을 했습니다. 이탄희 판사를 만난 건 그런 고민 많던 시기였습니다.

3

연말의 어느날, 한 모임에 참석하게 됐습니다. JTBC 법조팀장 오이석 씨 소개였습니다. 이탄희 판사가 나온다는 얘기에 조금 긴장했습니다. 대체 어떤 사람일까. 그는 내성적이고 부드러운 사람이었습니다. 생각을 다 해본 뒤 한번 더 생각하는 사람이었습니다.

"법복 입고 법정에 들어가는 게 자꾸 저항감이 느껴져요."

"그래도 판사님 같은 사람이 법원을 지켜야 하지 않을까요."

그렇게 시작된 만남이 두 번, 세 번 이어지면서 인터뷰 얘기, 책 얘기가 나왔습니다. 주저됐습니다. 돌아온 지 얼마나 됐다고 책을 쓰는가,

하는 의문이 들었습니다. 또 하나, 마음에 걸린 게 있었습니다. 제가 알고 지내던 법원 사람들에 대해 쓰는 게 내키지 않았습니다. 나 자신도 그들로부터, 그 일련의 일들로부터 자유로울 수 없는 것 아닐까. 그 작업을 왜 내가 해야 할까.

그러다 제가 해야 할 일일 수도 있겠다는 생각이 들었습니다. 법조를 취재해온 자로서 지금이 아니면 언제 사법의 문제를 깊이 고민해볼 것인가. 이탄희가 왜 두 번 사직서를 내는지, 그 이유도 알고 싶었습니다. 아, 맞습니다. 기자로서의 욕심이 컸다는 것도 부정할 수 없습니다.

4

이탄희 판사와의 인터뷰는 한 번에 두 시간씩, 1주일에 두세 번 정도 진행됐습니다. 일과 후 창비서교빌딩 녹음실에서 만났습니다. 놀란 건 그의 기억력이었습니다. 자신이 겪은 일들을 바로 어제 일처럼 기억하고 있었습니다. 주고받은 말은 물론이고 자리 배치가 어떠했고, 각각 어디 앉았는지, 전화 통화할 때의 모습까지.

한번 더 놀란 것은 '이탄희의 생각'이었습니다. 숨 막히게 고단했을 2년간의 시간이 인식의 지평을 넓혀준 걸까요. 그와 이야기를 나누면서 많은 것을 깨달았고, 구체적인 언어로 확인해갔습니다. "책을 이 판사가 직접 쓰는 게 어때요?" 저의 제안은 농담이 아니었습니다. 이 책에는 그의 경험뿐 아니라 그와 대화한 시간들이 오롯이 담겨 있음을 고백

합니다.

인터뷰가 끝나고부터는 저 혼자만의 과업이었습니다. 내용 못지않게 속도도 중요했습니다. '사법농단' 사태가 어떻게 시작됐고, 법원이 어떻게 진상규명에 실패했고, 시민들이 왜 분노했는지가 시간에 마모되고 있기 때문입니다. 불과 2년 전의 생생했던 기억들이 또다시 못된 프레임과 메시지에 왜곡돼선 안 되기 때문입니다. 꼭 필요한 부분만 확인하기로 했습니다. 판사들을 만나 저간의 얘기와 생각을 들었습니다. 같은 판사라고 해도 서 있는 곳에 따라, 걸어온 길에 따라, 속한 세대에 따라 정말 다른 입장, 다른 관점임을 확인하는 과정이었습니다.

그즈음, 임종헌 재판에 이어 양·박·고(양승태 전 대법원장, 박병대·고영한 전 법원행정처장) 재판이 본격화했습니다. 전·현직 판사들이 증인석에 앉아 있던 날, 방청석에 앉아 저강도의 정신적 충격으로 멍하니 있을 때가 많았습니다. 어두운 기억 속으로 걸어 들어가는 그들의 뒷모습을 지켜보는 마음은 착잡하고 우울했습니다. 오이석 씨가 생각과 느낌을 주고받으며 페이스메이커가 돼주지 않았다면 도중에 지쳐서 주저앉았을지도 모릅니다.

5

법정에 선 법관들도 꿈인가 싶을 것입니다. 숱한 변수를 건너고 우여곡절을 거쳐서 여기까지 왔습니다. 2017년 1차 조사에서 '판사 뒷조사'

파일의 존재가 일부라도 확인됐다면 어떻게 됐을까요. 임종헌 차장의 연루가 드러났다면 어땠을까요. 3차 조사에서라도 주요 의혹의 진상이 밝혀지고, 사태의 책임자들에게 제대로 책임을 지게 했다면 어떻게 됐을까요.

지난 과정을 보면 어느 한쪽도 포기하지 않은 채 평행선을 그리며 달려왔습니다. 홍역 앓듯 지나가는 게 나았을까요, 지금처럼 두 얼굴의 법원이 존재하는 상황을 극명하게 보여주는 게 나았을까요. 역사의 신(神)이 있다면 끝까지 가보는 쪽을 택했다는 생각이 듭니다. 어쩌면 두 개의 힘이 팽팽한 현실을 보여주는 것이기도 하겠지요. 이 쉬지 않는 갈등의 끝에는 무엇이 있을까요.

저는 '두 얼굴의 법원'이 빚은 갈등이 허무하게 끝맺지 않기를 바랍니다. '두 얼굴의 법원은 불가피한 현실이다'로 막을 내리지 않길 바랍니다. 그렇게 되면 그동안 판사들이 겪었던 고통은 허공으로 날아가버립니다. 사회적 에너지만 소모한 것이 되고 맙니다. 언제고 똑같은 잘못을 되풀이하게 됩니다.

6

저는 낙관하고 싶습니다. 비관함으로써 낙관하고 싶습니다. 희망은 절망의 잔해 속에서 가까스로 모습을 드러냅니다. 현재를 철저히 비관할 수 있어야 미래를 낙관할 수 있습니다. 지금을 끝이라고 부르지 않았으면 좋겠습니다. 시작이라고 부를 수 있기를 소망합니다.

부인하고 싶지 않습니다. 현실은 늘 지지부진해 보인다는 것을. 앞쪽에 선 자들은 자꾸 엇나가기 일쑤고, 믿었던 자들은 우릴 배신하지요. 생각도 못한 돌부리에 채여 넘어지고, '이게 우리 수준'이라는 냉소에 빠지기도 합니다.

답답할 때가 많지만, 그래도 문득 돌아보면 많은 것이 달라져 있곤 합니다. 이 책에서 보듯 법관의 양심을 지킨 판사들이 적지 않습니다. 그들은 법원행정처의 압박에도 꿋꿋하게 재판하고 행동했습니다. 대부분의 일선 법원 판사들은 자신들이 선서한 대로 '헌법과 법률에 의하여 양심에 따라 공정하게 심판하고, 법관윤리강령을 준수하며, 국민에게 봉사하는 마음가짐으로 일하고 있다'고 믿습니다.

시간은 누구도 되돌릴 수 없고, 한국사회는 분명 나아가고 있습니다. 바다를 건너다보면 해일도 만나고 폭풍도 만납니다. 파도에 밀리기도 합니다. 격랑을 헤치며 우린 순항중입니다. 함께 노력하는 한 실패할 리 없습니다. 저기 새로운 세상이 보입니다.

주

1. 판사 이탄희는 왜 사표를 냈나

1 헌법 제11조 1항.

2 헌법 제103조.

2. 사표를 철회시켜라

1 진상조사위원회 조사보고서(2017.4.18) 32~33면.

3. 마지막 기회 날려버린 양승태 코트—1차 조사

1 「판사들 개혁 목소리 힘으로 덮으려 한 대법」, 경향신문 2017.3.6.

2 「대법 "부임한 바 없어… 얼굴도 못 봤다" 법조계 "임종헌 차장 필사적으로 사표 막아"」, 경향신문 2017.3.7.

3 「특검 "朴대통령 뇌물 등 혐의확인" 대통령 측 "정치특검"」, 연합뉴스 2017.3.6.

4 「"조사위원, 판사회의 통해 공개 추천해야"」, 경향신문 2017.3.14.

5 「사법개혁 저지 의혹 진상조사기구 22일 구성」, 뉴시스 2017.3.20.

6 진상조사위원회 조사보고서 37면.

7 같은 글 3~4면.

8 「[기자의 시각] 판사의 침묵」, 조선일보 2017.4.21.

9 「"'사법행정권 남용' 조사 결과 수용… 개선방안 마련"」, 연합뉴스 2017.4.20.

10 「판사회의 대표들, '블랙리스트' 재조사 논의」, 한겨레 2017.4.23.

11 「양승태 "전국법관회의 지원"… 다음주 구체적 방안 발표」, 뉴스1 2017.5.17.

4. 판도라의 상자가 열렸다—2차 조사

1 「"사법부 블랙리스트 의혹, 법관 5人이 직접 재조사"」, 동아일보 2017.6.20.

2 「법관회의 결과 무시하는 '양의 침묵'… 임기 중 사법개혁 무력화 우려 키워」, 경향신문 2017.6.22.

3 양승태 대법원장 코트넷 게시글(2017.6.28).

4 같은 글.

5 「현직 판사 "판사 블랙리스트 의혹에 관심을" 인터넷 청원」, 연합뉴스 2017.7.7.

6 「판사 블랙리스트 규명 요구하며 현직 부장판사 사직서 제출」, 서울경제 2017.7.20.

7 「김명수 후보자 "우려 충분히 이해… 어떤 사람인지 보여드리겠다"」, 뉴스1 2017.8.22.

8 「"판사 블랙리스트 다시 살펴보겠다"」, 동아일보 2017.9.13.

9 「김명수 대법원장 "사법부 블랙리스트, 당장 결정해야 할 문제"」, 연합뉴스 2017.9.25.

10 「김명수 대법원장, 법관회의 면담… "숙고해 결정하겠다"」, 뉴스1 2017.9.28.

11 「대법원장, '사법부 블랙리스트' 재조사 의견 수렴 시작… 27일 최종 논의」, 매일경제 2017.10.16.

12 「대법원장, '사법부 블랙리스트 재조사' 추후 결정」, 뉴시스 2017.10.27.

13 「김명수 대법원장, 법원행정처 고위직 4명 전격 교체」, 경향신문 2017.11.1.

14 「김명수 대법원장 '사법부 블랙리스트' 추가 조사 결정」, 연합뉴스 2017.11.3.

15 「행정처 판사 PC '독수독과' 논란」, 문화일보 2017.12.6.

16 「'사법부 블랙리스트 의혹' 컴퓨터 조사… 판사 동의 끝내 못 얻어」, 법률신문 2017.12.27.

17 특별조사단 조사보고서(2018.5.25) 6면.

18 추가조사위원회 조사보고서(2018.1.22) 8면.

19 법원행정처 작성 문건(이하 '문건') 「인사모 관련 대응 방안」(2017년 1월말 작성)

20 문건 「사법행정위원회 개선 요구에 대한 대응 방안」

21 문건 「사법행정위원회 위원 후보자 검토」

22 문건 「사법행정위원회 위원 추천 결과 보고」

23 문건「'이판사판야단법석' 다음(Daum) 카페 현황 보고」
24 추가조사위원회 조사보고서 31면.
25 문건「송○○ 판사 자유게시판 글 관련」
26 진상조사위원회 조사보고서 47~48면.
27「[단독] "판사 80명 사표 움직임… 김명수 체제 반감 많다"」, 중앙일보 2018.1.17.

5. 행정처, 행정처를 조사하다—3차 조사

1 특별조사단 조사보고서 2면.
2「대법 '판사 사찰·재판 뒷거래' 특조단 꾸려… 임종헌 피시 열까」, 한겨레 2018.2.12.
3 특별조사단 조사보고서 6면.
4「양승태 전 대법원장, '블랙리스트 조사' 거부했었다」, 뉴시스 2018.5.27.
5 특별조사단 조사보고서 117면.
6 같은 글 167면.
7 임종헌 5차 공판(2019.4.2).
8 문건「인터넷상 법관 익명게시판 관련 검토」
9 특별조사단 조사보고서 85면.
10 문건「이판사판야단법석 카페 동향 보고」
11 문건「이사야 익명 카페 동향 보고」
12 문건「익명카페 설득논리 및 대응 방안 검토」
13 문건「법관 임명 카페 개설자와 소속 법원장 면담 후속조치」
14 특별조사단 조사보고서 182면.
15 같은 글 182~83면.
16 같은 글 185면.
17 임종헌 구속 연장 심문(2019.5.8).
18「김명수 대법원장 "사법행정권 남용 의혹 고발 고려"」, 한겨레 2018.5.28.
19 대법원장 대국민 담화문(2018.5.30).
20「조사 거부 이유 묻자 "내가 가야 됩니까"… 특권의식 드러낸 양승태」, 한겨레 2018.6.1.

21 「서울고법 부장판사들 "책임 통감하지만 고발·수사의뢰는 안 돼"」, 경향신문 2018.6.5.
22 「전국 법원장 "재판 거래 근거 없어… 수사의뢰 부적절"」, 뉴시스 2018.6.7.
23 「'재판거래 의혹' 국회 국정조사 후 법관 탄핵이 대안되나」, 연합뉴스 2018.6.10.
24 「사법행정권 남용 사태에 관한 전국법관대표회의 선언」
25 대법원장 대국민 담화문(2018.6.15).

6. 아무도 부끄럽다 말하지 않았다

1 「검찰, '양승태 사법농단' 수사 착수… 특수1부 배당」, 한겨레 2018.6.18.
2 「'사법농단' 임종헌이 버렸다던 USB, 직원 가방 속에…」, 머니투데이 2018.7.22.
3 「'전교조 소송 개입' 압수수색 영장 또 기각… 檢 "근거 없는 추측과 예단"」, 서울신문 2018.8.31.
4 「사법농단 수사 과정서 드러난 법원의 '민낯'」, 노컷뉴스 2019.3.12.
5 「검찰 '양승태 사법부' 핵심 첫 소환… 임종헌 "오해 적극 해명할 것"」, 조선일보 2018.10.16.
6 「임종헌 구속심사 6시간 혈투… 격앙된 분위기에 검사 '울컥'(종합)」, 연합뉴스 2018.10.26.
7 「임종헌, '사법농단' 수사 첫 구속… "범죄사실 상당부분 소명"(종합)」, 연합뉴스 2018.10.27.
8 「대법 정문 앞에 선 前대법원장 "부덕의 소치, 모든 책임 지겠다"」, 중앙일보 2019.1.11.
9 「'사법농단 정점' 양승태 전 대법원장, 결국 구속… 헌정 사상 첫 불명예」, 머니투데이 2019.1.24.
10 대법원 2009.10.22. 선고 2009도7436 전원합의체 판결.
11 「동료 탄핵 놓고 판사들 격론… 1표에 갈렸다」, 중앙일보 2018.11.20.
12 「"탄핵소추 결의는 법관으로서 일탈행위"」, 법률신문 2018.11.21.
13 「양승태 구속으로 끝?… 국회서도 외면받는 '법원개혁·법관탄핵'」, 한겨레 2019.4.8.
14 「'제왕적 대법원장' 그대로… 대법원 사법개혁안 대폭 후퇴」, 한겨레 2018.12.12.

15 「[단독]후퇴한 대법 개혁안, 알고 보니 '행정처안'」, 경향신문 2018.12.17.
16 「서울고법원장 김창보… '법원장 추천' 실험도 파격 없었다」, 한겨레 2019.1.28.
17 대법원장 입장문(2019.5.9).
18 세기 히로시 『절망의 재판소』, 박현석 옮김, 사과나무 2014, 124·126면.

7. 진실 속으로—강제징용 재상고 사건의 내막

1 대법원 2012.5.24. 선고 2009다22549 판결.
2 외교부 문건 「강제동원자 판결 관련 외교부 입장」
3 문건 「강제동원 판결 관련—국제사법재판소 부분 검토」
4 외교부 문건 「일제 강제징용 사건 판결 요약 검토」
5 임종헌 14차 공판(2019.4.24)
6 문건 「참고의견서 제출제도 검토」
7 외교부 문건 「강제동원자 피해자 문제 관련 설명자료」
8 문건 「강제동원자 판결 관련 검토」
9 박찬익 전 심의관의 법정 진술.
10 문건 「일제식민지시대 관련 과거사 사건 계류현황」(2014년 10월 작성)
11 외교부 문건 「일제 강제동원 피해자 배상판결의 함의와 국가적 부담」(2013년 12월 작성)
12 문건 「일제 강제동원 배상판결 관련 보고」
13 문건 「상고법원의 성공적 입법추진을 위한 BH와의 효과적 협상추진 전략」(2015년 11월 작성)
14 박준우 전 정무수석의 임종헌 18차 공판(2019.5.7) 진술.
15 임종헌 21차 공판(2019.5.14) 윤병세 당시 외교부장관 증인신문에서 제시된 외교부 회의록.
16 김인철·박철주 전 국제법률국장의 법정 진술.
17 임종헌 20차 공판(2019.5.13) 김규현 당시 청와대 외교안보수석 증인신문에서 제시된 업무일지 기록.
18 박철주·이민걸 법정 진술 등.
19 임종헌 19차 공판(2019.5.9).

20 같은 공판.

21 임종헌 13차 공판(2019.4.23).

22 「'재판거래'로 지체된 정의… 징용피해자, 하늘서 웃을까」, 한겨레 2018.10.30.

23 「[단독] "헌재 통합진보당 관련 결정은 삼권분립 위반" 법원 내부문건 유출」, 서울신문 2015.11.26.

24 문건 「전교조 법외노조 통보처분 효력 집행정지 관련 검토」

8. '사법농단'을 넘어, '조직논리'를 넘어

1 도진기 『판결의 재구성』, 비채 2019, 243면.

2 박성민 『정치의 몰락』, 민음사 2012, 85면.

3 이용마 『세상은 바꿀 수 있습니다』, 창비 2017, 359면.

4 김도현 「법관에 의한 사법행정의 식민지화」, 『법과사회』 59호(2018년 12월).

부록

'사법농단' 사건 일지

2017년

1월 23일 국제인권법연구회, 공동학술대회 3월 개최 확정.

2월 9일 이탄희 판사 법원행정처 기획2심의관 발령(2월 20일자).

2월 13일 법원행정처, '중복가입 연구회 탈퇴' 조치 공지.

2월 14일 이규진 양형위원회 상임위원, 이탄희에게 "판사 뒷조사 파일 있다".

2월 15일 이규진, 이탄희에게 "탈퇴 조치 정당화 논리 전파하라".

임효량 기획2심의관, 이탄희에게 "국제인권법연구회 타깃 정책결정".

2월 16일 이탄희 판사, 사직서 제출.

2월 20일 이탄희 판사, 안양지원 재판부 복귀.

법원행정처, '중복가입 탈퇴' 조치 철회.

3월 6일 '사법행정권 남용' 의혹 보도.

3월 7일 고영한 법원행정처장, "근거 없는 의혹" 공지.

3월 8일 김형연 부장판사, 진상규명 촉구 글 게시.

이탄희, 입장문 코트넷 게시.

3월 9일 전국법원장간담회

3월 13~29일 9개 법원 14개 판사회의 진상규명 요구 결의.

3월 17일 임종헌 법원행정처 차장 사의 표명.

3월 22일 진상조사위원회 구성(1차 조사).

4월 7일 '법관 블랙리스트' 의혹 보도.

4월 18일 진상조사위원회 조사 결과 발표.

4월 26일 24개 판사회의, 추가 조사 및 전국법관대표회의 개최 요구 의결.

5월 17일 양승태 대법원장, 진상 조사 결과 대법원 공직자윤리위원회 회부.
6월 19일 제1회 전국법관대표회의 개최. '블랙리스트' 의혹 추가 조사 결의.
6월 28일 양승태 대법원장, "컴퓨터 조사는 교각살우".
7월 24일 제2회 전국법관대표회의 개최.
9월 22일 양승태 대법원장 퇴임.
9월 26일 김명수 대법원장 취임.
11월 15일 추가조사위원회 구성(2차 조사).

2018년
1월 22일 추가조사위원회 조사 결과 발표.
1월 24일 김명수 대법원장 대국민 사과. 추가조사 보완 기구 구성 시사.
2월 12일 특별조사단 구성(3차 조사).
2월 27일 사법발전위원회 구성.
5월 25일 특별조사단 조사 결과 발표.
6월 7일 전국법원장회의, "수사 반대" 의결.
6월 11일 전국법관대표회의, "형사절차 포함 진상조사 필요" 의결.
6월 15일 김명수 대법원장, "수사 협조" 표명.
대법관 일동, "재판거래 의혹 근거 없다".
6월 18일 서울중앙지방검찰청, 본격 수사 착수.
10월 27일 임종헌 전 차장 구속영장 발부.
11월 19일 전국법관대표회의, "탄핵소추 절차 검토돼야" 의결.
12월 12일 김명수 대법원장, 사법제도개혁안 국회 제출.

2019년
1월 24일 양승태 전 대법원장 구속영장 발부.
1월 29일 이탄희 판사, 사직 인사 코트넷 게시.
3월 11일 임종헌 전 차장 1차 공판.
5월 9일 김명수 대법원장, '사법행정권 남용' 조사·감사 종료 선언.
5월 29일 양승태 전 대법원장, 박병대·고영한 전 법원행정처장 1차 공판.

부록

양승태 코트 법원행정처

<table>
<tr><th>대법원장</th><th>처장</th><th>차장</th><th>기획조정실장</th></tr>
<tr><td rowspan="10">양승태
(2011.9~2017.9)</td><td rowspan="2">차한성
(2011.10~2014.2)</td><td>고영한
(2011.11~2012.7)</td><td>권순일
(2011.2~2012.8)</td></tr>
<tr><td rowspan="2">권순일
(2012.8~2014.8)</td><td rowspan="3">임종헌
(2012.8~2015.8)</td></tr>
<tr><td rowspan="3">박병대
(2014.2~2016.2)</td></tr>
<tr><td>강형주
(2014.8~2015.8)</td></tr>
<tr><td rowspan="2">임종헌
(2015.8~2017.3)</td><td rowspan="6">이민걸
(2015.8~2017.11)</td></tr>
<tr><td rowspan="3">고영한
(2016.2~2017.5)</td></tr>
<tr><td>(공석)</td></tr>
<tr><td rowspan="3">김창보
(2017.4~2019.2)</td></tr>
<tr><td>김창보 권한대행
(2017.5~7)</td></tr>
<tr><td>김소영
(2017.7~2018.1)</td></tr>
</table>

두 얼굴의 법원

사법농단, 그 진실을 추적하다

초판 1쇄 발행/2019년 8월 15일
초판 2쇄 발행/2019년 9월 5일

지은이/권석천
펴낸이/강일우
책임편집/박주용 홍지연
조판/박지현
펴낸곳/(주)창비
등록/1986년 8월 5일 제85호
주소/10881 경기도 파주시 회동길 184
전화/031-955-3333
팩시밀리/영업 031-955-3399 편집 031-955-3400
홈페이지/www.changbi.com
전자우편/nonfic@changbi.com

ISBN 978-89-364-8642-6 03360

* 책값은 뒤표지에 표시되어 있습니다.